칸트와 포스트휴머니즘

포스트휴먼사이언스 ❽

칸트와
포스트휴머니즘

포스트휴머니즘의 시대, 칸트를 다시 사유하기

백종현 · 안윤기 · 손성우 · 백승환 · 김양현 · 윤영광 · 이혜진 지음
한국포스트휴먼연구소 편

KANT &
POSTHUMANISM

파이돈

■ **일러두기**

이 책에 사용된 칸트 전집의 원문 인용과 참고의 표기 방식은 통일하지 않고 필자들의 표기 방식에 따른다.

　20세기 후반 이래 사이버네틱스, 뇌과학, 진화생물학, 의생명과학 기술, 컴퓨터과학기술 등의 부상으로 하나의 물체, 물질조직으로 간주될 국면에 처한 인간 앞에 21세기 중에 '변종인간'이 출현하고, 컴퓨터시스템 내지 인공지능AI, Artificial Intelligence 로봇이 인간을 대신할 가능성이 높아지면서, 인간Homo이 기계와 다를 바 없는 것인지, 한낱 동물과 같은 것인지, 그 이상의 어떤 품격을 가지고 있는 것인지에 대한 논란이 더욱더 격화되어, 인간의 존엄성 개념이 근본부터 뒤흔들리는 상황이 빚어지고 있다.

　인간을 신체적 존재자로 파악하는 근대인들에게 인체는 곧 인간의 모든 것을 뜻한다. 그래서 인체의 변조는 인간의 변화가 된다. 이러한 인식 아래에서 인간의 수명 연장과 능력 증강에 대한 오랜 욕구가 과학기술을 부추기면 아마도 자연존재자로 태어난 인간도 종국에는 모두 사이보그cyborg가 될 것이다. '인간—기계 공진화 co-evolution of human and machine'니 '인간—기술 공생체human-technology symbiont'니 하는 명목 아래 자연인간의 낡은 심장은 기계 펌프로 교체되고, 부실한 신장과 혈관은 맞춤 사육한 여느 동물의 신장과 혈관으로 대체되며, 파괴된 한쪽 뇌는 인공지능이 대신할 가능성이 (또는 우려가) 점점 커지고 있다. 또는 생명공학적 조작으로 다수의 동일인이 대체代替하여 생을 이어갈 수도 있고, 그래서 사람 "수명이 1,000살 정도에 도달할 수" (D. P. O'mathuna)도 있다고 전망하는 이조차 있다.

또한 당초에는 인간에 의해 제작되고 조정받던 컴퓨터 시스템 내지는 로봇이 정교화를 거듭하다가, 마침내 스스로 유사물을 제작하고 스스로 조작하는 '인공인간', 이를테면 '유사인종'이 등장하여, 인간 문명을 전반적으로 파훼하는 국면이 도래할지도 모를 일이다.

오늘날의 인간 문명은 인간의 지적 능력에 힘입은 바 크다. 또한 "지식이야말로 힘이다ipsa scientia potestas est"(F. Bacon)라는 매력적인 표어는 과학적 지식이 전근대적인 삶의 고초들로부터 사람들을 해방하고, 의식주의 필수품을 구하는 데 매인 사람들의 삶에 자유와 여가를 줌으로써 충분한 신뢰를 확보하였다. 그러나 "힘인 지식은 인간을 노예화하는 데서도 세계의 주인들에게 순종하는 데서도 어떠한 한계도 알지 못한다."(Horkheimer · Adorno) 지식은 타인을 지배하고, 자연을 개작하고, 세계를 정복하고, 수요가 있는 곳에서는 제한 없이 이용된다. 지식은 기술에든, 자본에든, 권력에든, 전쟁에든 (심지어 악마적 흉계에도) 가리지 않고 힘이 된다. 갈수록 자연과학이 대세로 자리 잡고 자연과학적 지식이 진리로 찬양받는 것은 사람들이 "자연과학을 통해 자연과 인간을 완전히 지배하기 위해 자연[과 인간]을 이용하는" (Horkheimer · Adorno) 지식 곧 힘을 얻을 수 있다고 보기 때문이다. 이러한 과학기술의 진보는 한편으로는 자연 즉 대상(객체)들을 지배할 힘을 증대시켜 나가지만, 다른 한편으로는 자칫 인간의 인간다움을 위협 내지 훼손하는 것을 넘어 파기하는 결과를 가져올 수도 있다.

일찍이 어떤 이는 "인공지능의 출현"을 전 우주의 역사에서 "우주의 창조"와 "생명의 출현"에 이어지는 "세 번째의 대사건"(Edward Fredkin)이라고 칭한 바 있다. 머지않아 인간 지능을 능가하는 '초인공지능ASI, Artificial Super Intelligence'마저 출현할 것이라고도 한다. 무릇 '초인공지능'이 한 번 만들어지고 나면 그 초인공지능에 의한 지능의 진화(발전)가 급속도로 진전되어 "지능 폭발intelligence explosion"(J. Barrat)이 일어날 것이라 하니, 인간의 지능으로서는 전혀 통제할 수 없는 상황이 발생할 수도 있을 것이다. 이에 '초인공지능'은 자연인인 "우리의 마지막 발명"으로, 그로써 "인간 시대는 끝"(J. Barrat)이라고 말하는 이조차 있다.

실로 인간의 지능을 능가하는 이른바 '초인공지능'이 출현한다면, 그러한 인공지능은 인간 문명을 심대하게 변형시키면서, 한편으로는 불완전한 생물학적 존재자인 인간을 어느 면에서 '개선'시킬 수도 있을 것이나, 다른 한편으로는 그러한 것과 결합하여 존속하는 인간은 더는 자연인이 아니라 변형인간 내지 변조인간transhuman, Homo sapiens 2.0일 것이다. 지능 만능의 흐름이 거칠어지면, 마침내 초지능Super Intelligence 아래에서 변신하던 인간마저 대체 소멸하고, 마침내는 이른바 '포스트휴먼Posthuman' 즉 '초인간' 내지는 '탈인간Post-human'의 세상이 도래할지도 모르겠다.

이렇듯 인공지능 과학기술의 진보에 대한 인간 문명의 통제력 상실 우려가 큰 가운데서도, 인간의 끝없는 생명 연장 욕구를 충족시키는 의료기술과 함께 생명공학은 진시황의 소망 성취를 향해 내닫고 있다. 그리고 이를 정당화하는 논리 또한 점점 정교하게 개발되고 있다. 소위 '트랜스휴머니즘transhumanism', '포스트휴머니즘posthumanism'은 그러한 궤도를 달린다. 그런데 아이러니하게도 이런 포스트휴먼화 posthumanization의 이데올로기는 정신적으로 신체적으로 한계를 느끼고 있는 인간(휴먼)을 지상에서 영생할 수 있다고 유혹한다.

사람들은 교육이나 자기 수련 없이도 ①컴퓨터과학기술과 의생명 과학기술에 의해, ②인간의 신체나 정신을 직접적으로 조작하여, ③ 인간이 갖는 인지나 감정적 기능, 신체적 능력, 건강 수명과 같은 기초적인 능력들을 개선하거나 강화할 수 있다고 말한다. 이렇게 해서 "인간 향상[증강]human enhancement"이 이루어지면, 인간은 동물적 생("생명 1.0"), 문화적 생("생명 2.0")을 넘어 초인적 생("생명 3.0")을 얻을 것이라 한다.(M. Tegmark)

인간이 순전히 자연물이라면, 자연물의 산출 또한 자연물인 만큼, 인간의 지능과 손을 거쳐 나온 인공지능은 물론 갖가지 인공적 조작역시 실은 일종의 자연물이라 해야 할 것이다. 이쯤 되면 '인공적人工的, artficial'과 '자연적自然的, natural'을 굳이 분별할 일은 없다. 이로써 자연인간과 인공인간의 본질적 구별도 사라진다. 그러니까 자연인간이 인격체라면 인공지능 로봇도 사이보그도 인격체가 된다. 자연인간이 대체代替 불가능성을 근거로 '존엄성'을 주장하는 것은 근거를 상실한다. 자연인간이든 인공지능 로봇이든 사이보그든 모두 복제도 가능할 것이고, 동일한 것으로 대체도 가능할 것이기 때문이다. '인간'이란 애당초부터 자연적으로 태어나는 것이 아니라, 인공적으로 제작되는 임의적인 생산품의 일종인 것이다.

인체가 생체−물체 하이브리드로 변조되고, 두뇌가 컴퓨터정보시스템으로 교환되는 국면에서 인간의 존엄성을 말할 자리는 더는 없다. 기술적 제작물이 다수 복제되고 상품화하는 것은 불가피하기 때문이다. 그에 따라 '인간'도 자동차처럼 값이 비싼가 싼가에 따라 등급을 얻게 될 것이다.

그러나 우리가 기대하는 것은 '개선된 인간' 내지 '인간의 개선'이지 '현존 인간의 변형'이나 '자연인간의 대체', '자연인간의 폐기', 제작된 개량 '유사인간'이나 '초인간'이 아니지 않는가? 물리생물학적 변조에 의해 현생 인류가 파멸, 소멸하고, '진화'라는 이름으로 신생 우월 존재자가 출현하는 것은 우리 인류가 바라거나, 남의 일처럼 지켜보고만 있을 수 있는 일이 아니지 않는가?

그래서 포스트휴먼화의 추세에 관해 "인간의 과학기술의 발전은 인간의 욕구와 호기심에 따른 아주 자연스러운 귀결이고, 그 결과 인간을 뛰어넘는 — 얼핏 '인공적'으로 보이지만 실은 그 역시 '자연적'인 — 어떤 존재자의 출현은 자연 진화의 과정이므로, 현세 인간이 바라든 바라지 아니하든 일어날 것이고, 인간의 선호와 상관없이 인간이 받아들일 수밖에 없는 사실이다"라고 남 이야기하듯이 말해서는 안 된다. 인류 존망은, 더구나 그것이 인간의 소행에 달린 경우에는, 이래도 좋고 저래도 좋은, 욕구대로 저질러놓고 뒤따라오는 결과를 받아들일 수밖에 없는 일로 치부할 수 있는 일이 아니다. 인류 복지와 번영에 좋은 일은 장려하고 매진할 일이지만, 인류 폐망의 원인이 될 만한 일은 예상되는 즉시 저지하고 중단해야 하는 것이 '인간의 일'이다.

"모든 생명체는 언제나 자기 생명을 유지 발전시키기 위해 활동한다. 그것이 생명활동의 본성이자 본질이다"라고 주장하는 사람들은 인간의 과학기술의 발전 끝에 설령 현생 인류가 소멸한다 해도 그 '인간 이후Post-human'의 존재자는 현생 인류보다 더 진화한, 생명체의 자기 진보의 결과라고 말하려 든다. 그런데 실로 "모든 생명체는 언제나 자기 생명을 유지 발전시키기 위해 활동한다"라는 명제가 참이라면, "어떤 경우에도 '자해'니 '자살'이니 하는 행위는 없다"라거나 "인간의 악행들도 자기 생명 유지 발전의 방편이다"라는 주장도 수긍해야 할 것이다. 진정 그러하다면 '악행'이라는 말 자체가 성립되지 않는 것이고, 더 일반적으로 말하면 일체의 윤리 도덕이 무의미하게 되겠다. (모든 생명체가 그렇듯이, 개개인도 모두 자기의 좋은 생을 위해서 하는 짓이라 하는데, 거기에 '나쁜' 짓이 어떻게 일어날 수 있겠는가!) ― 이제, 새삼스럽게 확인해야 할 사실은, 생명체의 매 순간의 모든 활동이 그리고 인간의 개개 행위가 자기 생명의 유지 발전에 '언제나' 긍정적인 것은 아니라는 사실이다. 그래서 우리는 자기 자신과 인류의 생명 존속과 번영을 위해 우리 자신의 행위가 그릇되지 않게 늘 경계해야 하고, 부단히 교정해 나가야 한다. 이러한 시선은 인간 활동의 한 가지인 과학기술의 진행에 대해서도 예외 없이 던져져야 한다.

재래의 과학기술은 인간 활동의 도구의 개선과 증강을 통해 인간의 작업능력을 향상하는 데 기여해 왔다. 그러나 21세기에 들어서 급진전하고 있는 인공지능과학기술과 의생명과학기술은 '인간 자체의 증강'을 앞세우면서 결국 심각한 인체변조를 초래할 우려를 낳고 있다. 재래의 과학기술이 자연을 대상화하고, 재료로 삼아서 인간의 유익함을 위해 개발했다면, 이제 저러한 과학기술들은 인간을 대상화하고 인간을 재료로 삼는다. 어느새 인간은 과학기술의 개발과 운용의 주체이기만 하지 않고 객체이며, 형태 짓는 자가 아니라 형태 지어지는 자의 처지에 놓였다. 과학기술 앞에 인간은 여타의 사물들과 다름없이 하나의 개발 '자원'이 되어 있다. 그리고 그 결과 어떤 과학

기술의 산물에 의해 파멸의 길로 내몰릴 위험에 노출되어 있다.

'포스트휴먼' 사회가 도래한다면, 그 구성원은 두 종류, 곧 태생적으로는 인간이지만 컴퓨터과학기술과 의생명과학기술과의 접합을 통해 이른바 '증강'된 변종인간(예컨대 사이보그)과 애당초 과학기술적으로 산출된 유사인종(예컨대 인공지능 로봇, 가상노동자) 내지 '초인간'일 것이다. 변종인간이나 초인간이 사회구성원의 대부분이거나 주류가 되고 나면, 그들 사회의 규범에 대해서 자연인간이 논의할 일은 없다. 규범이든 무엇이든 그들의 문제는 자연인간보다 '월등한 능력'을 가진 그들이 알아서 할 것이고, 아직도 존속하고 있는 자연인간이 있다면, 오히려 그들에 예속해 있을 것이니 말이다. 그래서 아직도 자연인간인 우리가 의미 있게 논의해 볼 수 있는 사회는, 자연인간이 중심에 있으면서 유사인종과 더불어 사는 사회, 포스트휴먼이 아닌 휴먼의 이른바 '인공지능의 시대'이다. — 우리가 이야기할 수 있는 '인공지능의 시대'가 있다면, 실상 그것은 포스트휴먼 사회가 아니라 휴먼 사회이다.

'기술발전 곧 복지향상'이라는 명분을 내세워 인류 문명의 지속적 발전을 위협하고, 인간의 규정(사명)마저 변경할 것을 종용하는 포스트휴먼화 이데올로기의 부상을 보면서 이제 우리가 재확인할 일은 무엇보다 '참다운' 인간의 모습이며, 더욱더 매진할 일은 휴머니즘(인본주의)의 증진이다. '포스트휴머니즘' 내지는 '포스트-휴머니즘'이라는 새로운 사조가 등장하면서 전통적 휴머니즘을 하나의 낡고 그릇된 사념으로 치부하려는 이들이 있지만, 인간(휴먼)이 인간으로서 '인간'이라는 중심에서 세계를 바라보는 것은 아주 자연스러운 일이다. 그리고 마땅한 일이다. 칸트 연구자들이 칸트^{Immanuel Kant} 탄생 300주년을 맞아 그를 추념하면서, 그의 사상의 핵심인 휴머니즘을 이모저모로 되새기고 인류 문명을 전망하는 것 또한 그러한 일 중의 하나이다.

역사상 최고의 철학자 가운데 한 사람인 칸트는 옛 독일 프로이센Preußen 왕국의 발원지인 쾨니히스베르크Königsberg에서 1724년 4월 22일에 탄생하여 그 도시에서만 평생을 살다가 1804년 2월 12일에 별세하였다.

칸트는 소박한 마구사馬具師인 아버지와 경건주의 신앙이 독실한 어머니의 아홉 자녀 중 넷째로 태어났다. 그렇지만 유아 사망이 많았던 시절이라 부모보다 오래 살아남은 형제는 세 누이에 남동생 한 명으로 실제로는 임마누엘이 빈한한 가문의 장남이자 상속자였다.

칸트는 6세(1730)부터 학교 교육을 받기 시작했는데, 중고등학교 시절에는 특히 고전 작품과 라틴어에 심취해 있었다. 그 사이 어머니를 여읜(1737) 소년 칸트는 1740년(16세)에 쾨니히스베르크 대학에 입학하여 철학, 수학, 자연과학을 폭넓게 공부하였다. 1746년(22세) 그의 부친마저 세상을 떠난 직후, 그는 「활력의 참측정에 대한 견해들」이라는 논문으로 대학을 졸업하고, 이후 9년간 쾨니히스베르크 시 근교의 세 가문에서 가정교사 생활을 하면서 생계를 유지하였다.

1755년(31세) 7월에 학위 논문 「불에 관하여」를, 같은 해 9월에 교수자격취득을 위한 마지막 논문 「형이상학적 인식의 제1원리들에 대한 신해명」을 제출하고, 사강사私講師가 되어 철학, 자연과학, 자연지리학, 신학, 인간학 등을 강의하였다.

1764년(40세)에 '시학' 교수 자리를 제의받았으나, 자신의 전문 분야가 아니라는 이유로 거절하고, 그 대신에 1765년에 겨우 왕립 도서관의 부사서 직을 맡아 생전 처음으로 소액이지만 고정적인 급여(연봉 62탈러)를 받게 되었다. (그러고도 형편이 별로 나아지지 않은 칸트는 교수가 된 후에도 2년을 더 이 행정직을 놓지 못했다.)

1769년에 에어랑엔Erlangen과 예나Jena 대학으로부터 정교수 초청이 있었지만 거절하고 기다렸다가, 1770년(46세) 마침내 쾨니히스베르크 대학의 '형이상학과 논리학' 강좌의 정교수가 되었다.(연봉 220탈러) 이때 그는 교수취임논문 「감성세계와 예지세계의 형식과 원리들에 관하여」를 발표하였다.

이후 거의 모든 사교생활에서 물러나 1781년(57세)에 대저 『순수이성비판』을 출간하고, 이어서 『형이상학 서설』(1783), 『윤리형이상학 정초』(1785), 『실천이성비판』(1788), 『판단력비판』(1790), 『이성의 한계 안에서의 종교』(1793), 『영원한 평화』(1795), 『윤리형이상학』(1797) 등 역저를 잇따라 내놓음으로써 철학사의 중심이 되었다.

그 사이 그는 1786년과 1788년 두 차례 대학 총장을 역임하였고(연봉 620탈러), 1787년(63세)에는 자기 집을 소유할 만큼 마침내 가난에서 벗어났다. 그러나 경제적으로 안정된 생활을 하게 되었을 때는 이미 결혼 적령기를 넘겨서인지 평생 독신으로 지내다가, 1804년 80세 되던 해에 세상을 떠났는데, 그의 유해는 처음엔 쾨니히스베르크 대사원의 교수 묘역에 묻혔으며, 1880년에 인근 교회 묘지로 이장되었다가, 탄생 200주년이던 1924년에 쾨니히스베르크 대사원의 '칸트 주랑Stoa Kantiana', 현금現今의 장소에 안치되었다.

1904년 그의 100주년 기일에 사람들은 "그에 대해서 자주 그리고 계속해서 숙고하면 할수록, 점점 더 새롭고 점점 더 큰 경탄과 외경으로 마음을 채우는 두 가지가 있다. 그것은 내 위의 별이 빛나는 하늘과 내 안의 도덕법칙der bestimte Himmel über mir und das moralische Gesetz in mir 이다"(KpV, A288=V161)라는 그의 『실천이성비판』의 맺음말 첫 구절을 새겨 넣은 기념 동판을 쾨니히스베르크 성곽에 부착하여 그를 기렸다. 하지만 1945년에 원래의 동판을 유실하여, 1994년 허물어진 쾨니히스베르크(칼리린그라드) 옛 성곽의 모서리에 독일어-러시아어로 같은 글귀를 새긴 현재의 동판을 부착하였다. 독일인 칸트는 생전에도 쾨니히스베르크가 러시아에 의해 점령당했던 수년 동안 러시아 신민이었는데, 현재 사람들은 그의 묘소와 기념품, 기념관을 러시아 영토에서 찾아볼 수 있다.

지금은 칼리닌그라드Kaliningrad라는 러시아 땅인, 남쪽의 폴란드와 북쪽의 리투아니아 사이 동해(발틱해) 연안의 항구 쾨니히스베르크는 13세기에 독일 기사단에 의해 세워진 도시로, 여기서 프로이센 1대 왕 프리드리히 1세(재위 1701~1713)가 즉위하여 왕국을 열었으니 장차 독일 통일의 대업을 이룬 프로이센 왕국의 발상지라 할 것이다. 칸트가 강사로 교단에 선 1755년에 건립 500주년 행사를 성대하게 거행한 이 도시의 주민 수는 1800년에 약 6만 명(당시 왕국의 수도인 Berlin은 17만 명, 또 다른 대도시인 Köln과 Frankfurt/M.은 5만 명, München은 3만 명)이었지만, 동해의 중심 해상무역항으로 영국, 스페인, 노르웨이, 아메리카 등지뿐만 아니라 아프리카의 상선도 드나들었다. 1544년에 개교한 쾨니히스베르크 대학Albertus-Universität Königsberg은 칸트 당대에 교수 수 30~40명, 학생 수 800명을 넘지 않는 정도의 그다지 큰 규모는 아니었으나, 각지에서 온 적어도 9개의 서로 다른 모국어를 사용하는 학생과 교수들이 구성한 그 당대 최신 학문의 전당이었다. 이 대학에서 칸트는 매주 16시간 이상(몇 학기 동안은 26~28시간)의 강의를 하는 한편, 그의 학문 활동 57년간(1747~1803)에 걸쳐 70편의 논저를 세상에 펴내 세계인과 교류하였다.(B. Dörflinger/J. J. Fehr/R. Malter 편, Königsberg 1724 - 1804, Zürich · New York: OLMS 2009 참조)

1900년에 개시 29권 35책이 간행된 처음의 《칸트전집(베를린 학술원판)》을 1890년대에 최초로 편찬 기획하고 칸트협회를 설립한 독일 학자들은 칸트의 철학사적 위상을 평가하여, 칸트 이전의 모든 사상이 칸트에 모여 있고, 칸트 이후의 모든 사상은 칸트로부터 흘러나왔다고 말했는데, 이는 사실에 크게 어긋남이 없는 말이라 할 것이다. 오늘날 "칸트를 추종하거나 반대하면서 철학을 할 수는 있어도, 칸트를 모르고서는 할 수 없다"라는 세평이 칸트 철학의 위상을 대변한다.

그는 '존재' 개념을 공간 · 시간의 지평 위에 국한함으로써 존재 형이상학을 해체하고, 형식논리학에 대해 인식논리학(초월논리학)을 세움으로써 논리학(사고)=존재론(존재)으로의 길을 열었으며, 미적 판단의 보편타당성을 논변함으로써 미학을 학적으로 정초하였다. 이것만으로도 그는 철학 사유의 대혁신을 이루었다. 그러나 칸트 철학의 불멸성은 무엇보다도 인간 존엄성의 근거를 대고, 인간 품격의 고양을 촉진하는 휴머니즘에 있다.

이른바 '인공지능의 시대', 포스트휴머니즘의 동향에 칸트는 어떻게 응대할까?

이 책은 칸트 철학의 대략을 서술한 한 편의 글을 앞에 두고, 포스트휴머니즘의 부상을 의식하면서 칸트의 휴머니즘 정신의 이모저모를 살핀 일곱 편의 글을 담고 있다.

우리 공저자 일동은 한국포스트휴먼연구소가 주최한 〈칸트 탄생

300주년 기념 학술회의〉(2024. 4. 27, 서울 타작마당. 후원: 아트센터 나비 · 법무법인 민후)에서 일차 공개 토론하고, 일부는 개별적으로 학술지나 단행본 저술을 통해 발표한 논고들을 모아서, 《포스트휴먼사이언스 총서》 제8권(PHS08)으로 엮어낸다. 이는 어느덧 한 세기 넘게 한국철학의 자양분이 된 칸트 철학의 현대적 의의를 다시 한번 새기기 위함이다.

때마다 총서의 발간을 격려해 주시는 연구소 이사장 최주선 변호사님, 또한 연구소 행사마다 지원을 아끼지 않는 법무법인 민후 김경환 대표님, 그리고 노고를 마다하지 않고 이 책의 발간을 맡아 주신 출판사 파이돈의 김일수 대표님께 깊은 감사를 표하며, 공저자들은 독자와 함께 칸트가 모색했던 '인간의 길'을 한 발짝 더 내어 딛기를 희망한다.

2024년 9월
한국포스트휴먼연구소 소장 백종현

칸트의 인간관, 휴머니즘[1]

백종현

1. 세계에서 인간의 지위

1) 비판철학의 지향

'비판철학'자 칸트는 곳곳에서(KrV, A805=B833; Log, IX25; V−Met−L2/
Pölitz, XXVIII533 이하; 1793년 5월 4일자 Stäudlin에게 보낸 편지, XI429 등 참
조)[2] 인간 이성의 "모든" 관심사는 "인간이란 무엇인가?"라는 인간학
적 물음으로 수렴되거니와, 그 답을 얻기 위해서는 불가불 "1 나는
무엇을 알 수 있는가?"라는 형이상학[인식론]적 물음과 "2 나는 무엇
을 행해야만 하는가?"라는 윤리학[도덕론]적 물음, 그리고 "3 나는 무
엇을 희망해도 좋은가?"라는 종교[론]적 물음을 물을 수밖에 없고, 그
답을 먼저 얻지 않으면 안 된다는 생각을 표명했다. 이때 말한 이성
의 '모든' 관심사는 '철학적 인간학'에 귀속하는바, 이는 칸트 철학의

1 　이 글의 주요 내용은 저자의 다른 책, 『인간의 조건─칸트의 인본주의』(아카넷, 2024)를 통해서
　　도 공표되었다.

2 　칸트의 원문 인용이나 참조의 경우에 출처는 본문 중 ( ) 안에 약호로 제시하고, 상세한 서지 사
　　항은 참고문헌에서 밝힌다.

주요 과제가 인간의 지식^{Wissen, 이론}과 실행^{Tun, 실천} 그리고 이것들을 넘어서는 희망^{Hoffnung}의 문제임을 천명한 것이라 하겠다. 칸트는 바로 이러한 문제의식 아래에서 이른바 '3대 비판서'를 저술했다. 그런데 그의 '제3 비판서'에는 저 세 가지 물음 외에 "나는 무엇에서 흡족함을 느낄 수밖에 없는가?"라는 물음에 뒤따름 직한 미적 감정^{Gefühl} 이론 또한 기술하였다. 이렇게 보면 칸트는 "인간이란 무엇인가?"라는 큰 물음 아래에서 실상 네 가지 작은 물음을 묻고 있다. 그리고 이물음들에 대한 칸트의 답변들에서 우리는 그의 인간관, 휴머니즘을 간취할 수 있다.

사람들은 보통 인간이 추구하는 최고의 '참' 가치를 '진^{眞, 참임} · 선^{善, 참됨} · 미^{美, 참함}'로 본다. 또 사람들은 어떤 관점에서는 이에다가 '성^{聖, 眞善}'을 더하여 인간이 추구하는 최고의 가치를 '진 · 선 · 미 · 성'이라고 말하기도 하는데, 당초의 칸트의 철학적 인간학의 세 물음은 이네 가지 가치 중 '진^眞 · 선^善 · 성^{聖, 眞善}'을 겨냥하는 것이라 할 터이다. 그러나 칸트도 이내 통상의 예처럼 앞의 세 가지 가치의 원리 추구를 자기 철학의 본령으로 삼았다. 그것은 당대의 능력심리학에 응대한 결과로 볼 수 있다.

당시의 능력심리학에서 '마음의 능력'은 "인식능력, 쾌 · 불쾌의 감정, 그리고 욕구능력"으로 구분되는 것이 상례이었는데, 칸트는 이세 가지 능력을 각각 '이론이성 비판'(제1비판), '판단력 비판'(제3비판) 그리고 '실천이성 비판'(제2비판)이라는 이름 아래에서 철학적으로 고찰함으로써 서로 다른 세 종류의 "선험적" 원리들을 발견하고 체계화하여, 그의 지식학과 미학 그리고 윤리학을 내놓았으니, 그것들이 곧그의 '3 비판서'의 요강을 이룬다.

칸트가 이렇듯 한편으로는 당대의 능력심리학을 염두에 두고, 또 다른 한편으로는 재래의 이성적 영혼론과 교섭하면서 인간 의식작용의 가지들, 즉 '지(知: Erkennen/Denken, 인식능력) · 정(情: Fühlen, 쾌 · 불쾌의 감정) · 의(意: Wollen, 욕구능력)'를 단초로 인간의 마음(영혼, '나')을 나누어 보기는 하였지만, 칸트에서 철학이란 오직 선험적 원리에 관한 학문이니, 저 의식작용 각각의 선험적 원리의 발견과 함께 칸트 비판철학은 비로소 그 고유의 성격을 얻었다. 그리고 이러한 선험적 원리들의 원천인 주관/주체로서의 인간은 진리의 세계, 윤리의 세계, 미의 세계, 그뿐만 아니라 종교를 정초하는 자이다. 말하자면 세계는 인간의 견지에서 일정한 방식으로 규정된 것이다.

2) 자기정립적인 인간

세계는 인간의 관점에서 규정된 것의 총체이다. 그런데 인간은 자신을 '나'라고 부른다. 세계는 이 '나'의 시야 안에 있다. 그러니까 정작 이 '나'는 세계의 일부가 아니다. 그렇다면 '나'의 위상은?

'나'의 최초의 의식은 '나는 있다ch bin: ego sum'라는 "동사말/언표, Verbum"(OP, XXII413)이다. 이 '나'의 의식, 곧 자기의식Selbstbewußtsein: conscientia sui ipsius은 '나'라는 실체, 하나의 실존하는 존재자의 지칭이 아니라, '나이다'라는 한갓된 설정Position, 위치 지음이다. 자기의식은 "명사Nomen" 곧 하나의 실체가 아니고, "동사Verbum" 곧 작용/능동이다.(OP, XXII413 참조)

'나는 있다sum'라는 '나 자신의 의식'은 순전히 "논리적인 것(나는 사고[의식]한다: cogito)", 즉 시원적 형식으로, 그것은 '나는 사고[의식]하면서 존재한다$^{\text{sum cogitans}}$'라는 '나' 자신에 대한 분석적 작용 내지 활동이다.(OP, XXII58 참조)

이 자기의식은 아직 '나임/있음'에 대한 아무런 실재적 술어 규정이 없는 한낱 "자기 자신을 설정"(OP, XXII27)함이다. — "'이다/있다^{Sein}'는 분명히 실재적 술어가 아니다."(KrV, A598=B626) 다시 말해, 사물의 개념에 보탤 수 있는 어떤 것의 실질적 규정이 아니다. 그것은 그러한 규정을 할 수 있는 어떤 것 그 자체의 설정^{Position}이다. 논리적 기능으로서 "그것은 단지 판단의 연결어繫辭일 따름이다."(KrV, A598=B626)

나 자신의 의식, '나는 나이다'라는 자기의식, 이름하여 통각^{apperceptio}은 "대상에 대한 규정이 없는 한낱 논리적인 것(단순 포착: apprehensio simplex)"(OP, XXII89)이지만, 그럼에도 자기 자신을 객관으로 만드는, 자신을 객관으로 삼는(객관화하는) 나의 작용을 함유한다. 이 "자기 자신의 직관의 의식"은 '나'에 대한 선험적인 의식이라는 점에서 "형이상학적"이고, 어떠한 객관적인 근거도 없는 자기 연원적이라는 점에서는 순전히 "주관적"이다.(OP, XXII66 참조)

그러나 순전히 형식 작용인 "그것은 스스로 자신을 선험적으로 대상으로 만들고, […] 주관이자 동시에 무매개적으로 자기 자신의 객관으로서의 그것의 표상, 다시 말해 직관이다."(OP, XXII107) 이러한 자기직관은 '나'의 선험적 발견으로서, 여기서 직관된 '나'란 순수 사고, 순전한 의식 외의 다른 것이 아니다.

이제 순전히 사고될 수 있는 것^{cogitabile}인, 그러나 직관된 것인 나는 "스스로 자신을 주어진 것^{dabile}으로 정립"(OP, XXII11)한다. '나'는 자기를 "하나의 대상으로 구성하는 작용/활동"으로서 그러니까 스스로

"선험적으로 자기정립"을 한다. 이 자기정립은 스스로 자신을 '나'로 세워놓는 행위활동이다. 이로써 "나는 나 자신에게 지성의 한 대상"(OP, XXII119)이 된다. 나의 지성은 나를 객관화한다.

여기서 주관인 나는 "스스로 놓은 어떤 것所與[…]을 가지고서 안에서 밖으로 나아간다von innen hinausgehen."(OP, XXII73) 자기의식(통각)이 바야흐로 초월한다transzendieren. 여기에서 칸트의 초월은 한낱 '인간의 의식 넘어'도 아니고, 저 너머 "바깥에서 안으로von aussen hinein" 들어오는 것도 아니고, "안에서 넘어 나와von Innen hinaus"(OP, XXII388) 바깥의 사물 곧 객관의 본질과 존재양태를 규정하는 '나'의 작용이다. 바로 주관의 이러한 초월성이 객관의 가능성의 원리이다. 주主인인 '나'가 지나가는 객客들, 손님을 맞는다. 여기서 손님은 주인이 차린 대로 접대받을 수밖에 없다.

인간의 인식에 있어서 전체 객관, "존재자 전부(우주)는 신과 세계이다."(OP, XXI43) "신과 세계가 현존재 전부"(OP, XXII124)이다. 신은 "우리 위에" 있고, 세계는 "우리 바깥에" 있다. 물론 우리 인간은 "세계 내"에 거주한다.(OP, XXI47 참조) 분명 "인간으로서 나는 하나의 세계존재자"(OP, XXI49)이긴 하다.

그런데 세계가 "하나의 공간과 하나의 시간상에서의 사물들의 총괄"(OP, XXI24)의 지칭이고, 공간과 시간이 인간의 객관 인식의 선험적 형식인 한에서 세계는 인간인 '나'의 응대의 결과물이다. 나의 선험적 "형식이 사물에 존재/본질을 부여forma dat esse rei"(OP, XXII446)하는 것이고, 그런 의미에서 "세계는 순전히 내 안에 있다."(OP, XXII97)

그런데 다른 한편 인간의 실천이성 안에는 의지를 규정하는 정언명령이 있다. 정언명령이란 자연 안에서의 인간 행위에 절대적으로 타당한 실천명령을 일컫는다. 그것이 자연 안에 있는 인간에 대하여 절대적인 명령을 발하는 것은 "자연에 대하여 전권을 행사하는"(OP, XXII61) 것이고, 그런 만큼 그것은 "신의 지시명령"(OP, XXII128)이라 하지 않을 수 없다. 바꿔 말해 우리의 실천 법칙인 정언명령이 있는 이상 그것의 "명령자"일 수밖에 없는 신이 있지 않을 수 없다. 실로 정언명령을 의식하는 "우리 안에 신이 있다."(OP, XXII130) 요컨대 인간은 자신을 정립하여 세계를 개시開示하고, 자기 안에서 정언적 명령인 실천 법칙을 의식함으로써 신을 인지하는 자, 곧 초월적 주관/주체이다. 초월론적으로 이렇게 규정한 인간을 칸트는 그의 '실용적 관점에서의 인간학'에서 다면적으로 가시화한다.

2. 이성적 동물로서의 인간

'실용적pragmatisch'이란 '세계시민으로서의 인간에게 보편적으로 쓸모가 있는' 것으로, 그것은 인간의 "보편적 복지를 위한 예방적 배려에서 나온"(GMS, B44=IV417) 어떤 것을 일컫는다. "실용적 인간지는 자유로운 행위자로서 인간이 그 자신에서 무엇을 이루며, 이룰 수 있고, 이루어야만 하는가에 향해 있다."(Anth, BA4=VII119) 인간 존엄성의 담보인 인격의 가치는 인간이 오로지 선한 자유의지로써 순수한 도덕법칙을 준수하는 데에서 볼 수 있는 것이고, 도덕법칙이란 "행복할 만한 품격 있음 외에는 다른 아무것도 동인으로 갖지 않는 한의 실천 법칙"(KrV, A806=B834)을 말하는 것인데, "행복의 동인에서의 실천 법칙"은 '실용적'인 것이니까, 실용적 실천 법칙은 순전한 "윤리의 규칙"(GMS, B22=IV404)이라기보다는 "영리함의 규칙"(KrV,

A806=B834)이겠다. 그럼에도 인간이 "자연적 완전성을 발전시키고 증진"시킬 자신에 대한 의무를 갖는다고 보는 칸트는 "인간이 자기의 능력들을 […] 배양하고, 실용적인 견지에서 자기의 현존의 목적에 알맞은 인간이 되는 것은 도덕적−실천적 이성의 지시명령[계명]이자, 인간의 자기 자신에 대한 의무"(MS, TL, A111=VI444)라고 힘주어 말한다. 칸트는 그의 철학적 종교론에서 '가능한 최고선'의 개념을 통하여 행복의 원리와 도덕의 원리가 합일될 수 있음을 역설하거니와, 그의 '실용적 인간학'은 인간이 그러한 합일을 이룰 수 있는 자리를 드러내 보인다. 그리고 그 지점에서 칸트의 인간관, 인본주의, 휴머니즘이 또렷이 드러난다.

1) 인간의 세 근원적 소질

기본적으로 인간을 이성적 동물이라고 보는 칸트는 "1) 생명체로서의 인간의 동물성의 소질; 2) 생명체이면서 동시에 이성적 존재자로서의 인간성의 소질; 3) 이성적이면서 동시에 귀책 능력이 있는 존재자로서의 인격성의 소질"(RGV, B15=VI26)을 인간을 형성하는 주요소로 파악한다.

동물성의 소질이란, 일반적으로 말해, "자연적인" 따라서 이성을 필요로 하지 않는 "순전히 기계적인 자기사랑"의 기질로서 세 겹이다. 자기 일신을 보존하려는 자기사랑, 성적 충동을 통해 자기 종족을 번식시키고 성적 결합에 의해 생겨난 자식을 보존하려는 자기사랑, 그리고 다른 인간들과 함께하려는 자기사랑 즉, "사회로의 충동"이 그것이다. 그러나 이러한 소질에는 갖가지 패악^{悖惡}이 접목될 수 있는데, 그것들은 "자연 야성의 패악"이라고 부를 수 있으며, 자연의 목적에서 아주 멀리 벗어날 경우에는 "짐승 같은 패악들"이 되어, 예컨대 포식이라든지 음란함이라든지 다른 사람들에 대한 야만적 무법성으로 나타난다.(RGV, B16 이하=VI26 이하 참조)

인간은 생명체로서 저러한 동물성을 가지면서 또한 이성적 존재자로서 인간성의 소질을 가지고 있다. 인간성의 소질은 근원적으로 자연적이면서도 비교하는, 따라서 셈計算하는 이성이 함께하는 자기사랑의 기질이다. 즉 그것은 남들과의 비교 중에서만 자기 자신의 행·불행을 평가하는 기질을 말한다. 이로부터 남의 의견 중에서 가치를 얻으려는 경향성이 생겨난다. 그것은 '평등'의 가치의 근원으로서, 어느 누구에게도 자기보다 우월함을 허용하지 않고 혹시 누군가가 그러한 것을 추구하지나 않을까 하고 염려하면서도, 자기는 남들의 위에 서려는 부당한 욕구와 결부되어 있는 경향성이다. 이러한 질투심과 경쟁심에 우리가 타인이라고 생각하는 모든 이들에 대한 숨겨진 혹은 드러내 놓는 적대감이 접목될 수 있다. 이것은 남들이 나보다 우위에 서려 노력할 때, 자기의 안전을 위하여 이 타인 위에 서는 우월성을 방비책으로 확보해 두려는 경향성으로서 그 자체만으로는 패악이라고 볼 수 없다. 오히려 자연은 이러한 경쟁심을 오직 "문화로의 동기"로 이용하려 했을지도 모르니 말이다. 그러나 이러한 경향성에 접목되는 "문화의 패악들"이 자연의 의도에서 벗어나 극도로 악질적으로 흐를 때, 가령 시기와 파렴치, 남의 불행을 기뻐하는 따위의 "악마적 패악들"이 나타난다.(RGV, B17 이하=VI27 참조)

이러한 인간성 중에서도 진정한 의미에서의 인문성人文性, Humanität을 발견할 수 있는데, 그것은 "한편으로는 보편적인 참여의 감정을, 다른 한편으로는 자기 자신을 가장 진솔하게 그리고 보편적으로 전달할 수 있는 능력"을 말한다. "이 속성들이 함께 결합하여 인간성에 적합한 사교성을 이루며, 이 사교성에 의해 인간성은 동물의 제한성과 구별된다."(KU, B262=V355) 공감과 소통의 능력에 기반한 사교성이 인간성을 이루기 때문에 인간은 한낱 동물임을 뛰어넘는다.

　여기서 칸트는 '실천적 인간성'과 '미감적 인간성'이 인간의 사회성의 바탕임을 역설한다. ― "함께 기뻐함과 함께 괴로워함(도덕적 동정)은 타인의 즐거움과 고통스러움의 상태에 대한 쾌 또는 불쾌의 감성적 감정 ― 그 때문에 미감적이라고 불리어야 하는 것 ― (공감, 동정의 감각)이고, 자연은 이미 이에 대한 감수성을 인간들 안에 넣어 놓았다. 그러나 이 감수성을 능동적이고 이성적인 호의의 촉진을 위한 수단으로 사용하는 것은, 비록 조건적인 것이긴 하지만, 인간성이라는 이름을 갖는 특별한 의무이다. 왜냐하면 여기서 인간은 한낱 이성적 존재자가 아니라, 이성을 품수한[갖춘] 동물로 보아지기 때문이다. 무릇 이 의무는 자기의 감정에 관해 서로에게 전달하는 능력과 전달하려는 의지(실천적 인간성) 안에, 또는 한낱, 자연 자신이 주는 것인, 즐거움[쾌락] 또는 괴로움[고통]의 공통감정에 대한 감수성(미감적 인간성)에 놓여질 수 있다. 전자는 자유롭고, 그래서 동정적(느낌의 자유로운 공유)이라고 불리고, 실천이성에 기초한 것이다. 후자는 부자유스러운 것(느낌의 부자유스러운, 노예적 공유)으로, (열이나 전염병의 감수성처럼) 전도적傳導的이라고, 또한 고통공감이라고 일컬을 수 있다. 왜냐하면 이것은 서로 곁에 살고 있는 사람들 사이에 자연스레 퍼지는 것이기 때문이다."(MS, TL, §34: A129 이하=VI456 이하)

　인격성의 소질은 "도덕법칙에 대한 순전한 존경의 감수성"(RGV,

B18=VI27)이며, 여기서 존경이란 "의사[의지]의 그 자체만으로써 충분한 동기의 감수성"을 뜻한다. 그러나 도덕법칙이란 인간 이성이 스스로에게 명령하는 당위의 규칙을 이르는 것이니까, 인격성의 소질이란 바로 이 규칙을 자기 행위의 준칙으로 받아들여 이 규칙에 자신을 복속시키는 의지의 자유를 말한다.

도덕적 인격성을 이루는 것은 "도덕법칙들 아래에 있는 이성적 존재자의 자유"(MS, RL, AB22=VI223)이다. 그러므로 인격은 "실천이성의 능력과 자기 의사의 자유에 대한 의식을 갖추고 있는 존재자"(Anth, A320=B318=VII324)로서, "자기 자신에게 수립한 법칙들 외의 어떤 다른 법칙들에는 복종하지 않는" 행위자를 일컫는다.(MS, RL, AB22=VI223 참조)

이제 인간의 의지가 자유롭다면, 아니 바로 자유롭기 때문에 인간은 도덕법칙을 자기 행위의 준칙으로 받아들이는 능력과 무능력을 함께 가지고 있는 것이다. 그 능력을 좋은 마음, 그 무능력을 나쁜 마음이라 부른다. 나쁜 마음은 채택된 준칙을 감연히 좇아갈 수 없는 마음의 연약성 내지 유약성에 기인하기도 하고, 도덕적 동기와 비도덕적 동기를 혼합하려는 성벽 즉 불순성에 기인하기도 하며, 어떤 때는 악한 원칙을 준칙으로 채택하려는 성벽 즉 악성[부패성]에서 기인하기도 한다.(RGV, B18 이하=VI27 이하 참조)

무릇 자유의지의 "인간은 그 자신의 인격에서 인간성에 대한 책임이 있을" 뿐만 아니라, 또한 타인을 인격으로 대할 책무를 갖는다. 인간은 자기 자신의 주인sui iuris이기는 해도, 그렇다고 자신을 임의대로 처분할 수 있는 "그 자신의 소유자sui dominus일 수는 없으며, 하물며 다른 사람들의 소유자일 수는 더더욱 없다."(MS, RL, AB96=VI270) "이

점은 인간의 권리에 속하는 것이 아니라 인간성[인류]의 권리에 속하는 것"이다.(MS, RL, AB96=VI270 참조) — 바로 이러한 통찰에 칸트의 인본주의, 휴머니즘이 있다.

요컨대, 인간의 근원적 소질을 구성하고 있는 세 가지 중에 동물성은 인간을 생명체로, 인간성은 여기에서 더 나아가 인간을 합리적 이성 존재자로 존재하게 하는 자연의 배려이기도 하지만, 자칫 패악에 물들기 쉬운 기질이며, 세 번째의 인격성조차도 그것이 반드시 발휘되는 것은 아니다. 이런 다면적 소질로 인하여 인간은 여타의 사물들과는 달리 역사와 문화를 낳는 노동을 하고, 자신을 인식하고, 그리고 갖가지 악을 범한다.

그럼에도 인간이 자신의 행위에 대해서 책임질 수 있는 존재자라면, 즉 하나의 인격일 수 있다면, 오로지 무조건적으로 도덕 명령을 따르리라는 자유로운 의지가 작용할 경우가 있기 때문이다. 그러므로 인간의 도덕성을 말하고, 그를 기반으로 해서 인격성을 말한다는 것은, 자연의 인과 필연성의 법칙에 따르는 인간의 자연적(기계적) 성벽을 물리치고 당위를 행하려는 자유로운 의지가 인간에게 있음을 납득하는 것이다.

2) 인격으로서의 인간

이러한 인격성은 "전 자연의 기계성으로부터의 독립성"으로서 "자기 자신의 이성에 의해 주어진 순수한 실천 법칙들에 복종하고 있는 존재자의 한 능력"(KpV, A155=V87)이다. "인격성에서 도덕법칙은 동물성으로부터, 더 나아가 전 감성 세계로부터 독립해 있는 생을 나에

게 개시開示한다."(KpV, A289=V162)

칸트에서 인격은 행위 주체로서 그것은 자연에서 실체에 상응한다. "지성개념들의 초월[논리]적 표"(Prol, A86=IV303) 내지 "범주들의 표"(KrV, A80=B106)에서 '실체'라는 관계 범주들의 첫째 항과 관련하여 나머지 범주들이 사실상 이 '실체'의 술어述語에 해당하는 것과 똑같이, "선 및 악의 개념과 관련한 자유의 범주들의 표"(KpV, A117=V66)에서 관계의 범주들의 첫째 항인 '인격성'에 대해 나머지 범주들은 사실상 이 인격의 행위 규칙들의 규정이다. 인격을 전제하고서야 비로소 선악의 개념이나 갖가지 실천 규칙들이 의미와 의의를 얻는 것이니 말이다.

그런데 인간에게 도덕법칙이 있다는 사실은 "우리로 하여금 우리 의사가 여타 모든 동기들에 의한 규정으로부터 독립적임(즉 우리의 자유)을, 그리고 이와 함께 동시에 모든 행위들의 귀책능력이 있음을 의식하게"(RGV, B15=VI26) 한다. 그래서 칸트는 도덕법칙의 이념이 "인격성 자체", 곧 "전적으로 지성적으로 고찰된 인간성 이념"(RGV, B19=VI28)이라고도 말한다.

"인간은, 그리고 일반적으로 모든 이성적 존재자는, 목적 그 자체로 실존하며, 한낱 이런저런 의지의 임의적 사용을 위한 수단으로서 실존하는 것이 아니다."(GMS, B64=IV428) 그러므로 "인간은, 그리고 일반적으로 모든 이성적 존재자는 그의 모든, 자기 자신을 향한 행위에 있어서 그리고 다른 이성적 존재자를 향한 행위에 있어서 항상 동시에 목적으로서 보아야 한다."(GMS, B64 이하=IV428)

"경향성들의 모든 대상들은 단지 조건적인 가치만을 갖는다." 그런 것들은 필요욕구가 사라지면 아무런 가치도 없게 되기 때문이다.

이런 것들은 기껏해야 필요를 충족시키기 위한 수단으로서만 가치를 얻는다. 이렇게 "단지 수단으로서 상대적 가치"만을 갖는 것을 "물건들"이라 일컫는다.(GMS, B65=IV428 참조) 그에 반해 "이성적 존재자들은 인격들이라 불리어진다."(GMS, B65=IV428) 왜냐하면 이성적 존재자들은 그 본성이 "그것들을 이미 목적들 그 자체로, 다시 말해 한낱 수단으로 사용되어서는 안 되는 어떤 것으로 표시하고", 누구도 임의로 사용하는 것을 제한하는, "존경의 대상"이기 때문이다.(GMS, B65=IV428 참조)

"그러므로 인격들은 한낱 그것들의 실존이 우리 행위의 결과로서 우리에 대해서 가치를 갖는 주관적 목적들이 아니라, 오히려 객관적인 목적들이다. 다시 말해, 그것들의 현존 그 자체가 목적인, 그것 대신에 다른 어떤 목적도 두어질 수 없는 그런 것들로." 그러니까 궁극목적으로서 "절대적 가치"를 가진 것이다.(GMS, B65=IV428 참조)

인간은 자신을 '나'로 표상함으로써 하나의 인격이 되거니와, 인격으로서 '나'는 온갖 변화에도 불구하고 동일성을 유지하는 것이며, 무엇과도 교환될 수 없는 존엄성을 갖는다. 이 점에서 인격은 물건들과는 전적으로 구별되는 것이다.(Anth, AB3=VII127)

이러한 인격은 유일하게 존경의 대상이다. 물건은 경향성의 대상으로서, 사랑을 불러일으키고 경탄을 자아내고, 경이감을 줄 수는 있어도 결코 존경을 불러일으킬 수는 없다.(KpV, A135=V76 참조) (그런데도, 만약 인격보다 또는 인격이 아니라 물건을 '존경'하는 세태가 있다면, 그것이 물신[物神]주의 현상이다.)

요컨대, '나'로서의 인격은 "자기 현존의 여러 상태들에서 자기 자신의 동일성을 의식하는 능력"(MS, RL, AB22=VI223)에 있으며, 법률적으로 인격이란 "그의 행위들에 대해 귀책능력이[책임질 역량이] 있는 주체"(MS, RL, AB22=VI223)를 말한다. 여기서 인격은 자연인 또는 법인에서와 같이 '인人'으로 지칭된다. '인'은 공동체의 구성원으로서 시민적 자립성을 갖거니와 그것은 "법적 사안들에 있어서 어떤 타인에 의해서도 대표되어져서는 안 되는 시민적 인격성이다."(MS, RL, A166=B196=VI314) 공동체의 구성원인 시민은 개개로 자립성을 갖는 개인으로 실존한다.

3. 유적 존재자로서의 인간

공동체 안에서 시민으로서 개개로 실존하는 인간은 또한 스스로 개선을 지향해 가는 '유적類的 존재자'이다.

인간은 자기의 이성에 의해, 하나의 사회 안에서 다른 사람들과 함께하고, 그 사회 안에서 기예와 학문들을 통해 자신을 개화하고, 문명화하고, 도덕화하도록 정해져 있다. 그가 행복이라고 부르는, 안락함과 유족한 생활의 자극에 수동적으로 자기를 맡기려는 동물적 성벽이 제아무리 크다 할지라도, 오히려 능동적으로, 그의 자연본성의 조야함으로 인해 그에게 부착해 있는 장애들과 싸우면서, 자신을 인간성의 품격에 맞게 만들어 간다.(Anth, A321=B318 이하 =VII324 이하)

유적 존재자로서의 인간은 계속적인 진보를 통해 자기의 규정을 개선해 나간다. 인간은 다른 것이 아니라 인류Menschengeschlecht에서 진보한다. 인류는 "서로 잇따라 그리고 서로의 곁에서 실존하는 인격들의 집합"(Anth, A331=B329=VII331)이다.

인류는 문화[교화]의 면에서 끊임없이 그의 자연 목적인 진보 중에 있으므로, 그의 현존의 도덕적 목적의 면에서도 개선을 향해 전진 중에 있으며, 이것이 때때로 중단되기는 해도 결코 단절되지는 않을 것이다.(TP, A275 이하=VIII308 이하 참조) "인류는 헤아릴 수 없는 많은 세대들의 계열을 거쳐 진보함으로써"(Anth, A319=B317=VII324) 그 사명으로 향상해 간다. 개체로서 인간은 때로 좌절하고 퇴보도 하지만, 인류로서 인간은 그러한 저지를 뚫고 전진해 나간다. 인간 개개 주체에서는 얽혀 있고 불규칙적인 것으로 눈에 띄는 것도 "전체 인류에서는 인류의 근원적 소질의 비록 느리기는 하지만 끊임없이 전진하는 발전"(IaG, A386=VIII17)의 요소를 이룬다. "인간에 있어서 그의 이성 사용을 목표로 하고 있는 자연소질들은 개체[개인]에서가 아니라, 오직 유[인류]에서만 완벽하게 발전될 것이다."(IaG, A388=VIII18)

인간은 첫째로 자기 자신과 자기의 종[種]을 보존하고, 둘째로 그를 훈련시키고 가르쳐서, 가정 사회에 맞게 교육시키고, 셋째로 그를 하나의 조직적인 (이성원리에 따라 질서 지워진) 사회에 맞는 전체로서 통치한다. 그러나 이때 인류의 특징적인 것은 지상의 가능한 이성적 존재자 일반의 이념과 비교해 보면 다음과 같다. 즉 자연은 인류 안에 불화의 씨앗을 넣어놓고서, 인류 자신의 이성이 이 불화에서 벗어나 화합을, 적어도 화합으로의 부단한 접근을 만들어내기를 욕구했거니와, 이 후자[화합]가 이념에서는 목적이지만, 그러나 실상으로는 전자(불화)가 자연의 계획에서는 우리로서는 헤아릴 수 없는 최고 지혜의 수단이다. 즉 그것은 비록 인간의 생의 기쁨의 많은 희생과 함께일지라도 진보하는 문화에 의해서 인간을 완전하게 만드는 수단인 것이다.(Anth, A315 이하=B313 이하=VII321 이하)

인간 개개인의 개화와 더불어 종種으로서의 인간, 곧 인류의 개화는 사회화에 의해 성취되니, 인간은 문명사회를 이룬다.

자연이 자기의 모든 소질들의 개발을 성취하기 위해 이용하는 수단은 사회 안에서 이 소질들의 적대관계이며, 그렇지만 이 적대관계가 결국에는 사회의 합법칙적 질서의 원인이 되는 한에서 그러하다. 나는 여기서 적대관계라는 것을 인간의 비사교적 사교성, 다시 말해 사회에 들어가려 하면서도, 이 사회를 끊임없이 분열시키려 위협하는 전반적인 저항[심]과 결합되어 있는 인간의 성벽性癖이라 이해한다. 이에 대한 소질이 인간의 자연본성에 있는 것은 분명하다. 인간은 자신을 사회화하려는 경향성을 가지고 있으니, 그것은 인간이 그러한 상태에서 더 많이 인간임을, 다시 말해 자기의 자연소질의 개발을 자각하기 때문이다. 그러나 인간은 또한 자신을 개별화(고립화)하려는 강한 성벽을 가지고 있으니, 그것은 동시에 인간이 자신 안에서 모든 것을 순전히 자기 생각대로 평결하고자 하는 비사교적 속성과 마주치고, 그래서 인간은 자기 쪽에서 타인들에게 저항하려는 경향이 있음을 자기 자신에 대해 아는 만큼, 도처에서 저항이 있을 것을 예기하기 때문이다. 그런데 이 저항이야말로 인간의 모든 힘들을 일깨우고, 인간으로 하여금 나태로의 성벽을 극복하게 하고, 명예욕과 지배욕 또는 소유욕에 추동되어, 그들을 잘

견뎌낼 수도 없지만 그렇다고 그들로부터 떠날 수도 없는 동료들 사이에서 어떤 지위를 얻게 한다. 무릇 이에서 야만에서 문화로의 참된 첫걸음이 일어나니, 문화란 본래 인간의 사회적 가치에 존립하는 것이다.(IaG, BM392 이하=VIII20 이하)

자연이 인간의 모든 소질들을 개발하기 위해 이용하는 것은 "인간의 비사교적 사교성", 즉 사람들의 상호 간의 '적대관계'이다. 구성원들 사이에 최대의 자유가 보장되어 있고, "그러니까 적대관계와 그러면서도 타인의 자유와 양립할 수 있기 위해 이 자유의 한계에 대한 정확한 규정과 보장이 되어 있는 사회"(IaG, BM394 이하=VIII22), 즉 "그 안에서 자유가 외적 법칙[법률]들 아래 가능한 최고의 정도로 저항할 수 없는 권력과 결합해 만나는 하나의 사회, 다시 말해 완전히 정당한 시민적 [헌정]체제"(IaG, BM395=VIII22)에서만 자연의 최고의 의도, 곧 그의 모든 소질들의 발전이 인류에서 달성될 수 있으며, 자연 또한 인류가 이 목적을 그의 사명의 모든 목적들과 마찬가지로 스스로 이룩할 것을 의욕하는 것이다.

인간의 유능성은 "스스로 목적들을 세우고 (자기의 목적을 규정함에 있어서 자연에 의존하지 않고서) 자연을 자기의 자유로운 목적들 일반의 준칙들에 알맞게 수단으로 사용할 수 있음"(KU, B391=V431) 곧 자율을 말하거니와, 인간의 자유에서의 이러한 유능성을 산출하는 것이 "문화"(KU, B391=V431)이다. 무릇 인간 상호간에 상충하는 자유의 붕괴를 방지해 주고, 인간의 "자연소질들의 최대의 발전이 일어날 수 있"(KU, B393=V432)는 터전이 시민적 사회, 헌정체제이다.

무릇 "인류의 역사는 대체로 자연의 어떤 숨겨져 있는 계획의 수행, 즉 내적으로 — 완전하며, 그리고 이 목적을 위해 또한 외적으로 — 완전한 국가[헌정]체제를 성취하기 위한 계획의 수행이라고 볼 수 있는바, 이 국가체제야말로 자연이 인간성 안에 있는 그의 모든 소질을 온전히 발전시킬 수 있는 유일한 상태이다."(IaG, BM403=VIII27)

"완전히 정당한 시민적 [헌정]체제가 인류에 대한 자연의 최고 과제임이 틀림없다. 왜냐하면 자연은 오직 이러한 과제의 해결과 수행에 의해서만 인류와 함께하는 자기의 여타 의도들을 달성할 수 있기 때문이다."(IaG, A395=VIII22) 더 나아가 "세계지역들이 서로 평화적으로 관계 맺고, 이러한 관계들이 마침내 공법화되고, 그렇게 해서 인류는 마침내 세계시민적 체제에 점점 가까이 다가설 수 있다."(ZeF, AB42=VIII358)

— 인간은 그의 자연본성 안에 도덕적 완성의 배아를 가지고 있다. 그리고 그 배아는 유적 존재자로서의 인간에서 성장해 간다.

4. 자기 교화적인 인간
— '이성적일 수 있는 동물'에서 '이성적 동물'로

인간은 자연의 부조[扶助] 중에서 자기완성을 향해 스스로 교화해 간다.

칸트에서 '자연' 개념은 이중적이다. '자연'은 자연과학적으로 파악되는 것이면서도, 그렇게는 도저히 헤아릴 수 없는 섭리와 같은 것이다. 인간의 '역사'는 인간 사이의 모순적인 수많은 사건 및 사고에도 불구하고 "어떤 자연의도"(IaG, BM387=VIII18), 자연의 섭리에 따라 인간이 도야되는 과정이다. 그런데 그 자연의 합목적적인 '섭리'

는 그 목적 실현을 위해 인간에게 자기노력을 요구한다. "하늘은 스스로 돕는 자를 돕는다"라고나 할까. "인류는 인간성의 전체 자연소질을 그 자신의 노력을 통해 서서히 자신으로부터 끄집어내야 한다." (Päd, A2=IX441) "인간성[인류] 안에는 많은 싹들이 있다. 이제 자연소질들을 균형 있게 발전시키고, 인간성을 그 싹들에서 전개시켜, 인간이 그의 규정[사명]에 이르도록 만드는 일은 우리의 일이다."(Päd, A11=IX445)

인간이 이성적 동물animal rationale이라 하지만, 당초의 자연상태에서는 단지 "이성적일 수 있는 동물animal rationabile"일 따름이다. 인간은 자기 형성의 노고를 거쳐 자신을 "이성적 동물"로 만들어가는 것이다.(Anth, A315=B313=VII311 참조) 인간은 완성된 이성적 동물이라기보다는 완성해 가는 이성적 동물이다. 인간은 개인으로서나 유類 곧 인류로서나 완성의 도정에 있다.

"인간 안에는 단지 선으로의 씨앗들이 놓여 있을 뿐이다."(Päd, A19=IX448) "인간은 선으로의 자기 소질들을 우선 개발해야 한다. 섭리는 그 소질들을 이미 완성된 것으로 인간 안에 넣어둔 것이 아니다. 그것들은 한갓된 소질일 따름이[…]다. 자기 자신을 개선하는 일, 자기 자신을 교화하는 일, […] 자기에서 도덕성을 끄집어내는 일, 그것을 인간은 마땅히 해야 한다."(Päd, A14=IX446)

설령 인간이 지금 타락한 상태에 있다 하더라도 '교육'이 의미 있는 일이고, 개선 노력이 헛된 것이 아니라면, 세네카의 말대로 "우리는 고칠 수 있는 병을 앓고 있는 것이다. 그리고 올바르도록 낳아진 우리를 자연 자신이, 만약 우리가 개선되기를 의욕한다면, 돕는다."3

"인간이 윤리적으로 선량하다거나 타락해 있다"라는 명제는 오로지 인간이 자율적 이성적 존재자일 경우에만 의미를 갖는다. 인간이 자연본성상 선하다거나 악하다는 명제는 무의미하다. 인간의 자연본성은 그 자체로 선하거나 악할 수 없는 것이기 때문이다. 인간이 '이성적임'에 이른다는 전제 아래서만 도대체가 진·선·미의 가치를 논할 수 있다. 이성의 원리가 작동하지 않으면 인식작용도 일어나지 않고, 윤리적 행위도 발생하지 않고, 쾌·불쾌의 감정도 움직이지 않을 것인데, 진·선·미가 어디에 있을 수 있겠는가? 진리는 지식의 언표에, 선은 윤리적 행실에, 미는 미감적 판단에 자리하는 것이니 말이다. 선악은 인간의 "이성이 의무와 법칙의 개념에까지 고양될 때에만"(Päd, IX, 492) 비로소 논할 수 있는 가치이고, 선악의 분별이 있는 곳에 비로소 '이성적' 동물로서 인간이 있다.

"자연은, 인간이 자기의 동물적 현존의 기계적 안배를 넘어서는 모든 것을 전적으로 자기 자신으로부터 만들어내고, 그 자신이 본능에서 벗어나 자신의 이성을 통해 마련해 가진 이외의 행복이나 완전성을 분유分有하지 않을 것을 의욕했다."(IaG, BM390=VIII19) "이성은 그의 모든 힘들의 사용 규칙들과 의도들을 자연본능을 훨씬 넘어서까지 확장하는 능력"(IaG, BM388 이하=VIII18)인바, 자연이 인간에게 이러한 능력을 부여한 것은 인간이 한갓 자연본능과 자연의 법칙에 따르는 삶 대신에 그런 것들을 극복하는 "간난고초"의 삶을 감내하고, 동물을 뛰어넘는 '인간'의 품격을 이룰 것을 의도했기 때문이라는 것

---

3 Seneca, *De ira*, II, 13, 1.

이 칸트의 추정이다. 이러한 추정에 따르면 인류의 역사는 "자연의 후견상태에서 자유의 상태로 이행"(MAM, BM12 이하=VIII115)하는 것이다. 자연의 역사는 "신의 작품"이라 선에서 시작하지만, 자유의 역사는 "인간작품"(MAM, BM13=VIII115)이라서 악에서 출발하여 개선해 나아가는 것이다. 그것은 "보다 나쁜[악한] 것에서부터 보다 좋은[선한] 것으로 점차 발전"(MAM, BM27=VIII123; KpV, A222=V123 참조)하는 것이다.

인간이 개선된다는 것은 행실에서 그 행실의 동기가 자기사랑이 아니라 도덕법칙인 경우가 더욱 빈번해진다는 것으로, 그것은 도덕법칙에 따르는 힘, 곧 덕이 증진됨으로써이다. 어떤 사람이 '유덕하다'는 것은 "그가 어떤 것을 의무로 인식할 때 의무 자체에 대한 이러한 표상 이외에 어떤 다른 동기도 더 이상 필요로 하지 않는 인간"(RGV, B54=VI47)이라는 것을 말한다. 그런데 이러한 인간이기 위해서는 마음씨, 성향이 점진적으로 개혁되어 "하나의 성격[성품]을 창립함"(RGV, B55=VI48)에서 시작하지 않으면 안 된다. 그로부터 도덕적 습관 곧 윤리Sitten가 형성될 수 있기 때문이다. 일회적 덕행이 아니라 거듭되는 덕행, 도덕적 습관이 공고화함으로써 사람은 비로소 덕 있는 사람으로 되는 것이고, 그것을 일러 개선, 개화改化라고 한다.

5. 칸트의 인본주의

1) 자연의 최종 목적으로서의 인간

칸트는 자신을 교화해 가는 인간을 자연의 최종 목적으로 본다.

인간이 "스스로 자신의 의사대로 목적들을 세울 수 있는 능력을 가진 지상의 유일한 존재자"(KU, B390=V431)로서 자신을 목적적 존재자라고 생각하는 한, "여기 지상에서는 그것과 관계해서 여타 모든 자연사물들이 목적들의 체계를 이루는, 자연의 최종 목적으로"(KU, B388=V429) 인간 이외의 것을 생각할 수 없다.

우리가 자연을 목적론적 체계로 볼 때, "인간은 그의 사명의 면에서 자연의 최종 목적"(KU, B390=V431)이다. 이러한 견지에서 "인간은 본래 자연의 목적이고, 지상에 살고 있는 어떤 것도 이 점에서 인간과 견줄 자는 있을 수 없다."(MAM, A10=VIII114) 다시 말해 이것은 언제나 "조건적으로만" 그러니, 곧 인간이 자신이 최종 목적임을 "이해하고, 자연과 그 자신에게 그러한 목적관계를 부여할 의지를 가지고 있으며, 그러한 목적관계가 자연에 대해 독립적으로 스스로 충분하다는 […] 조건 아래서만 그러"(KU, B390=V431)한 것이다.

그렇다면 우리는 "자연의 저 최종 목적을 인간의 어느 점에 놓아야 할 것인가"?(KU, B390 이하=V431) 이에 대한 답을 우리는 "자연이 인간으로 하여금 그 자신이 궁극 목적이기 위해 행하지 않으면 안 될 것에 대한 준비를 시키기 위해 수행할 수 있는 것이 무엇인가를 찾아내"(KU, B391=V431)면 얻을 수 있을 것이다. 그러한 것으로는 "스스로 목적들을 세우고 […] 자연을 자기의 자유로운 목적들 일반의 준칙들에 알맞게 수단으로 사용할 수 있는" "유능성을 산출하는" "문화[교화]"(KU, B391=V431)만한 게 없다. "그러므로 문화[교화]만이 사람들이 인류를 고려하여 자연에 부가할 이유를 갖는 최종 목적일 수가 있다."(KU, B391=V431)

인간이 자연의 특별한 "총아"(KU, B389=V430)는 아니다. 각종 유행

병, 태풍과 같은 자연의 기계성의 맹목성에 인간은 여느 동물들처럼 굳세지도 못하다. 게다가 인간은 전쟁이나 독재와 같은 악행을 스스로 저질러 인류를 파괴한다. 그럼에도 훈육과 교화, 예술과 학문은 인간으로 하여금 "감각적 성벽性癖의 폭군적 지배를 제법 잘 극복하고, 그렇게 함으로써 인간에게 이성만이 권력을 가져야 하는 지배 체제를 준비해 준다."(KU, B395=V433)

"그러나 개개 문화가 이런 최종 목적이기에 충분한 것은 아니다." (KU, B392=V431) 문화적인 것이라 하더라도 무엇인가가 궁극 목적이기 위해서는 "자신의 가능성의 조건으로서 다른 어떤 것도 필요로 하지 않는 그런"(KU, B396=V434) 것이어야 한다. 그런데 인간 안에서 찾을 수 있는 그런 것으로는 도덕성밖에 없다. — "이제 도덕적 존재자로서 인간에 대해서는 (그러하니 세계 안의 모든 이성적 존재자에 대해서는) '무엇을 위해 (무슨 目的을 爲해) 그것이 실존하는가'를 더는 물을 수가 없다. 그의 현존은 자신 안에 최고의 목적 자체를 가지며, 그는 그가 할 수 있는 한, 이 최고 목적에 전체 자연을 복속시킬 수 있으며, 적어도 이 최고 목적에 반하여 그가 자연의 어떤 영향에 복속되지 않도록 자신을 지켜야만 한다. — 무릇 세계의 사물들이 그것들의 실존의 면에서 의존적인 존재자로서, 어떤 목적들에 따라 활동하는 최상의 원인을 필요로 한다면, 인간이야말로 창조의 궁극 목적이다. 왜냐하면 인간이 없으면 서로서로 종속적인 목적들의 연쇄가 완벽하게 기초되지 못할 것이니 말이다. 오로지 인간에서만, 또한 도덕성의 주체인 이 인간에서만 목적들에 관한 무조건적인 법칙수립[입법]이 찾아질 수 있으며, 그러므로 이 무조건적인 법칙수립만이 인간으로 하여금 전체 자연이 목적론적으로 그에 종속하는 궁극 목적일 수 있게 하

는 것이다."(KU, B398 이하=V435 이하)

무릇 "인간은 도덕적 존재자로서만 창조의 궁극 목적일 수 있다."
(KU, B412=V443 참조) 윤리적 존재자, 즉 한낱 수단이 아닌 '목적'으로
서 인간은 자연의 합목적적 체계의 정점이고, 자연만물 창조의 "궁극
목적"인 것이다. 도덕적 존재자로서 인간은, 그리고 세계에 있는 모
든 이성적 존재자는 단지 자연의 궁극 목적으로서가 아니라, 창조의
궁극 목적으로서 실존한다.

2) 자기자율인 인본주의

윤리적 존재자, 즉 '목적'으로서 인간은 자연의 합목적적 체계의 정
점이고, 자연만물 창조의 "궁극 목적"이라 하지 않을 수 없다. 이렇게
칸트는 합목적성이라는 발견의 원리에 의거해 자연의 정점에서 도덕
적 존재자로서의 인간을 발견한다.

이러한 칸트의 합목적적 성찰은 기독교의 「창세기」적 인간관과 그
리스적 이성적 인간관의 결합을 상기시킨다.

> 하느님께서는 '우리 모습을 닮은 사람을 만들자! 그래서 바다의 고
> 기와 공중의 새, 또 집짐승과 모든 들짐승과 땅 위를 기어다니는 모
> 든 길짐승을 다스리게 하자!' 하시고, 당신의 모습대로 사람을 지어
> 내셨다. [⋯] 하느님께서는 그들에게 복을 내려주시며 말씀하셨다.
> '자식을 낳고 번성하여 온 땅에 퍼져서 땅을 정복하여라. 바다의 고
> 기와 공중의 새와 땅 위를 돌아다니는 모든 짐승을 부려라!'(『구약성
> 서』, 「창세기」1, 26~28)

무릇 인간이 창조의 최고목적이라는 판단은 인간은 신의 형상에 따라 창조된 유일한 '이성적' 동물이고, 그 자율적 이성으로 인해 인간은 유일하게 목적 정립적인 도덕적 존재자라는 믿음과 맥락을 같이한다고 하겠다. 그런데 다윈의 진화론적 관점에 서 있는 이들 가운데는, 인간의 이성성은 여타 동물과의 종별적 차이라기보다는 정도의 차이에 불과한 것으로서, 그를 근거로 인간만이 목적 그 자체로서 모든 가격을 뛰어넘는 가치 곧 존엄성을 갖는다고 추론하는 것은 그야말로 인간중심적인 사고의 전형이라고 이의를 제기하는 이도 있을 수 있겠다. 더구나 다윈적 관점에서는 인간 중에는 여느 동물의 '이성' 수준에도 미치지 못하는 저급한 '이성' 능력을 가진 자도 적지 않은데, 인간과 동물의 차이를 구별하는 칸트가 인간들 사이의 차이는 도외시한 채 종種으로서의 인간을 묶어 말하는 것이 인간들 사이의 불화를 미연에 방지하려는 전략적 사고처럼도 보일 수도 있겠다. 이에서 어떤 이는 타인을 한낱 수단으로 대하는 것을 비도덕적인 일로 규정하는 칸트가 여타의 동물을 한낱 생활 편익의 수단으로 이용하는 것이 윤리와 무관한 일이라고 여기는 것과 관련해 칸트를 비판하면서 말한다: "종차별주의speciesism [4]의 윤리가 인종차별주의racism 의 윤리보다 확실한 논리적 근거가 있는지 모르겠다. 내가 아는 바는 그것이 진화 생물학적으로 아무런 적절한 토대가 없다는 것이다." [5]

물론 인간의 생명이나 마찬가지로 동물들에게도 그의 생명은 무엇과도 바꿀 수 없는 가치 있는 것이므로, '인간만이 도덕적'이라는 명

---

4   John Bryant/ L. B. la Velle/ J. Searle, *Introduction to Bioehtics*, John Wiley & Sons, 2005, p. 58 이하 참조.

5   Richard Dawkins, *The Selfish Gene*(1976), Oxford, 2006(30주년 기념판), p. 10.

제의 타당성 여부와 상관없이,[6] 또는 설령 종으로서의 인간이 유일한 도덕적 동물이라고 하더라도 그 이유로 해서, 모든 동물의 생명이 인간 종의 생존 수단이 되는 것이 합목적적이라 함은 칸트 자신의 말대로 기껏 '주관적'으로만 합목적적이겠다. 그런데 이 대목에서 칸트가 말하는 '합목적성'이란 반성적 판단력의 "자기자율"(KU, BXXXVII=V185)이다. 그러니까 여기서 칸트 논변의 근거는 자기자율인바, 그 타당성은 인간을 도덕적 존재자로 규정하는 이성적 존재자의 범위 내로 제한된다 할 것이다.

3) 인본주의로서 칸트의 휴머니즘

도덕적 존재자로서의 인간은 인간의 권리 곧 인권Menschenrecht을 갖는다. 인권이란 "자기 자신의 인격에서 인간성의 권리"(MS, RL, AB43=VI236) 곧 인간임의 권리Recht der Menschheit로서, 사람이라면 누구라도 한갓된 수단이 아니라, 동시에 목적으로 살고 대우받을 권리를 일컫는다. 인격으로서의 인간은 "권리를 가지고 있는 하나의 살아 있는 존재자"(OP, XXI67)이다. 이러한 "인격 안의 인격성의 권리들 및 인간들의 권리 외에 세상에서 신성한 것은 없다. 신성성은 우리가 인간들을 결코 한낱 수단으로 쓰지 않는다는 데에 있으며, 그러한 사용의 금지는 자유와 인격성 안에 있다."(Refl 7308, XIX308)

인권이란 "모든 인간에게 그의 인간성의 힘으로[그가 인간이라는 바

---

6   Tom Regan, *The Case for Animal Rights*, Berkeley: Univ. of California Press, 1985; Evelyn Pluhar, *Beyond Prejudice: The Moral Significance of Human and Nonhuman Animals*, Duke Univ. Press, 1995 참조.

로 그 힘으로] 귀속하는 […] 근원적인 권리"(MS, RL, AB45=VI237)로서, "보편적 인권의 원리들"은 곧 자유, 평등, 안전이며(VARL, XXIII292 참조), 인권의 토대는 인간이 법적 주체가 되는 일이다.(MS, RL, AB43=VI236 참조)

무릇 인권의 으뜸은 "자유"의 권리로, 여기서 자유란 "타인의 강요 하는 의사로부터의 독립성"이며, 그것은 "모든 타인의 자유와 보편 적 법칙에 따라서 공존할 수 있는 한"에서 보장되어야 한다.(MS, RL, AB45=VI237 참조) 이 자유는 무엇보다도 각자가 자기가 좋다고 생각 하는 방식으로 "자기의 행복을 추구"(TP, A235=VIII290)할 수 있는, "그 자신의 선택에 따라 행복하게 지낼"(MS, RL, A126=VI454) 권리를 핵심 요소로 갖는다.

이러한 인권이야말로 "인간들 사이에만 있을 수 있는 가장 신성한 것"(MS, RL, AB151=VI304)이자 "세계 안에서의 가장 신성한 것"(RGV, A226=VI159)이고, "신이 지상에서 가지고 있는 가장 신성한 것"(ZeF, AB27=VIII353)이다. 그러나 권리에는 반드시 상응하는 의무가 있다. '인간의 권리'에는 상응하는 '인간으로서의 의무'가 있고, 이에는 '인 간의 윤리적 의무'가 포함된다. 인간에게는 특별나게도 윤리적 의무 감이 있거니와, 그것은 인간에게는 "실천이성의 자치[자기통치] […] 법칙에 반항하는 자기의 경향성을 통제하는 능력에 대한 의식"(MS, TL, A9=VI383)이 있기 때문이다.

인권과 비견하여 동물권animal rights을 주창하는 이들도 있고, 심지어 는 인공지능 로봇의 권리Robot rights를 논하는 이들조차 있지만, 그 '권 리'라는 것이 실상은 인간의 동물에 대한 의무, 인간의 로봇에 대한 의무를 말할 뿐으로, 그에 상응하는 동물이나 로봇의 인간에 대한 의무 규정을 포함하고 있지 않다면, 그것들은 진정한 의미에서는 '권리'라 할 수 없다. 인권은 인간의 자연적 경향성에 대한 자기통제 곧 자율성에서 기인하는 것으로, 그 권리는 동시에 인간으로서의 의무를 함유한다. 자기 욕구에 대한 자치 능력이 없는 사물이 인간에게 요구하는 권리란 있을 수 없다. 그러한 사물 — 동물이든 로봇이든 — 이 스스로 의무를 규정하고 그를 이행하는 능력이 없는 한에서 그러하다. '동물권'이나 '로봇의 권리'란 실상은 인간이 정하는, 이러한 사물들에 대해 인간이 마땅히 가져야 할 태도나 취급 방식의 규정일 따름이다.

어떤 동물이든, 어떤 인공지능 로봇이든, 그것이 인격성을 갖지 않는 한 인권과 유사한 권리를 가질 수 없다. 인권의 핵심 요소는 자유, 평등, 우애, 시민적 독립성과 같은 것들인데, 한 인간의 이러한 권리들은 동시에 타인들에 대한 의무이기도 하다. 공동체 보위의 의무, 납세의 의무, 성실한 근로의 의무도 감당하지 않는 어떤 동물이나 사물은 결코 시민일 수가 없으며, 시민의 위격을 갖추지 못한 사물이 '인권'과 유사한 권리를 가질 수는 없다.

일찍이 칸트는 '동물권' 논의에 포함될 만한 인간의 의무에 관해 말했지만, 그 의무는 동물에 대한 인간의 의무가 아니라, 인간의 인간에 대한 의무의 일환이다.

이성은 없지만 생명이 있는 일부 피조물과 관련하여 동물들을 폭력적으로 그리고 동시에 잔학하게 다루는 것은[7] 인간의 자기 자신에

---

7   이 대목은 B판에 따름. A판: "동물들을 폭력적으로 그리고 동시에 잔학하게 다루는 것을 삼가는 의무는"

대한 의무와 내면에서 더욱더 배치되는 것이다. 왜냐하면 그로 인해 동물들의 고통에 대한 공감이 인간 안에서 둔화되고, 그로써 타인과의 관계에서의 도덕성에 매우 이로운 자연소질이 약화되어, 점차로 절멸될 것이기 때문이다. 비록 동물들을 민첩하게 (고통 없이 행하는) 도살하는 것이나, 단지 그것들의 능력 이상으로 무리하지 않게 시키는 노역 ― 그 같은 노역은 인간 자신도 감수해야만 하는 것이거니와 ― 은 인간의 권한에 속하는 것이지만 말이다. 그에 반해 순전히 사변을 위한, 고문적인 생체 실험들은, 만약 이런 것 없이도 목적이 달성될 수 있다면, 삼가야 하는 것이다. ― (마치 그것들이 가솔인 양) 늙은 말이나 개의 오랫동안 수행한 봉사에 대한 감사마저도 간접적으로는 인간의 의무에 속한다. 곧 이러한 동물들에 관련한 감사의 정은 그러나 직접적으로 볼 때는 언제나 인간의 자기 자신에 대한 의무일 따름이다.(MS, TL, A108=VI443)

동물 사랑도 자연 보전도 그 합당성의 뿌리는 인간의 인간에 대한 사랑과 인간의 영구한 보전이다. ― 칸트는 철두철미 인본주의자이고, 그의 인본주의는 진정한 의미에서 휴머니즘이다.

참고문헌

Kant *Kant's gesammelte Schriften*[AA], hrsg. von der Preußischen Akademie der Wissenschaften u.a., Berlin 1900~.

인용 문헌 약호, 원논저명(수록 AA 권수), 한국어 논저명, 한국어 역서:

Anth *Anthropologie in pragmatischer Hinsicht*(VII), 『실용적 관점에서의 인간학』, 백종현 역, 아카넷, 2014.

GMS *Grundlegung zur Metaphysik der Sitten*(IV), 『윤리형이상학 정초』, 백종현 역, 아카넷, 2018(개정2판).

IaG *Idee zu einer allgemeinen Geschichte in weltbürgerlicher Absicht*(VIII), 「보편사의 이념」

KpV *Kritik der praktischen Vernunft*(V), 『실천이성비판』, 백종현 역, 아카넷, 2019(개정2판).

KrV *Kritik der reinen Vernunft* (제1판[A]: IV, 제2판[B]: III) 『순수이성비판』, 백종현 역, 아카넷, 2006.

KU *Kritik der Urteilskraft* (V), 『판단력비판』, 백종현 역, 아카넷, 2023(제19쇄).

Log *Logik* (IX), 『논리학』

MAM Muthmaßlicher Anfang der Menschengeschichte (VIII), 「추측해 본 인간 역사의 시작」.

MS Die *Metaphysik der Sitten* (VI), 『윤리형이상학』, 백종현 역, 아카넷, 2012.

　　RL *Metaphysische Anfangsgründe der Rechtslehre* (VI), 「법이론의 형이상학적 기초원리」/「법이론」

　　TL *Metaphysische Anfangsgründe der Tugendlehre* (VI), 「덕이론의 형이상학적 기초원리」/「덕이론」

OP *Opus Postumum* (XXI~XXII), 『유작』, 백종현 역, 아카넷, I: 2020, II: 2022.

Päd *Pädagogik* (IX),「교육학」, 백종현 역, 아카넷, 2018.

Prol *Prolegomena zu einer jeden künftigen Metaphysik* (IV),「형이상학 서설」, 백종현 역, 아카넷, 2012.

Refl *Reflexion* (XIV~XIX), 조각글.

RGV *Die Religion innerhalb der Grenzen der bloßen Vernunft* (VI),「이성의 한계 안에서의 종교」, 백종현 역, 아카넷, 2015(개정판)

SF *Der Streit der Fakultäten* (VII),「학부들의 다툼」, 백종현 역, 아카넷, 2021.

TP Über den Gemeinspruch: Das mag in der Theorie richtig sein, taugtaber nicht für die Praxis (VIII).「이론과 실천」.

Vorl *Vorlesungen* (XXIV~), 강의록.

WA Beantwortung der Frage: Was ist Aufklärung? (VIII),「계몽이란 무엇인가」.

ZeF *Zum ewigen Frieden* (VIII),「영원한 평화」, 백종현 역, 아카넷, 2013.

백종현,「이성의 역사」, 아카넷, 2018(제3쇄).

———,「한국 칸트사전」, 아카넷, 2019.

———,「인간의 조건—칸트의 인본주의」, 아카넷, 2024.

Bryant, John / la Velle, L. B. / Searle, *J. Introduction to Bioehtics*, John Wiley & Sons, 2005.

Dawkins, Richard, *The Selfish Gene* (1976), Oxford: Oxford Univ. Press, 2006(30주년 기념판).

Kaulbach, F., *Immanuel Kant* : 백종현 역,「임마누엘 칸트 생애와 철학 체계」, 아카넷, 2019.

Pluhar, Evelyn, *Beyond Prejudice: The Moral Significance of Human and Nonhuman Animals*, Duke Univ. Press, 1995.

Regan, Tom, *The Case for Animal Rights*, Berkeley: Univ. of California Press, 1985.

Seneca, *De ira*.

1장

인간의 이상과 조건

포스트휴머니즘과 인간의 이상[1]

안윤기

1. 들어가는 말

현대인은 급격한 사회 변화를 경험하며 살아간다. 그 변화는 인간 사회의 각 분야에서 일어날 뿐만 아니라, 심지어 인간 자체를 바꾸는 데서도 발견된다. 특별히 과학기술 분야의 발전에 따른 인간의 여러 조건에 대한 개선이 21세기 들어 다채롭고도 급속하게 일어나, 초超 휴먼, 트랜스휴먼, 포스트휴먼의 등장을 예견하는 전망도 많이 나오고, 인공지능의 엄청난 능력이 장안의 화제가 되어 온 국민의 관심거리가 되기도 했다.

인류 역사를 예의 주시한 유발 하라리는 그의 책 『호모 데우스*Homo Deus*』에서 예견하기를, 호모 사피엔스의 가열차고도 지속적인 노력으로 인류의 미래는 기존과는 전혀 다른 새로운 국면에 접어들 것이라 했다.[2] 비록 그가 정밀한 과학기술 분석이 아니라 거시적 역사 트렌

---

1   이 글은 『동서철학연구』 112호 (2024년)에 실린 필자의 논문 「호모 데우스와 칸트의 초월적 이상」을 본서 취지와 형식에 맞게 일부 다듬은 것임을 밝힌다.

2   Yuval Noah Harari, *Homo Deus. A Brief History of Tomorrow*, Vintage, London, 2015: 유발 하라리, 김명주 역, 『호모 데우스: 미래의 역사』(김영사, 2017). 원서와 번역본 모두 사용하되, 인

드를 진단하여 미래를 전망한 것이지만, 어쨌든 현생 인류와 확연한 질적 차이를 보이는 신新인류의 등장을 예견한 것이니, 하라리의 주장 역시도 작금 사회 전반에 걸쳐 열띤 토론이 이루어지는 포스트휴먼 담론에 포함시킬 수 있을 것 같다.

필자는 하라리를 포함하여 포스트휴먼의 출현을 예견한 사람들의 진단을 수긍하면서, 그들이 묻지 않았던 한 가지 문제를 본고에서 따져보려 한다. **왜 그런 이행 내지 변화가 일어나는 것일까?** 과학기술이 더 발전하여 그 결실로 언젠가는 호모 사피엔스를 뛰어넘는 초지성, 포스트휴먼의 등장이 가능한 상황이 될지라도, 그 가능성에서 현실성('포스트휴먼이 정말로 등장한다') 내지 필연성('포스트휴먼이 반드시 등장할 수밖에 없다')이 도출되지는 않는다. 마치 핵폭탄 같은 가공할 위력을 가진 신형 무기가 개발되어 지구를 몇 번이라도 파괴하고도 남을 가능성이 있다 해서, 그 가능성에서 곧바로 우려가 현실화되거나 그런 일이 반드시 일어난다고 볼 수는 없듯이 말이다. 가능성이 현실화되려면 그럴 만한 이유가 충족되어야 하며, 변화에 일정한 방향이 발견된다면 왜 하필 그 방향이 선택되었는지에 대한 설명 내지 정당화가 있어야겠다. 포스트휴먼의 등장을 예견하는 사람들은 왜 인간과 사회 변화가 수많은 가능성 중에서 유독 그 방향으로 진행된다고 보았을까? 이 물음에 대해 어떤 이유를 댈 수 있을까?

하라리는 역사 공부를 통해 얻었음 직한 통찰을 통해 기아famine, 역병plague, 전쟁war이 인류가 지금까지 싸워 왔던 3대 고민거리였다

용할 때는 주로 국역본의 면수를 댈 것이다.

고 진단한다.[3] 이런 문제가 제기하는 고통을 줄이고 넘어서려는 인류의 노력은 일종의 소극적인 방어전防禦戰으로 볼 수 있고, 지금까지 그럭저럭 성공적으로 인류는 그 일을 수행하여, 이 문제들은 "관리할 수 있는 난제"가 되었는데,[4] 이제는 보다 적극적으로 완전한 승리와 정복, 제패를 통해 '팍스 로마나Pax Romana'를 이루려 한다. 곧 인류는 불멸immortality, 행복happiness, 신성divinity을 향해 나아갈 것이며, 이 세 가지 목표가 통합하여 궁극적으로 '호모 데우스신이 된 인간'라 불릴 만한 포스트휴먼으로 인류는 업그레이드 된다는 것이다.[5]

그런데 이러한 하라리의 언급에서 필자는 묘한 기시감旣視感, Déjà Vu을 느낀다. 그가 든 인류의 목표 세 가지가 임마누엘 칸트가 『순수이성비판』에서 전통 형이상학을 비판하면서 다루었던 세 가지 주제(영혼, 우주, 신)와 얼추 상응하는 면이 있기 때문이다.[6] 세 가지 목표 중 불멸과 행복은 신의 존재 상태에 포함될 수 있는 속성이니, 하라리는 결국 "인간에게 신이 되고 싶은 욕망이 있어서 지금까지의 역사적 자취를 인류는 그렇게 기록했고, 앞으로 나아갈 방향 역시도 그 욕망에 이끌릴 것"이라고 보는 셈이다.[7] 그리하여 호모 사피엔스는 세계를

---

3   위의 책, p. 2 참조.
4   위의 책, p. 37.
5   위의 책, p. 24 참조.
6   Immanuel Kant, *Kritik der reinen Vernunft*, Felix Meiner Verlag, Hamburg, 1998. 이하 본 연구의 1차 문헌이 되는 이 책을 인용하거나 참조할 때는 학계의 관례대로 초판(1781년도)은 A, 재판(1787년도)은 B로 표기한 후 면수를 병기하여 본문에 기입한다. 국문 번역은 백종현 역(임마누엘 칸트, 『순수이성비판』(아카넷, 2006)을 기본으로 하되, 본문 흐름에 따라 약간의 어휘나 구문 변화를 주기도 할 것인데, 그 책임은 전적으로 필자에게 있다.
7   이와 관련해서 한 가지 음미해 볼 만한 주장이 있다. 김미영은 호모 데우스에 대한 하라리의 주장을 분석하면서, "포스트휴머니즘 시대의 세속적 비틀기는 (…) 종교의 소멸이 아니라, 종교의 자리바꿈, 내재화, 과학기술화로 이어지며", 이로써 "성육신이 실현된다"고 주장했다. "과학 기

정복하고, 세계에 의미를 부여하는 등 마치 신처럼 한 시대를 풍미하겠고, 그 발전이 더 진행되어 언젠가 '만물인터넷Internet-of-All-Things'과 '데이터교Dataism'의 시대에 이르면 도리어 세계에 대한 지배력을 상실하고 몰락하겠지만, 그것은 결국 '호모 데우스'라는 포스트휴먼의 출현으로 이어질 것이라는 낙관적 전망까지 내비쳤다.[8]

칸트는 『순수이성비판』에서 인간의 고유 능력인 '이성理性, Vernunft'을 비판하였다.[9] 이 책에서 그가 보인 관심은 주로 인식론 측면에 있지만, 인식은 인식 대상, 곧 사물의 존재 문제와도 긴밀한 관련성이 있기에 『순수이성비판』은 존재론적 의미도 짙게 배어 있는 책이 아닐 수 없다. 이 책에서 칸트는 이성을 비판하면서, 우리가 그 능력을 정당하게 사용하여 인식을 얻을 수 있는 범위와 한계를 정했다. 이에 따르면 자연과학에 대해서는 우리가 정당하게 선험적 종합판단 형태의 '학문적 지식' 얻기를 구할 수 있어도, 전통 형이상학의 분과인 영혼론, 우주론, 신학의 대상은 인간 이성이 지식을 구할 권리를 가진 영역이 아니었다. 다시 말해서 자연과학에서 다루는 대상은 우리가 적극적으로 그 존재를 긍정할 수 있어도, 형이상학에서 다루는 대상은 그렇지 못하여 여전히 문젯거리Problem로 남는다. 따라서 후자 분과에서 오랜 전통을 거쳐 이루어진 온갖 담론 및 거기서 취급한 여러

술이라는 세속적 정체성 안에서 우리는 신의 현현을 목도한다"는 것이다. 김미영, 「포스트휴머니즘과 불멸성: 조에의 환대(zoe-hospitality)」, 『신학사상』 194, 2021, p. 376.

8 이것은 사피엔스 측면에서는 멸종을 방불케 하는 비관적 몰락이겠다. 그러나 그것과 질적 차이를 보일 포스트휴먼이라는 신인류 탄생의 측면에서 볼 때는 낙관적인 '역사의 발전'을 말할 수도 있을 것이다.

9 '이성' 개념에 대한 정밀한 이해를 위해서는 다음 논문을 참조. 졸고 「칸트 『순수이성비판』—감성과 이성의 협력」, 서울대학교 철학사상연구소 편, 『데카르트에서 들뢰즈까지—이성과 감성의 철학사』(세창, 2015), pp. 85-109.

관념이 실제로는 한낱 망상과 착각에 불과했다고 판정한 것이 『순수이성비판』에서 칸트가 거둔 큰 업적 중 하나였다.

흥미로운 점은, 그럼에도 불구하고 인간은 여전히 영혼론, 우주론, 신학의 대상에 관한 '이념Idee'을 가진다는 사실이다. 영혼의 불멸성이 학문적으로 입증될 수 없어도 사람들은 여전히 그 가능성을 생각하고, 인과 계열로 촘촘히 짜인 우주의 이념을 어떤 과학적 근거도 없이 그저 믿으려 하며, 기존의 어떤 시도를 통해서도 그 존재가 입증되지 않았던 신에 대한 생각을 암암리에 전제한다. 칸트는 사람들이 보이는 이런 모습이 자연스럽고 불가피하다고 생각했는데, 왜냐하면 이런 일이 인간의 핵심 능력인 이성의 관심 때문에 일어난 것이기 때문이다. 이성에게 그런 관심이 본성적으로 있기에, 아무리 거부하려 해도 인간은 영혼, 우주, 신을 여전히 생각하며, 자신의 모든 사고가 그 목표를 향하도록 인도한다. 비록 목표를 달성하여 해당 대상에 대한 학문적 개념을 가지는 단계에 도달하지는 못할지라도 말이다.[10]

이처럼 이념을 수립하고 추구하는 이성의 본성에 대한 칸트의 분석이 어쩌면 오늘날 우리 주변에서도 발견되는바, 포스트휴머니즘이 열광적으로 호모 데우스를 지향하는 이유를 설명해 줄 수 있을 것 같다. 따라서 본고에서는 칸트가 『순수이성비판』에서 검토하고 비판한

---

10 이러한 딜레마 상황에 대한 통찰을 칸트는 이미 『순수이성비판』 머리말 첫 구절에서 밝혔다. "인간의 이성은 그 인식 종류에 있어 특별한 운명을 가진다. 이성은 자신이 거부할 수 없는 물음에 시달린다. 왜냐하면 그 물음이 이성의 본성을 통해 스스로 자신에게 부여된 것이기 때문이다. 그러나 이성은 그 물음에 대답할 수도 없다. 왜냐하면 그 물음이 인간 이성의 모든 역량을 능가하기 때문이다."(A VII)

'이념을 산출하는 이성'을 다루며 논의하되,[11] 특히 신학의 주제인 '신' 이념, 칸트가 '초월적 이상^{transzendentales Ideal}'이라 부르는 것을 도대체 이성이 어떻게 해서 갖게 되는지, 또는 가질 수밖에 없다는 것인지의 문제를 칸트의 설명과 함께 살피고자 한다.

본 연구는 주로 칸트 텍스트에 대한 설명과 해석 방법으로 진행될 것이다. 본문에 등장하는 핵심 용어를 해명하고, 해당 구절에 담긴 칸트의 논변을 정리하고 재구성해 볼 것이다.[12] 그리고 이를 통해 인간 이성의 독특한 본성^{Natur}을 칸트와 함께 진단하고, 그 특징을 부각시킬 것이다. 그러나 『순수이성비판』에서 칸트가 외치려 했던 최종 결론까지 따라가지는 않을 것이다. 본고의 기획의도에서 굳이 칸트의 최종 결론까지 함께 강조할 필요는 없기 때문이다. 본고에서는 인간 이성의 본성에 대한 칸트의 예리한 분석과 통찰만 차용하여, 이를 오늘날 도처에서 활발하게 논의되고 있는 포스트휴머니즘 담론에 적용해 보려 했다. 간단한 작업이지만, 이를 통해 우리는 현대 사회가 '정신없이' 급속하게 나아가는 방향을 검토하고 그 의미를 깊이 반성할 소중한 기회를 얻을 것이다.

기존 연구를 이야기하자면, 본 연구는 칸트 텍스트 해석 및 적용을 주된 과업으로 하므로, 칸트의 『순수이성비판』에 대한 모든 주석과 해설이 본 연구의 기초가 된다. 그중에서도 특별히 몇 가지를 언급한

---

11 이것을 필자는 'V3'라 칭하며, 여타 이성 개념(V1, V2)과 구별해 다룬 바 있다. 졸고, 앞의 글, p. 87 각주, 또한 pp. 104–107 참조.

12 이 작업을 함에 있어 빌라쉑 등 여러 학자가 힘을 모아 새로 편찬해 최근 출간한 『칸트 사전』 의 도움이 컸음을 밝힌다. Marcus Willaschek et al. (ed.), *Kant-Lexikon*, vol. I–III, Walter de Gruyter, Berlin/New York, 2021.

디면, 『순수이성비판』 초월적 변증학에 대한 하임조이트의 기념비적인 주석적 연구는 비록 오래되었기는 하나, 칸트의 난해한 본문을 이해하는 데 여전히 가장 큰 도움을 주었다. [13] 안데르센의 연구는 초월적 변증학 제3부의 2절 '초월적 이상' 본문을 정밀하게 분석하는 데 탁월한 강점을 보여주었다. [14] 잘라의 연구는 '신' 개념을 언급한 칸트의 거의 모든 본문을 일일이 검토하며, 그것이 어떤 역사적 원천으로부터 영향을 받은 것인지를 아울러 밝히고 있어서, '본성적으로 이상을 산출하는 순수 이성'에 대한 칸트의 통찰이 깊은 역사성 또한 갖고 있음을 깨닫게 해주었다. [15] 모어와 빌라섹이 편집하여 아카데미 출판사에서 낸 『임마누엘 칸트: 순수이성비판』 공동주석은 전체적으로 빼어난 필진의 탁월한 글모음인데, [16] 공교롭게도 본고의 주요 연구 본문인 초월적 변증학의 '이념'과 '초월적 이상' 장에 대해서는 프랑스

---

13   Heinz Heimsoeth, *Transzendentale Dialektik. Ein Kommentar zu Kants Kritik der reinen Vernunft*, vol. I–IV, Walter de Gruyter, Berlin, 1966–71. 또 『순수이성비판』 초월적 변증학을 다룬 베넷의 주석도 매우 중요하지만(Jonathan Bennett, *Kant's Dialectic*, Cambridge University Press, Cambridge, 1974), 베넷은 기본적으로 칸트에 대해 그다지 우호적이지 않고 비판적인 태도를 보여서, 그의 주석 역시 독자가 '칸트 텍스트를 잘 이해하는 것' 보다는 '칸트를 넘어서도록' 하는 데 더 큰 도움을 준다.

14   Svend Anderson, *Ideal und Singularität. Über die Funktion des Gottesbegriff in Kants theoretischer Philosophie*, Walter de Gruyter, Berlin/New York, 1983. 특히 제5장(pp. 185–254)에서 안데르센은 매우 꼼꼼하게 텍스트를 분석하며, 칸트의 '초월적 이상' 논의가 가진 의미를 구명하려 했다.

15   Giovanni Sala, *Kant und die Frage nach Gott*, Walter de Gruyter, Berlin/New York, 1990.

16   Georg Mohr/Marcus Willaschek (ed.), *Klassiker auslegen, Bd. 17/18: Immanuel Kant: Kritik der reinen Vernunft*, Akademie Verlag, Berlin, 1998. 이 공동주석에 실린 여러 글 중, 본 연구와 직접적 관련이 있는 것은 다음 세 편이다. ① Alain Renaut, "Transzendentale Dialektik, Einleitung und Buch I (A293/B349–A338/B396)", pp. 353–370, ② Jean Ferrari, "Das Ideal der reinen Vernunft (A567/B595–A642/B670)", pp. 491–523, ③ Rolf-Peter Horstmann, "Der Anhang zur transzendentalen Dialektik (A642/B670–A704/B732)", pp. 525–545.

학자인 르노와 페라리가 주석을 썼다. 이들은 해당 본문의 골격과 주요 논변을 간략히 정리하는 데 큰 도움을 주었으나, 주석 말미의 "해석의 문제Interpretationsfragen" 부분에서는 필자의 관심을 훨씬 넘어서는 현대적인 여러 논제와 해당 본문을 연결시켜서, 필자는 본고의 초점을 놓치지 않기 위해 그 주석가들이 제시한 풍부한 통찰의 상당 부분을 도외시할 수밖에 없었다. 더는 일일이 거론할 수 없을 정도로 칸트 텍스트에 대한 연구는 많으나, 이러한 칸트 문헌 연구를 현대 포스트휴머니즘 논의와 연결시키려 한 작업은 아직까지 별로 나오지 않은 것으로 보인다. 이 점에서 감히 본 연구의 독창성과 또 본 연구가 향후 학계에서 이루어질 논의에 끼칠 수 있는 기여도를 이야기해 볼 수 있겠다.

2. 순수 이성의 원리

이념을 수립하는 이성 능력에 대해 칸트는 『순수이성비판』 후반부인 '초월적 변증학Transzendentale Dialektik' 장에서 집중적으로 논구한다. 초월적 변증학은 '가상假象의 논리학'으로서, 인간이 진리가 아니라 가상에 휘둘리는 오류에 빠지는 이유를 고찰하는데, 여러 종류의 가상 중 특별히 칸트가 집중한 것은 — 어떤 부주의 때문에 생기는 논리적 가상이나 외부 영향 때문에 생기는 경험적 가상이 아니라 — '초월적 가상'이다. 이것은 마치 "바다가 해안에서보다 중앙에서 더 높다"거나, "달은 뜰 때가 [중천에 떠 있을 때보다] 더 커 보인다"(A297/B354)는 것이 진실이 아닐지라도 우리가 여전히 그 착시를 피할 수 없는 것처럼, "사람들이 그것을 들춰내고 초월적 비판을 통해 그것이 아무것도 아님을 분명히 통찰했다 하더라도 그럼에도 중지되지 않는"(A297/B353) 환상Illusion이다. 왜냐하면 그것이 발생하는 원인이 이성 안에 있어서 그 환상은 나름대로 '주관적 필연성'을 갖기 때문이다. 물론 초월적 변증학에서 칸트의 관심은 "주관적 원칙들에 근거하고 있으면서도 그것들을 객관적인 것으로 슬쩍 바꿔치기하는 자연스럽고 불가피한 환상"(A298/B354)에 우리가 기만당하지 말 것을 권하는 데 있지만, 본고의 관심은 오히려 그가 골칫거리로 진단한 저 "자연스럽고 불가피한 순수 이성의 변증성eine natürliche und unvermeidliche Dialektik der reinen Vernunft"(A298/B354)을 살펴보는 데 있다. 어째서 이성은 그런 환상을 가질 수밖에 없을까?

칸트에게 있어서 이성은 최상위 인식능력이다. "우리의 모든 인식은 감관Sinn에서 시작해서, 거기에서부터 지성Verstand으로 나아가고, 이성Vernunft에서 끝이 나는데, 직관의 재료를 가공하여 사고의 최고 통일로 보내는 일을 하는 것으로 우리 안에서 마주치는 것에 이성 이상의 것이 없다."(A298f./B355) 현상은 규칙Regel을 세우는 지성에 의해 통일되는데, 이성은 거기서 한 걸음 더 나아가 바로 그 지성 규칙을 원리Prinzip 아래서 통일한다.(A302/B359 참조) 감관에 주어진 잡다한 직관을 지성은 개념 아래 포섭하고 이를 통해 서로 결합시키는데, 그렇게 종합되어 성립된 그러나 여전히 다수인 지성 인식을 이성은 최소수의 원리로 개괄하고, 그리함으로써 그것들의 최고 통일성을 성취하려 든다.(A305/B361 참조)

그런데 『순수이성비판』에 따르면, 이성은 직관하지 않고 단지 추리만 한다. 이성의 직관적intuitiv 성격을 부정하고, 논변적diskursiv 성격만 인정했다는 점이 비판기批判期 칸트의 가장 큰 특징이다. 모든 추리에는 기초에 놓이는 명제와 여기서 이끌어지는 또 다른 명제가 있고, 이 둘을 연결하는 추리 과정이 들어있다. 추리의 종류에는 전제에서 결론을 바로 끌어내는 직접 추리도 있으나,[17] 칸트가 생각하는 본격적인 이성추리는 전제에서 결론을 도출하는 일이 하나의 중간 판단을 매개로 이루어진다.[18] 따라서 어느 이성추리에서나 우리는 ①지성에 의해 하나의 규칙(대전제)을 생각하며, ②판단력을 매개로 하나의 인식을 저 규칙 조건 아래 포섭한다(소전제). 그리고 ③이성에 의해 그 인식을 저 규칙의 술어로 규정한다(결론). 이처럼 이성추리는 기본적으로 삼단논법 형태를 취하는데, 여기서 대전제 역할을 하는 규칙에 세 종류가 있음에 따라 이성추리에도 세 종류가 있게 된다. 곧 정언kategorisch, 가언hypothetisch, 선언disjunktiv 이성추리가 있을 수 있다.(A304/B360f. 참조)

칸트에 따르면, 최소수의 원리로 다수의 지성 인식을 포괄하려는 이성은 언제나 "그가 내린 판단의 보편적 조건을 찾는다."(A307/B364) 애초에 이성추리라는 것도 결론이 되는 하나의 판단에 대해 그 판단 조건을 대전제에 담긴 보편적 규칙 아래 포섭시키는 것을 매개로 이해하려는 것이다. 예를 들어 "가이우스는 죽는다"는 명제를 우리는 가이우스에 관한 감각 소여가 주어질 때 그것을 종합적으로 통일하는 지성의 힘만 가지고도 얻어낼 수 있지만, 만일 이 명제를 이

---

17 "모든 사람은 죽는다"에서 "약간의 사람은 죽는다", "죽는 약간의 것은 사람이다", "죽지 않는 것은 어느 것도 사람이 아니다" 등을 도출하는 것은 직접 추리이고, 칸트는 이를 '지성추리'라고 부른다. A393f./B360 참조.

18 "모든 사람은 죽는다"는 대전제에서 "모든 학자는 죽는다"는 결론을 도출하기 위해서는, 첫 번째 언급한 명제(대전제) 안에 담겨있지 않은 소전제(모든 학자는 사람이다)가 두 문장을 매개해야 한다. A394/B360 참조.

성추리와 관련시켜 이해한다면, 그 문장을 결론으로 만나기 위해 먼저 우리는 "모든 사람은 죽는다"는 대전제를 생각하고, 그 조건 아래 소전제("가이우스는 사람이다")의 매개를 거쳐 결론을 포섭시켜야 한다. 결론에서 술어('죽는다')는 특정 대상('가이우스')에 제한되지만, 대전제에서는 외연 전체('모든 사람')에 적용된다.(A322/B378 참조) 그런데 대전제가 말하는 보편적 규칙은 다시금 이성의 똑같은 시도에 내맡겨질 수 있다. 그 명제를 결론으로 삼는 또 다른 삼단논법 추리가 수립되는 것이다. 그리하여 이성은 자연스럽게 전기삼단논법前起三段論法, Prosyllogismus 형태로 "조건의 조건을 찾으려 하며"(A307/B364), 최종적으로 외연의 완전한 양, 곧 '보편성Allgemeinheit' 내지 "주어진 조건적인 것을 위한 조건들 전체Totalität der Bedingungen zu einem gegebenen Bedingten"에까지 이르려 할 것이다.(A322/B379) 그런데 조건 전체는 항상 그 자체로 무조건적이며, 바꿔 말해서 무조건적인 것만이 조건 전체를 가능하게 하므로, 이성추리를 이끄는 "순수 이성개념 일반은 결국 '무조건자'라는 개념을 통해 설명될 수" 있겠다.(A323/B379)

바로 이 점에서 칸트는 이성의 독특한 본성, 즉, 이성 일반이 따르는 고유한 원칙을 발견한다. [19] 그것은 "지성의 제약된 인식들을 위해 그것들을 완성시키는 무조건적인 것을 찾으려 하는 것"이다.(A307/B364) 다시 말해서 일단 '조건적인 것das Bedingte'이 주어지면 상호 종속하는 조건Bedingungen의 전 계열도 아울러 주어진다는 가정하에, 궁

---

19 '자연본성(Natur)'이라는 말 외에 달리 설명하기 어려운 '이성의 관심'에 관해 더 포괄적이고도 체계적인 분석을 원한다면, 다음 연구를 참조하시오. Axel Hutter, *Das Interesse der Vernunft: Kants ursprüngliche Einsicht und ihre Entfaltung in den transzendentalphilosophischen Hauptwerken*, Felix Meiner Verlag, Hamburg, 2003.

극적으로 저 '무조건적인 것das Unbedingte'을 찾으려 하는 논리적 준칙
이 바로 칸트가 발견한 "순수 이성의 원리das Principium der reinen Vernunft"
(A307f./B364)였다.[20]

3. 이성과 초월적 이념

앞서 보았듯이 칸트는 이성을 추리하는 능력으로 본다. 이성추리
에는 몇 가지 형식이 있는데, 칸트는 그것들이 특수한 선험적 개념들
의 원천에서 비롯되었을 것으로 본다. 마치 초월적 분석론의 "형이
상학적 연역"(B159)에서 논한 바, 12개의 판단 형식이 경험에서 모든
지성 사용을 지도하는 12개 범주와 긴밀한 연관을 갖고 있듯이 말이
다.[21] 그리고 이성추리를 인도하는 그 선험적 개념들을 "순수 이성개
념" 또는 "초월적 이념"이라 불렀는데(A321/B378), 바로 이것들이 이
성추리를 완결시킬 조건 전체이자 동시에 무조건적인 것이다.

그런데 앞서 언급했듯이 이성추리에는 정언, 가언, 선언 추리의 세

---

20 『순수이성비판』 초월적 변증학에서 칸트가 우려한 것이 바로 이 점이었다. 왜냐하면 순수 이성
의 이러한 최상 원리로부터 생기는 원칙들은 현상 세계와 관련해서는 '초험적(transzendent)'일
것이기 때문이다. 이로 인한 오류 발생을 칸트는 염려한다. "이제 과연 조건들의 계열이 무조
건자에까지 이른다는 저 원칙이 과연 객관적 정당성(objektive Richtigkeit)을 갖는가? (…) 또
는 오히려 도대체 그러한 객관적으로 타당한 이성 원칙이라는 것은 있지 않고, 점점 상위의
조건들로 소급하여 조건들의 완결성에 접근하고, 그렇게 함으로써 우리에게 가능한 최상의 이
성 통일을 인식하게 하는 순전히 논리적인 규범만 있는가? 감히 말하건대, 과연 **이러한 이성의
필요**(dieses Bedürfnis der Vernunft)가 오해에 의해, 성급하게도 조건 계열의 그러한 무조건적
인 완결성을 대상 자체 내에서 요청하는 순수 이성의 초월적 원칙으로 간주되고 있는 것인가?"
(A308f./B365f.)

21 칸트는 A 70/B 95에서 판단표를 정리한 후, 이를 실마리로 하여 A76/B102–A81/B107에서 순
수 지성개념, 즉 12개의 범주를 도출하는 작업을 하였다. 이와 비슷한 방식으로 세 가지 이성추
리 방식으로부터 이들 각각을 지도했을 세 가지 순수 이성개념, 곧 이념을 찾아내려 했다.

종류가 있으니, 이 추리들을 완결시키기 위해 이끄는 무조건자도 세 가지를 찾아야 한다. 곧, ①문장의 주어 위치에 있는 주관에서 정언적 종합의 무조건자, ②한 계열을 이룬 연쇄 항들에서 가언적 종합의 무조건자, ③한 체계에서 부분들의 선언적 종합의 무조건자를 찾아야 한다. 그러기 위해서 각 이성추리는 전기삼단논법을 통해 무조건자에 이르기까지 전진해야 하는데, 그것은 ①그 자신이 더는 술어가 아니라 주어이기만 한 것, ②더는 아무것도 전제하지 않는 최종 전제, ③개념 구분의 완성을 위해 더는 아무것도 필요로 하지 않는 구분 항들의 집합으로 나타날 것이다.[22] 다시 말해서 이성이 추리에서 하는 일은 지성이 항상 얽매이는 '조건적 종합'으로부터 지성이 도달할 수 없는 '무조건적 종합'으로 상승하는 것인데, 이 일은 다음 세 가지 관계에서 이루어진다. ①주관과의 관계, ②(현상으로서의) 객관과의 관계, ③(사고 일반의 대상으로서의) 객관과의 관계. 그리고 무릇 모든 순수 개념은 표상들의 종합적 통일과 관계하지만, 순수 이성의 개념, 곧 초월적 이념은 모든 조건 일반의 무조건적인 종합적 통일에 관계한다. 그리하여 세 가지 이성추리와 관련하여 제각기 세 가지 초월적 이념이 야기된다. ①이성은 정언적 이성추리에 쓰이는 것과 똑같은 기능의 종합적 사용에 의해 필연적으로 '사고 주체의 절대적 통일'이라는 이념에 이르게 된다. ②가언적 이성추리에서 이루어지는 논리적 수행이 '주어진 조건들의 계열에서 단적인 무조건자'라는 이념을

---

22 무조건자를 찾아서 조건 전체를 완결하려는 이성에 관한 정밀한 논의는 다음 논문을 참조하시오. Gregor Schiemann, "Totalität oder Zweckmäßigkeit? Kants Ringen mit dem Mannigfaltigen der Erfahrung im Ausgang der Vernunftkritik", *Kant-Studien* 83, 1992, pp. 294–303.

야기한다. ③끝으로 선언적 이성추리의 순전한 형식은 '모든 존재자 중의 존재자'라는 개체화된 최고 이념, 곧 초월적 이상을 필연적으로 야기한다. 이로써 ①사고하는 주체 이념은 영혼론의 대상이 되고, ② 현상들의 총합, 곧 세계라는 이념은 우주론의 대상이며, ③사고가능한 모든 것을 가능하게 하는 최상 조건을 함유하는 사물, 곧 '존재자 중의 존재자'라는 이념은 신학의 대상이 된다. 따라서 초월적 영혼론, 초월적 우주론, 초월적 신학을 위한 이념이 순수 이성에 의해 각각 제공된다고 칸트는 보았다.

칸트에 따르면 이러한 무조건자, 순수 이성개념으로의 전진은 인간 이성의 본성에 근거하고 있다. 따라서 초월적 이념은 "필연적"이다.(A323/B380) 비록 그것에 합치하는 대상이 전혀 감관에 주어지지 않을지라도 말이다. 그것 덕분에 모든 경험 인식은 조건들의 절대적 전체에 의해 규정된 것으로 관찰된다. 칸트는 말한다. "그것은 자의적으로 지어낸 것이 아니라, 이성 자체의 본성에 의해 부과된 것으로, 따라서 필연적으로 전 지성사용과 관계 맺는다."(A327/B384) 비록 초월적 이념에 대해 객관적 연역은 불가능하더라도, 칸트는 우리 이성의 본성으로부터 그것들을 주관적으로 이끄는 일은 가능하다고 보았다.(A336/B393 참조)[23]

또 한 가지 흥미로운 점은 초월적 이념들 사이에도 일정한 연관성과 통일성이 있다는 사실이다. 자기 영혼에 대한 인식으로부터 세계

---

23 불가능할 것 같은 '이념의 연역' 문제에 대해서는 다음 논문을 참조하시오. Rudolf Zocher, "Zu Kants Transzendentaler Deduktion der Ideen der reinen Vernunft", *Zeitschrift für philosophische Forschung* 12, 1958, pp. 43–58; Mario Caimi, "Über eine wenig beachtete Deduktion der regulativen Ideen", *Kant-Studien* 86, 1995, pp. 308–320.

인식으로, 그리고 이것을 매개로 근원존재자로 전진해 가는 것은 칸트가 볼 때 매우 자연스러운 전진이다. 따라서 순수 이성의 이념들은 종국적으로 최고 실재성의 담지자인 신의 이념, 곧 초월적 이상으로 집중된다. 그리고 이념들을 매개로 자신이 가진 모든 인식을 하나의 거대 체계로 통일하려는 것이 칸트가 파악한 이성의 꿈이다.(A337/B394 참조)

4. 초월적 이상

칸트는 이상理想, das Ideal을 다음과 같이 정의한다: "한낱 구체적 in concreto이 아니라 개별자적in individuo인, 다시 말해 하나의 개별적인 이념에 의해서만 규정될 수 있거나 또는 아예 규정된 사물"(A568/B596).[24] 칸트가 볼 때 인간의 이성은 이념뿐만 아니라 이상도 품고 있는데, 그것은 마치 우리가 '지혜die Weisheit'를 생각할 수 있을 뿐만 아니라 '지혜자der Weise' 이상에 대한 표상을 가지는 것과 같다. 후자는 사고 속에 존재하지만, 지혜라는 이념과 전적으로 합치한다.[25] 그리

---

[24] 칸트의 이상 이론에 관해서는 다음 문헌을 참조하시오. Benzion Kellermann, *Das Ideal im System der Kantischen Philosophie*, C. A. Schwetschke, Berlin, 1920; Claude Piché, *Das Ideal. Ein Problem der kantischen Ideenlehre*, Bouvier Verlag, Bonn, 1964; Christos Axelos, "Ideal", Joachim Ritter(ed.), *Historisches Wörterbuch der Philosophie*, vol. 4, Schwabe, Basel, 1976, pp. 25-27; Klaus Düsing, "Transzendentales Ideal", Joachim Ritter (ed.), *Historisches Wörterbuch der Philosophie*, vol. 4, Schwabe, Basel, 1976, pp. 27-32; Peter Baumanns, "Kants vierte Antinomie und das Ideal der reinen Vernunft", *Kant-Studien* 79, 1988, pp. 183-200.

[25] "이상이 이념과 합치한다"는 주장을 함에 있어서 칸트가 과연 마이스터 에크하르트의 영향을 받았는지 여부는 별도의 문헌학적 연구를 통해서만 답할 수 있겠지만, 적어도 내용상으로는 양자의 상당한 유사성이 발견된다. 에크하르트는 『요한복음서 주해』 n.14~22에서 '정의(iustitia)'와 '정의로운 자(iustus)'의 관계를 통해 '일의성(univocatio)' 개념을 즐겨 설명했다. 이에 따르

고 이념이 규칙^{Regel}을 제공하는 것과 마찬가지로 이상은 '원형^{Urbild}'이 되어, 일종의 '모상^{Nachbild}'이라 할 수 있는 현상 중의 대상을 ─ 그것과 비교하여 개선하는 등 ─ 일관적으로 규정하는 데 쓰인다.(A569/B597 참조) 이러한 이상에게 '객관적 실재성을 가진다', '실존한다'는 등의 술어를 붙일 수는 없지만, 그것을 한낱 망상처럼 취급해서는 안 된다. 단순한 '상상력의 산물'이나 '감성의 이상'이라면 몰라도,[26] 이성의 이상은 언제나 일정한 개념에 의거하며, 준수와 평가를 위해 결코 없어서는 안 될 척도를 제공한다고 칸트는 본다. 왜냐하면 전적으로 완벽한 것에 대한 개념이 있어야 이성은 그것을 가지고서 완벽하지 못한 것의 결함을 평가하고 측정할 수 있기 때문이다.

그런데 여러 가지를 들어 이상 일반을 논하는 차원을 넘어서서 칸트는 인간의 이성이 단 하나의 초월적 이상, 만유의 원형이 되는 것에 관한 이념을 가질 수밖에 없음을 역설한다. 이 점을 칸트는 사물의 '일관적 규정^{durchgängige Bestimmung}'이라는 조건을 가지고 설명한

면 정의로운 자는 정의로운 한에서(inquantum) 오직 정의 자체로부터 생겨난 것이며, 정의 자체와 다른 것이 아니다. 이상섭, 「처음 읽는 철학사: 마이스터 에크하르트」, 박남희, 이부현 외, 「처음 읽는 중세철학」(동녘, 2021), pp. 267-269 참조.

26 "상상력의 산물(Geschöpfe der Einbildungskraft)"은 그야말로 우리 상상력이 마음껏 고안해 낼 수 있는 것을 말하며, 이에 관해서는 그 누구도 설명하거나 이해 가능한 개념을 제공할 수 없다. 이런 것의 사례로 칸트는 이니셜 싸인(Monogrammen)이나 즉흥 스케치 같은 것을 든다. "그것들은 일종의 약도로서, 단지 개별적인, 어떤 그럴듯한 규칙에 따라서 규정된 것이 아닌 윤곽들이며, 일정한 도상(Bild)을 이룬다기보다는 여러 가지 경험들 가운데 이를테면 떠도는 표지(Zeichnung)이다. 그런 것들을 화가나 관상가들은 그들의 머릿속에 가지고 있다고 참칭하는데, 그것들은 그들이 만들어내고 평가하는 것들의 전달될 수 없는 그림자 삶[실루엣]이라 해야 할 것이다. 그것들은, 비록 단지 비본래적이기는 하지만, **감성의 이상**이라고 일컬어질 수 있다. 그것들은 가능한 경험적 직관들의 도달할 수 없는 범형일 것이나, 그럼에도 설명되고 검토될 수 있는 아무런 규칙도 줄 수 없기 때문이다."(A 570f./B 598f.)

다. [27] 칸트에 따르면, 사물Ding은 개념Begriff과 다르다(A571f./B599f. 참조). 후자는 많은 부분에 있어서 미규정적unbestimmt이며, 따라서 '규정 가능성 원칙Grundsatz der Bestimmbarkeit'에 종속된다. 이 원칙은 "만일 서로 모순대당적인 두 술어가 있다면 그중 하나만 해당 개념에 속할 수 있다"는 것이다. 이것은 모순율에 기반하며, 순전히 논리적 성격을 가진 원칙이다. 그러나 그와 달리 사물은 '일관적 규정 원칙Grundsatz der durchgängigen Bestimmung'에 종속된다. 이 원칙에 따르면, 어떤 사물에 대해 붙을 수 있는 모든 가능한 술어 중 하나는 반드시 그 사물에 속해야 한다. 물론 여기서도 모순율은 준수된다. 서로 모순되는 두 술어가 동시에 한 사물에 속할 수는 없다. 그러나 단지 그 정도에 머물지 않고, 그 이상의 것을 일관적 규정 원칙은 요구하는데, 곧 한 사물이 가질 수 있는 모든 술어의 총괄과 관련해서 해당 사물이 규정되어야 한다는 것이다. 각 사물은 마치 가능성의 전체 집합 안에서 일정 지분을 가진 부분집합과 같다. 이 원칙은 단순히 논리적 형식만이 아닌 내용과 관련된 규정이어서, 여기서 각 사물의 특수한 가능성을 위한 자료를 선험적으로 포함하는 초월적 전제, 곧 모든 가능성을 위한 질료의 전제가 요구된다.

한 사물의 내용을 알기 위해 우리는 먼저 가능성 전부를 알아야 하

---

27 칸트의 '일관적 규정 원칙' 서술은 대체로 볼프 학파의 '일관적 규정(omnimoda determinatio)' 원칙을 받아들인 것이다. 다만 후자 원칙은 실존과 개체성의 원리로서 어디까지나 존재론적 성격을 갖는 반면, 칸트에게서 이 원칙은 일차적으로 인식론적 의미를 가진다. 볼프와 바움가르텐이 주장했던 일관적 규정 원칙이 칸트에게서 어떻게 변용되어 수용되었는지에 관해서는 다음 연구를 참조하시오. S. Anderson, *Ideal und Singularität*. pp. 191–198. 또 칸트의 초월적 이상 이론이 볼프 학파와 갖는 관계에 대해서는 Irmgard Mylius, *Das transzendentale Ideal in der transzendentalen Frage Kants, dargestellt im Ausgang von der Wolffschen Metaphysik*, Dissertation (Freiburg Uni.), 1941 참조.

고, 그다음으로 어떤 술어는 긍정하든지, 또 어떤 술어는 부정하든지 하면서, 한 사물을 남김없이 규정할 것을 일관적 규정 원칙은 요구한다. 그러나 이 일을 구체적으로 실행하려다 보면 우리가 저 요구를 완전히 충족시킬 수 없음이 드러나니, 저 원칙은 이념에 기초할 수밖에 없다. 이렇듯 일관적 규정 원칙이 제대로 기능하기 위해 요구되는 "가능성 총괄Inbegriff aller Möglichkeit"(A573/B601)이라는 이념은 이성 안에 놓여 있지만, 지성을 어떻게 사용해야 할지의 규칙을 지정해 준다.

이제 칸트는 각 사물의 일관적 규정을 위한 조건이 되는 '가능성 총괄' 이념을 보다 면밀히 검토한다. 그것을 단지 한 사물의 일관적 규정을 위한 조건으로만 볼 때 그것 자체는 미규정적이고, 따라서 그것에 대해 '모든 가능한 술어의 총괄'이라는 사실 외에는 우리가 아무것도 알지 못한다. 그러나 이를 조금 더 고찰하면, 그것이 "근원개념Urbegriff"으로서 파생된 술어나 서로 양립 불가능한 술어는 거부해야 한다는 점도 드러난다. 또 그것이 하나의 일관적으로 규정된 선험 개념에 이르기까지 "순화äastern"되면 가히 "순수 이성의 이상ein Ideal der reinen Vernunft"이라 불릴 수 있는 유일한 대상 개념이 됨이 드러난다.(A573f./B601f.)

그러므로 칸트는 이상을 우리 이성에서 이루어지는 일관적 규정의 기초에 놓여 있어야 할 초월적 '기체基體. Substratum'로 보고, 이를 집중 검토하는데, 그것은 이를테면 재료 전체를 저장하는 창고와 같아서 이로부터 한 사물의 모든 가능한 술어가 취해질 수 있어야 하겠고, 그렇다면 그 기체는 "실재성 모두omnitudo realitatis"(A575f./B603f.)라는 이념이겠다. 그리고 이를 하나의 존재자로 대상화하면, "가장 실재적인 존재자ens realissimum"(A576/B604) 개념이 그 기체를 칭하기에 가장 적절한 이름이 될 것이다. 바로 이것이 실존하는 모든 사물에서 반드시 마주쳐지는 일관적 규정의 기초에 놓인 초월적 이상이다. 이것은 모든 사물을 가능하게 해주는 최상의 완벽한 질료적 조건이며, 대상 일반에 대한 모든 사고가 내용상으로는 바로 이것에 소급되어야만 한다. 또 그것은 인간의 이성 능력이 가질 수 있는 유일한 본래적 이상이기도 하다. 왜냐하면 오직 이 경우에만 그 자체로 보편적인 사물 개념이 외부 원인이 아닌 자기 자신을 통해 일관적으로 규정되고, 한 개체의 표상으로 인식되기 때문이다.

칸트는 이처럼 모든 사물이 종속하는 일관적 규정 원칙에서 '실재성 전체', 내지 '가장 실재적인 존재자'의 이상을 생각해 내는 것이 선언적 이성추리의 구조와 흡사함을 간파했다. 선언적 이성추리의 대전제는 논리적 구분, 곧 한 보편적 개념의 권역 분할을 포괄하고, 소전제는 이 권역을 한 부분까지로 제한하며, 결론은 대전제의 그 개념을 소전제에서 제한된 그 부분을 통해 규정한다. 그런데 이성추리의 대전제에 해당하는 '실재성 일반'이라는 보편 개념은 선험적으로 구분될 수 있는 것이 아니다. 그러므로 모든 사물의 일관적 규정이 대전제로 설정하는 것은 "모든 실재성의 총괄Inbegriff aller Realität"(A577/B605)이라는 표상 외의 다른 것이 아니다. 그리고 이 실재성 총괄을 제한하여 어떤 술어는 긍정하고 어떤 술어는 배제하는 것이 한 사물을 일관적으로 규정하는 일인데, 이런 작업은 선언적 이성추리에서 일어나는 모습과 흡사하다. 왜냐하면 선언적 추리의 대전제에서는 선언지Entweder/Oder 총괄이 주어지고, 소전제에서 분할항 중 하나를 취해서, 최종적으로 결론에서 대상을 규정하기 때문이다. 따라서 이성이 모든 사물 규정의 기초에 '실재성 전체'라는 이상을 초월적 기체로 두는 모습은 선언적 이성추리가 전기삼단논법으로 진행될 때 이성이 무조건적 대전제를 궁극적으로 지향하며 나아가는 방식과 유사하다.

이처럼 모든 사물에 필수적인 일관적 규정을 표상하기 위해 이성은 초월적 이상에 걸맞는 한 개체의 이념을 전제한다. 그것은 모든 사물의 무조건적인 "원형原型, prototypon"이고, 다른 사물은 모두 조건적이고 결함이 있는 "모형模型, ectypa"으로서, 후자의 가능성을 위한 재료를 전자로부터 얻는다(A578/B606). 모형은 원형에 다소간 접근은 하겠지만, 그럼에도 여전히 항상 무한히 멀리 떨어져 있어, 결코 그것에 도달할 수는 없다. 그래서 모든 사물은 파생적인 것이며, 오직 모든 실재성을 자기 안에 포함하는 것만 근원적인 것으로 간주된다. 온갖 사물이란 그것들의 공동 기체인 최고 실재성 개념을 제한하는 다양한 방식이며, 그로부터 조건이 부여되고 파생된 것일 뿐이다. 마치 삼각형이나 원 같은 각종 도형이 무한한 공간을 제한하는 여러 방식으로서만 가능하듯이 말이다. 그래서 칸트는 순수 이성의 이상을 "근원존재자ens originarium"라 부르며, 그것이 조건의 피라미드 상에서 자기 위에 다른 아무것도 갖지 않는다는 점에서는 "최고 존재자ens summum", 또한 모든 것이 조건적인 것으로서 그것 아래 종속해 있다는 점에서는 "모든 존재자들 중의 존재자ens entium"로 부른다(A578f./B606f.). 그런데 칸트는 바로 여기서 전통 형이상학, 특히 신학의 문제가 흔히 발생함을 지적한다. "이제 우리가 우리의 이 이념을 실체화하면서 더욱더 멀리까지 추적해 간다면, 우리는 근원존재자Urwesen를 최고 실재성höchste Realität이라는 순전한 개념에 의해 유일한 것einig, 단순한 것einfach, 완전충족적인 것allgenugsam, 영원한 것ewig등, 한마디로 말해 무조건적인 완벽성에서in seiner unbedingten Vollständigkeit 모든 주술어들을 통해 규정할 수 있을 것이다. 이러한 존재자의 개념이 초월적 의미로 생각된 신의 개념이다. 그렇게 해서 (…) 순수 이성의 이상은 초월적 신학의 대상이다."(A580/B608)[28]

   그러므로 칸트의 생각을 정리하자면, 이성은 필연적으로 신을 생각하게 되며, 그 일은 두 단계로 진행되는데, ①먼저 한 사물의 존재 가능성을 일관적 규정 원칙에 의거해서 모든 가능성의 총괄인 단 하나의 실재성, 즉 최고 실재성으로부터 조건지어져 도출된 것으로 보고, ②그다음으로 이 최고 실재성이 하나의 특수한 근원존재자 안에 담겨 있는 것으로 전제함으로써 그리하였다는 것이다. 첫 번째 단계는 이성이 감관에 주어진 질료를 사고하여 한 사물에 대한 경험적 인식을 얻는 경우를 생각해 보면 수긍이 가는 측면이 없지 않다. 그때 감관의 대상은 현상의 모든 술어와 비교되고, 그 술어에 의해 긍정적, 또는 부정적으로 표상될 때 비로소 일관적으로 규정될 수 있으므로, 경험적 실재성의 총괄을 전제하는 일이 정당성을 가진다. 그러나 감관의 대상이 주어지지 않는다면 사정이 달라지는데, 칸트에 따르면 사람들은 "자연적 환상natürliche Illusion"(A582/B610)에 사로잡혀서 본래 감관의 대상에 대해서만 타당한 원칙을 모든 대상 일반에 대해 타

---

28 이성이 가진 초월적 이상에 대한 논의에서 전통적 종교 개념인 신을 도출해내는 것에 관해서는 다음 문헌을 참조하시오. Dieter-Jürgen Löwisch, "Kants gereinigter Theismus", *Kant-Studien* 56, 1966, pp. 505-513; Allen W. Wood, *Kant's Rational Theology*, Cornell University Press, Ithaka/London, 1978; Robert Theis, *Gott. Untersuchungen zur Entwicklung des theologischen Diskurses in Kants Schriften zur theoretischen Philosophie bis hin zum Erscheinen der ›Kritik der reinen Vernunft‹*, frommann-holzboog, Stuttgart-Bad Cannstatt, 1994; R. Theis, "Kants Theologie der bloßen Vernunft in der *Kritik der reinen Vernunft*", *Philosophisches Jahrbuch* 104, 1997, pp. 19-51.

당한 원칙으로 간주하는 오류를 범하곤 한다는 것이다. 그리고 두 번째 단계에서는 이성이 모든 실재성 총괄이라는 이념을 실체화하는 일이 일어나는데, 그것은 우리가 지성의 경험 사용에서 발견되는 "분배적 통일distributive Einheit"을 경험 전체의 "집합적 통일collective Einheit"로 변환시키려 하며, 바로 이 '전체'에서 모든 실재성을 자기 안에 포함하는 하나의 단일한 사물을 생각하기 때문이다(A582/B610). 바로 그것이 만물 가능성의 정점에 서 있으면서 만물의 일관적 규정을 위한 조건을 제공하는 근원존재자다. 그리고 이 근원적이면서 '가장 실재적인 존재자'라는 이상은 비록 순전한 표상일 뿐이지만, 먼저 실재화되고realisiert, 다시 말해서 객체가 되고, 이어서 실체화되며hypostasiert, 마침내 통일성을 완성하려는 이성의 자연스러운 전진에 의해 심지어 인격화되는personificiert 과정을 거치게 되는 것으로 칸트는 진단했다.(A583/B611 각주) 이런 식으로 이성은 신을 '자연스럽게', 즉 본성적으로 생각하게 되었다는 설명이다.

5. 나가는 말

지금까지 살펴보았듯이 칸트는 우리가 신, 곧 초월적 이상에 대해 생각하는 것이 자연스럽게 일어나는 일이라고 보았는데, 그 이유는 이상이 한낱 자의적인 이념이 아니라, 도리어 이성의 본성에서 자연스럽게 비롯된 이념에 기초하기 때문이다. 물론『순수이성비판』'초월적 변증학' 장에서 칸트가 보인 주된 관심은 이성이 자기 기능을 발휘하는 과정 중에 일어나는 "초월적 절취transzendentale Subreption"(A583/B611)를 지적하는 데 있었다. 감각 재료가 주어지는 현상계에 발을

붙인 채로 이성이 최고 인식능력인 자기 기능을 발휘한 경우라면 그리 문제가 될 것이 없을 터인데, 유감스럽게도 이성은 그 작은 영역에 만족하지 못하고 끊임없이 현상의 굴레를 벗어나려 했으며, 그 결과 '이념'의 이름으로 수많은 착각과 망상의 빌미를 제공했고, 앞으로도 그럴 공산이 적지 않다. 따라서 이 고질적인 문제를 지적하고 이성의 오용 가능성을 경계하려는 것이 『순수이성비판』에서 칸트가 보인 큰 관심사였다.

그러나 이성이 산출하는 초월적 이념에는 순기능도 있다. ①실천 차원에서 이념은 항상 최고로 결실이 있고, 인간의 현실 활동과 관련해서 필수적이다. ②이론 차원에서 이념은 지성을 확장하고 통일적으로 사용하는 데 규준으로 쓰일 수 있다. 그러니까 초월적 이념이 있다고 해서 지성은 자기 개념에 따라 그가 인식할 것 이상을 인식하는 것은 아니지만, 이 인식에서라도 더 좋게, 더 멀리 나아가도록 이념의 지도를 받을 수 있다. ③초월적 이념은 자연 개념에서 실천 개념으로 이행하는 것을 가능하게 해주고, 그렇게 해서 도덕 이념 자체에 지주를 제공하고, 또 이성의 사변적 인식과의 연관성을 제공할 가능성이 있다고 칸트는 말한다.(A328f./B385f. 참조)

초월적 이상이 고유 기능을 수행하기 위해서는 그저 이념^{Idee} 수준에 머물러 있기만 해도 되는데, 이것을 실재화하여 실존^{Existenz}한다 생각하고, 더 나아가 신으로 실체화, 인격화하는 데서 문제가 발생한다는 지적을 귀담아들으면서도, 우리는 애초의 질문으로 다시 돌아가 이에 대한 칸트의 통찰을 부각시켜 적용해 보고자 한다.

인간은 왜 신이 되려 하는가? 인간이 처한 기존 생의 여건에 적당히 만족하지 못하고, 왜 끊임없이 문제를 극복하고, 능력이 닿는 대로 상황을 개선하려 하며, 궁극적으로 현생 인간의 수준을 넘어서는 포스트휴먼, 호모 데우스를 꿈꾸는가?

칸트의 생각을 빌어 말한다면, ①우선 우리 인간이 '초월적 이상'의 형태로 신을 생각해 볼 수 있고(=그것을 생각할 가능성이 없었다면 그것을 꿈꾸거나 추구하지 못했을 것이다), ②그뿐 아니라 전 체계적 통일성을 추구하는 이성은 필연적으로 신을 생각할 수밖에 없으며, ③이런 추리를 진행하고 초월적 이념을 산출하는 이성이 우리 인간 외 다른 누군가의 것이 아니라는 데서, 저 질문에 대한 답을 찾을 수 있을 것 같다. 이성은 본성적으로 최고 전체성을 완결하는 일에 관심을 두고, 이를 달성하기 위해 끝까지 노력하는데, 그런 이성의 담지자가 바로 인간이므로, 이제 인간의 완성태를 바라며, 그것을 호모 데우스의 형태로 그린 것이다.[29]

이상은 멀리 있지만, 현실을 자기에게로 당기는 힘이 있다. 이념과 실존은 구별되지만, 비록 "허초점focus imaginarius"(A644/B672)이라도 이념에 정향된 인간의 이성은 그 내용을 현실 속에서 구현하려 든다. 자의적으로 고안된 망상이라면 일시적, 우연적 속성으로 인해 오래 가지 못하고 사라지겠지만, 이성의 본성에 의해 도달된 이념은 모든

---

29 "인간 이성이 최고 전체성의 담지자인 신을 생각할 수밖에 없다"는 인식적 필연성에서 "신이 실존한다"는 존재적 필연성이 결코 도출되지 않는다는 것이 칸트가 『순수이성비판』 신학 비판 장에서 가장 역점을 두어 주장한 내용이다. 하물며 저 인식적 필연성에서 "인간 스스로 신이 되기를 추구해야 한다"는 당위성을 끌어낼 가망은 희박해 보일 수도 있다. 그러나 중요한 것은 이성이 완전성 및 그 담지체인 이상을 생각할 수 있으며, 또 그것을 본성적으로 추구한다는 사실이다. 만일 완전성 이념의 구현이 제3자에게서 이루어질 수 있으리라 믿으면 (종교에서 보통 말하는) 신을 생각하는 것이고, 그 일이 (남이 아닌) 바로 이성의 담지자인 인간 자신에게서 이루어질 수 있으리라 믿으면 호모 데우스의 가능성을 생각하는 것이다. 어쨌든 이성에게 필연적인 인식에서 존재에 대한 관심, 특히 이성의 담지자인 인간의 존재 변화 가능성에 대한 관심과 의욕이 생겼다고 보는 것에 본고의 초점이 있다.

인간에게 불가피한 필연적 요청으로 다가와서 현실 속에 자취를 남겨 실존하게 만든다. 근대 이후에 사람들은 이처럼 어마어마한 힘을 가진 이성이 다름 아닌 나 자신의 것, 인간의 것임을 각성하였다. 그리하여 신국神國, civitas Dei의 이상을 이 땅 위에 펼치려 하던 오랜 소망을 넘어서서, 이제는 아예 인간 스스로가 직접 신이 되는 경지로 나아가려 한다. 물론 이때에도 인간을 응원하고 든든히 지원하면서, 손잡고 큰 모험 길에 나서도록 인도하는 여신이 바로 이성임을 잊어서는 안 될 것이다.

참고문헌

김미영, 「포스트휴머니즘과 불멸성: 조에의 환대(zoe-hospitality)」, 『신학사상』 194호, 2021, pp. 355-390.

안윤기, 「칸트 『순수이성비판』-감성과 이성의 협력」, 서울대학교 철학사상연구소 편, 『데카르트에서 들뢰즈까지-이성과 감성의 철학사』, 세창, 2015, pp. 85-109.

이상섭, 「처음 읽는 철학사: 마이스터 에크하르트」, 박남희 외, 『처음 읽는 중세철학』, 동녘, 2021, pp. 251-285.

Anderson, Svend, *Ideal und Singularität. Über die Funktion des Gottesbegriffs in Kants theoretischer Philosophie*, Walter de Gruyter, Berlin/New York, 1983.

Axelos, Christos, "Ideal", Joachim Ritter (ed.), *Historisches Wörterbuch der Philosophie*, vol. 4, Schwabe, Basel, 1976, pp. 25-27.

Baumanns, Peter, "Kants vierte Antinomie und das Ideal der reinen Vernunft", *Kant-Studien* 79, 1988, pp. 183-200.

Bennett, Jonathan, *Kant's Dialectic*, Cambridge University Press, Cambridge, 1974.

Caimi, Mario, "Über eine wenig beachtete Deduktion der regulativen Ideen", *Kant-Studien* 86, 1995, pp. 308-320.

Düsing, Klaus, "Transzendentales Ideal", Joachim Ritter (ed.), *Historisches Wörterbuch der Philosophie*, vol. 4, Schwabe, Basel, 1976, pp. 27-32.

Ferrari, Jean, "Das Ideal der reinen Vernunft (A 567/B 595-A 642/B 670)", Georg Mohr/ Marcus Willaschek (ed.), *Klassiker auslegen, Bd. 17/18: Immanuel Kant: Kritik der reinen Vernunft*, Akademie Verlag, Berlin, 1998, pp. 491-523.

Harari, Yuval Noah, *Homo Deus. A Brief History of Tomorrow*, Vintage, London, 2015: 유발 하라리, 『호모 데우스: 미래의 역사』, 김명주 역, 김영사, 2017.

Heimsoeth, Heinz, *Transzendentale Dialektik. Ein Kommentar zu Kants Kritik der reinen Vernunft*, vol. I-IV, Walter de Gruyter, Berlin, 1966-71.

Horstmann, Rolf-Peter, "Der Anhang zur transzendentalen Dialektik (A 642/B 670-A 704/B 732)", Georg Mohr/Marcus Willaschek (ed.), *Klassiker auslegen, Bd. 17/18: Immanuel Kant: Kritik der reinen Vernunft*, Akademie Verlag, Berlin, 1998, pp. 525-545.

Hutter, Axel, *Das Interesse der Vernunft: Kants ursprüngliche Einsicht und ihre Entfaltung in den transzendentalphilosophischen Hauptwerken*, Felix Meiner Verlag, Hamburg, 2003.

Kant, Immanuel, *Kritik der reinen Vernunft*, Felix Meiner Verlag, Hamburg, 1998 : 임마누엘 칸트, 『순수이성비판』, 백종현 역, 아카넷, 2006.

Kellermann, Benzion, *Das Ideal im System der Kantischen Philosophie*, C. A. Schwetschke, Berlin, 1920.

Löwisch, Dieter-Jürgen, "Kants gereinigter Theismus", *Kant-Studien* 56, 1966, pp. 505-513.

Mylius, Irmgard, *Das transzendentale Ideal in der transzendentalen Frage Kants, dargestellt im Ausgang von der Wolffschen Metaphysik*, Dissertation(Freiburg Uni.), 1941.

Piché, Claude, *Das Ideal. Ein Problem der kantischen Ideenlehre*, Bouvier Verlag, Bonn, 1964.

Renaut, Alain, "Transzendentale Dialektik, Einleitung und Buch I (A 293/B 349 – A 338/B 396)", Georg Mohr/Marcus Willaschek (ed.), *Klassiker auslegen, Bd. 17/18: Immanuel Kant: Kritik der reinen Vernunft*, Akademie Verlag, Berlin, 1998, pp. 353-370.

Sala, Giovanni, *Kant und die Frage nach Gott*, Walter de Gruyter, Berlin/New York, 1990.

Schiemann, Gregor, "Totalität oder Zweckmäßigkeit? Kants Ringen mit dem Mannigfaltigen der Erfahrung im Ausgang der Vernunftkritik", *Kant-Studien* 83, 1992, pp. 294-303.

Theis, Robert, *Gott. Untersuchungen zur Entwicklung des theologischen Diskurses in Kants Schriften zur theoretischen Philosophie bis hin zum Erscheinen der >Kritik der reinen Vernunft<*, frommann-holzboog, Stuttgart-Bad Cannstatt, 1994.

_____, "Kants Theologie der bloßen Vernunft in der *Kritik der reinen Vernunft*", Philosophisches Jahrbuch 104, 1997, pp. 19-51.

Willaschek, Marcus et al. (ed.), *Kant-Lexikon*, vol. I-III, Walter de Gruyter, Berlin/New York, 2021.

Wood, Allen W., *Kant's Rational Theology*, Cornell University Press, Ithaka/London, 1978.

Zocher, Rudolf, "Zu Kants Transzendentaler Deduktion der Ideen der reinen Vernunft", *Zeitschrift für philosophische Forschung* 12, 1958, pp. 43-58.

인간의 조건으로서의 자율성[1]

백종현

1. 인간으로서 인간임의 요소

전통적으로 인간의 마음 씀을 지知·정情·의意로 나누어 보고, 각각의 지향점을 진眞, 미美, 선善이라 이야기해 왔다.

이 가운데 지知적인 여러 활동들, 인식이라든지 계산이라든지는 하는 것은, 물론 정도의 차이가 있기는 하나, 다수의 동물들도 그리고 기계들도 잘 해내는 사례가 많으니, 굳이 인간 고유의 것이라 할 것이 없다. 그 활동들이 인간이 생명체로서 자신을 유지해가는 데 가장 기본적이고 필수적이기는 하다. 그래서 지적인 능력, 지능과 같은 것은 생명체(동물)로서의 인간의 최소한의 조건이라 할 수 있겠다.

인간의 지知적 활동의 상관자相關者, correlatum를 자연 세계, 즉 존재의 세계라 한다면, 인간이 정情적 활동이나 의意적 활동에서 추구하는 미美와 선善은 자연 세계 너머의 것으로서, 이것들이야말로 여느 동물 세계에서는 볼 수 없는 인간 고유의 것이라 할 수 있다. 그러므

---

1   이 글의 주요 내용은 저자의 다른 책, 『인간의 조건 – 칸트의 인본주의』(아카넷, 2024)를 통해서도 공표되었다.

로 지적인 것이 동물(생명체)로서의 인간의 구성요소라 한다면, 미적인 그리고 윤리적인 것은 여느 동물과는 다른, 동물 이상인 인간으로서의 인간의 구성요소라 하겠다.

보통 인간을 '이성적 동물'이라고 규정하지만, 이성성^{rationalitas}과 동물성^{animalitas}의 묘합^{妙合} 중에 여느 동물에서는 볼 수 없는 특유한 감정들도 있다.

자연 존재자인 인간은 자연에서 생명 유지에 필요한 것을 얻고, 의식주의 필수품을 구하는 것이 급선무이다. 그러나 인간은 자연을 생활환경으로 가질 뿐만 아니라, 자연의 미에서 흡족함을 느끼고, 동물적 생명 보존과는 무관한 기예^{技藝, art, Kunst}에 대한 취미가 있다. 이러한 인간 특유의 미감^{美感, sense of beauty}으로 인해 인간은 한낱 자연 세계 아닌 예술세계를 갖는다. 예술은, 자연 위에 또 하나의 다른 세계를 여는 종교가 그러하듯, 인간이 여느 동물과 차이를 드러내는 인간의 요소, 인간의 조건이라 볼 수 있다.

또 인간은 동물적 경향성과는 어긋나는 도덕감^{moral sense}을 가진 것으로 보인다. 그래서 어떤 이는 이것을 "인간의 모든 속성 중 가장 고귀한 것"[2]이라고 일컫기도 한다. 생명체인 인간 역시 자기 생명 보존의 본능이 있음에도, 인간의 도덕감은 때로는 자기 생명의 상실에 대한 두려움조차도 초극하는 경우를 볼 수 있으니 말이다.

인간이 자기 동료/이웃의 목숨을 구하기 위해 조금도 망설이지 않

---

2   Charles Darwin, *The Descent of Man, and Selection in Relation to Sex*(1871 · [2]1879), Penguin Books, 2004, p. 120.

고 위험을 무릅쓰는 것은 그에게 도덕감이 있기 때문이다. 또 인간은 여러 가지 상황을 고려한 뒤에, 투철한 권리 의식이나 의무감만으로도 위대한 목적을 위해 자기 삶을 희생하기도 한다.[3]

그런데 저러한 도덕감의 기준인 도덕을 도덕이게 하는 가치, 즉 선善의 원천이나 미감의 기준이 되는 미美의 가능 원리를 추궁해 들어가노라면, 우리는 한낱 감정을 넘어 마침내는 인간의 이성理性, logos, ratio, reason, Vernunft 곧 법칙 수립의 능력에 이른다. 그것은 지적 활동의 가치인 진리眞의 준거를 추궁해 들어갈 때 맞닥뜨리는 바와 마찬가지이다. ― 그래서 사람들은 진眞, 선善, 미美는 자연 중에 있는 것이 아니고, 인간의 이념idea, Idee이며, 이러한 이념은 '이성적 동물'인 인간의 이성의 관념이라 말한다.

무릇 인간 세계는 존재하는 것뿐만 아니라 여러 가지 관념들, 곧 꾸며낸 것, 당위적인 것 그리고 희망하는 것들로 엮여 있거니와, 그것들은 인간의 여러 이성적 활동의 산물이자 상관자들이다. 이 가운데서도 인간으로서 인간을 가능하게 하는 최소한의 요소, 다시 말해 그것을 결여하면 '인간임'을 벗어나는 요소, 그러니까 이성적 동물인 인간의 이성적 요소 중에서도 가장 각별한 것을 꼽자면, 그것은 당위當爲의 이념이라 할 것이다. 이러한 당위의 이념이야말로 실로 인간을 인격으로 만드는 것이니 말이다.

그런데 '마땅히 해야 한다'라는 당위의 이념은 인간 이성의 힘인 자율성, 자유에서 비롯하는 것일 터이니까, 근원적으로 인간을 인격이

---

3   Darwin, *The Descent of Man*, Penguin Books, 2004, p. 120 참조.

게 하는 것, 인격성의 가능 원리는 자율성, 자유라 하겠다. 자율성이야말로 인간의 인간임의 제일 요소이자, 인격으로서의 인간의 조건이라 할 것이다.

2. 자율의 성격

1) 자율성의 의미

자율^{自律, αὐτονόμος, αὐτονομία}이란 스스로 수립한 율법 내지는 법칙을 말한다. 그런데 율법/법칙은 준수하지 않을 수 없는 규범이다. 그러니까 자율은 자기가 세운, 반드시 준수해야 하는 규범이며, 자율성이란 그러한 자기 규범 수립과 준수의 능력을 일컫는다. 그래서 본래적 의미에서 자율은 자기가 세운 규칙으로써 자신을 통제함, 곧 자기 통치^{自治, ἐγκράτεια}를 말하는 것으로, 그 반대는 남이 세운 규칙 내지는 그것에 강제적으로 복속함 곧 타율^{他律, heteronomia}이다.

자율성, 그것은 정말 인간 고유의 것인가? 대체 자유는 어디서 발원하는가? "자유의 기관"이 인간이라는 동물의 물리-생리적인 뇌인지, 유기체의 유기성 자체 내지는 생명성인지… ? ― 이러한 문제는 여전히 논란 중에 있지만, 어떻게든 언제고 설명될 것이라 기대할 수 있다. 무릇 이런 유의 사실의 문제에 관해서는 과학자들의 탐구 성과를 기다리는 것이 마땅한 일이다.

그러나 생명의 원인이 과학적으로 어디까지 규명되어 있는지와 상관없이 우리가 '생명' 현상을 납득하듯이, 인간의 생활세계 안에 자율적 규범 질서가 작동하고 있음을 우리는 부인할 수 없다. 인간은 하나의 법률 체계인 국가를 세우고 시민 생활을 하며, 윤리·도덕에 따르는 문명 생활을 지향한다. 우리가 아는 한, 이러한 생활세계를 인간만이 영위하고 있다. 이 사실로부터 우리는 자유와 자율성의 의미를 새겨볼 수 있다.

무엇인가를 보편적으로 구속할 수 있는 규칙을 법칙이라 하므로, 인간의 행위 의사를 보편적으로 강제하는 규칙, 곧 인간에게 의무를 부과하는 법칙이 있다면, 그것은 '실천 법칙'이라 일컬어지겠다.

실천적 법칙은 무조건적인 이행을 강제하는, 즉 "정언적 명령定言的 命令"[4]을 함유한다. 이러한 "법칙을 통해서 지시명령하는 자命令者)[를] 법칙수립자立法者"[5]라 이른다. 그러니까 인간 행위의 법칙수립자/입법자는 법칙을 통해 스스로 의무의 형식과 내용을 규정하는 실천이성이다. 실천이성이 법칙을 외적으로 수립할 때, 즉 그 의무가 그 수행의 반대급부로서 정당하게 누군가를 강제할 권리Recht를 상정한 것일 때, 그것을 법Recht이라 하고, 반면에 실천이성이 그 법칙을 내적으로 수립할 때, 즉 그 의무 자체가 동시에 목적으로서 법칙수립자의 자기 강제일 때, 그것을 윤리Sitten 내지 도덕Moral이라 한다. 그래서 인간의 의무 중에는 "법의무法義務"도 있고, "덕의무[윤리적 의무]德義務 乃至 倫理學的 義務"도 있다.[6]

법의무는 인간에게 무엇이 옳은가, 정당한recht가를 말해줌으로써 그것은 인간임의 정당성, 곧 인간의 권리에 관련되어 있고, 덕의무는

---

4   Kant, GMS, B44=IV416. 이하 칸트의 원문 인용이나 참조의 경우에 출처를 주에서는 약호로 제시하고, 상세한 서지 사항은 참고문헌에서 밝힌다.

5   Kant, MS, RL, AB28=VI227.

6   Kant, MS, RL, AB47=VI239 참조.

인간에게서 자체로서 가치 있는 것, 곧 인격성, 그러니까 인간의 목적에 관련되어 있다. 그러나 이 두 종류의 의무 모두 그것을 규정하는 법칙수립자인 실천이성의 자율에 기초한다는 점에서는 마찬가지이다. 그럼에도 또한 양자 사이에는 현격한 차이점이 있다. 그것은 바로, 전자는 일단 법칙을 통해 규정되면 외적 강제가 가능한 반면에, 후자는 오로지 자율적인 자기 강제만이 가능하다는 점이다. 그래서 법의무의 이행 여부에 대한 심판은 외부 재판소에서 가능하지만, 덕의무의 이행 여부에 대한 심판은 궁극적으로는 내부 재판소, 곧 양심 안에서만 가능하다.

의무에 수반하는 강제성이 외적이냐 내적이냐 하는 점 이외에도 법적인 의무와 도덕적인 의무 사이의 차이는 그 강제의 구속력의 정도에서도 볼 수 있다. 전자는 엄격한, 완전한 의무라고, 후자는 선택적인, 느슨한, 불완전한 의무라고 할 수 있다. 법적인 의무는 법칙에 의해 직접적으로 규정되는 것으로서, 예컨대 채무 이행의 의무에서 보듯, 의무 행위 그 자체가 절대적인 필연성을 요구하는 법에 종속되어 있어 엄격한 책무성^{obligatio stricta}을 갖는다. 윤리적인 의무는 실천 법칙에서 행위 자체가 아니라 단지 행위의 준칙이 규정되는 의무이기 때문에 명령을 받은 자가 어떤 방식으로 어느 정도까지 그것을 수행할 것인지는 그에게 일임되어 있으므로, 느슨한 책무성^{obligatio lata}만을 갖는다고 하겠다.[7]

── 우리가 알고 있는 존재자 중 인간만이 윤리나 법률과 같은 자기규범을 가지고 있거니와 이러한 자기규범은 곧 자율성에 기인하는

---

[7]　Kant, MS, TL, 서론 VII: AA XXVII, 577 이하 참조.

바, 그렇기 때문에 우리는 자율성을 인간의 고유성이라고 말한다. 이러한 자율성으로 인해 인간은 자연 세계 안에서 살면서도 여느 동물과는 다르게 '윤리와 법의 세계' 곧 문명사회를 이루며 산다. 인류의 역사는 곧 문명사회의 발달 과정으로서, 그것은 자율성을 발휘하는 사회 구성원의 증대 과정이라 할 것이다. 자율성의 증진이 곧 인간의 성장이며, 자율성을 발휘하는 구성원이 많을수록 사회는 더 많이 문명화한 것이다.

2. 자율의 조건

그런데 과연 인간 문명이 윤리와 법 규범에 기초하는지, 과연 윤리와 법 규범이 인간의 자율성의 산물인지를 문제 삼는 사람들이 여전히 적지 않다. 아니, 우선 '자율' 내지 '자율성'의 개념 사용부터가 한결같지 않아서, 논의의 혼선을 야기하기도 한다.

'자율신경autonomic nerve'이니 '자율주행차autonomous vehicle, autonomous car'니 하는 용어의 사례에서 보듯 자연과학이나 기술에서 '자율적'은 윤리나 법 규범과는 거의 무관하게 사용된다. 자율신경은 거의 무의식적으로 작용하는 호흡, 순환, 대사, 체온, 소화, 분비, 생식 등 생명활동의 기본이 되는 신경으로, 자율신경계autonomic nervous system란 일반적으로 '대뇌의 조절 없이도 신체의 여러 장기와 조직의 기능을 독자적으로 조절하는 말초신경 다발'을 일컫는다. 이 자율신경계와 짝을 이루는 체성신경계體性神經系, somatic nervous system는 뇌신경이나 척수신경처럼 대뇌의 조정을 받는 또는 '인간의 의지대로 작용하는 말초신경 다발'을 일컫는다. 이러한 대비로 볼 때 '자율신경'에서 '자율적

autonomic'이란 '무의지의involuntary' 내지 '자동적automatic' 정도를 뜻하겠다. 또 '자율주행차'란 설정된 프로그램에 따라, 운전자의 직접 조정 없이, 외부 자극에 알맞게 대응하여 작동하는 차를 일컬으니, 여기서 '자율적autonomous'이란 '스스로-운전하는self-driving' 정도를 뜻하며, 자율자동차란 다른 것이 아닌 무인자동차無人自動車, driverless car, Unmanned Auto Vehicle[UAV]의 일컬음이라 하겠다.

그러므로 이미 그렇게 통칭하고 있기는 하지만, '자율신경'이나 '자율주행차'에서 '자율적'은 '자율'의 본래적 의미에 비춰보면, '자율적'의 원래의 함의 중 일부만을 가지고 있으니, 실상은 '흡사 자율적'이라 할 것이다.

우리가 '자율'의 본뜻을 자치(자기 통치)라 본다면, '자율'은 적어도 네 가지 요소, 곧 자기기획consilium suum, 자기결정Selbstbestimmung, eigene Entscheidung, 자기입법Selbstgesetzgebung, Eigengesetzlichkeit, 자기복종Selbstunterwerfung을 필수 성분으로 가지고 있다.

자율의 취지는 자기통제에 있으니, 본디 자율성이란 통제의 필요를 자각하고, 스스로 통제할 수 있는 능력이 있는 존재자의 속성이다. 통제의 필요를 자각하지 못하거나, 통제의 규칙을 스스로 세울 줄 모르거나, 규칙을 세우긴 하지만 준수할 능력이 없는 자에게 자기통제 즉 '자율'은 없다. 이런 경우 '자율'이란 전적으로 무의미하다.

이러한 '자율'의 의미 조건에 부합하는 존재자는 한편으로는 규칙을 세울 필요를 깨닫고 세우면서도 한편으로는 곧잘 이를 어기는 경향성을 가지고 있는, 이름하여 '이성적 동물'인 인간밖에 없다. 자율성은 인간 안의 이성성과 동물성의 화합 원리인 것이다.

그러나 인간 문화를 수놓는 대부분의 주요 개념들이 그러하듯이,

이 같은 자율 개념이 단번에 생긴 것은 아니고, 여러 문명 단계를 거치면서 형성되었다. 그렇기에 뭇 개념처럼 '자율' 역시 사이사이에 서로 다른 뜻으로 사용되기도 했고, 아직도 그러하다.

3. 자율 개념의 형성

1) 정치적 자유로서의 자율

당초에 '자율'의 주체는 정치공동체로 여겨졌다. 정치 사회에서 '자율'과 '자기결정'은 자신의 문제들을 외부 권력에 의존하지 않고서 결정할 수 있는 힘 내지 권리, 그러니까 외부의 지배력에 대항할 수 있는 정치적 자유^{ἐλευθερία}를 뜻한다. 그리고 정치적 자유란 스스로 입법하고 통치할 수 있는 능력을 말하는 것이니, 그런 의미에서 일찍이 자율은 "자기 자신의 법률에 따라서 살 수 있는 능력$^{potestas\ vivere\ propriis}$ $_{legibus}$"8이라고 규정되었고, 그러한 능력을 갖춘 것을 곧 '국가'라 호칭하였다. 그러나 국가의 주권자가 누구(무엇)인가를 따져 물을 때, 국가시민 각자의 자율성을 생각하지 않을 수 없게 되었다. 이때 국가 안에서 자유, 지배, 소유는 인간의 기본권으로 여겨졌다. 지배와 소유는 입법권의 형성 요소이고, 누구의 지배에도 종속하지 않고 자신의 주인이 될 수 있는 능력인 자유는 이 입법권을 자주권으로 승격시킨다. 자유야말로 그것을 가진 자를 주체로 만든다.

---

8   J. Micraelius, *Lexicon philosophicum terminorum philosophis usitatorum*, Stettin 1653 · ²1662, 204.

'자기결정' 개념의 주요 요소에 대한 숙고도 이미 고대 그리스에서부터 있었다. '자기결정' 역시 '자기통치/자기지배^{ἐγκράτεια}' 개념에서 출발한다. 일찍이 플라톤^{Platon, BC 427~347}은 인간은 논변과 행실에서 하인이 아니라 주인이 되어야 마땅하다고 보았다.[9] 이어서 그는 정치를 "스스로 지시명령하는 기술^{αὐτεπιτακτική}"[10]이라고 규정함으로써 공동체의 문제들을 스스로 결정하고 행위하는 시민들을 '스스로 지시명령하는 자들^{αὐτεπιτακτικοί}'이라고 지칭한다. 이 개념 중에는 공동체 안에서의 자기통치/자기지배의 조건이 포함되어 있으니, 여기서 자기통치/자기지배는 자기 의사와의 합치뿐만 아니라 타인의 의사와의 합치 아래서 이루어져야 함을 말한다. 그렇지 않으면 공동체가 유지될 수 없을 것이기 때문이다. 그러므로 자기결정은 혼자 사는 세상에서가 아니라 이웃과 더불어 사는 세계에서 그 온전한 의미를 얻는다. 이러한 맥락에서 자기결정에는 자기 의사에 따르되 타인의 의사와 합치할 수 있는 이성적 식견이 필수적이다. 그래서 아리스토텔레스^{Aristoteles, BC 384~322}는 자기결정은 합리적 선택^{προαίρεσις}으로서 "이성에 따르는 영혼의 활동^{ψυχῆς ἐνέργεια κατὰ λόγον}"[11] 중의 하나라고 보았다.

무릇 누가 자기결정을 할 수 있으려면 "자기 자신에서 비롯하여 행위^{αὐτοπραγία}"하는 자유와 "자기 자신의 주인^{αὐτοκράτωρ}"이 될 능력인 이성을 갖추지 않으면 안 된다.[12] 여기에서 자기결정은 '자주독립/자족

---

9   Platon, *Theaitetos*, 173c 참조.
10   Platon, *Politikos*, 260e · 275c.
11   Aristoteles, *Ethica Nic.* 1098a.
12   Chrysppos, Frag. mor. Frg. 355, Ioannes ab Arnim(coll.), *Stoicorum Veterum Fragmenta*[SVF] III, Lissiae in Aedibus B. G. Teubneri, 86 참조.

αὐτάρκεια'의 기반 위에서 가능한 것으로 이해되기에 이른다. 자기의 생을 자기의 힘 안에서 영위하는 자만이 자기결정을 할 수 있는 것이다. 다만 자기결정은 자기 능력으로 해낼 수 있는 범위 내에서만 성취될 수 있는 것이므로, 자기가 할 수 있는 것을 가늠할 수 있는 지성이 동반하지 않으면 안 된다. 자기결정은 자기와 자기 능력의 범위에 대한 인식, 선택에 충분한 근거를 제시할 수 있는 이성, 타인의 의사와의 합치 아래서 자기 의사를 정할 수 있는 지성을 기반으로 해서 가능한 것이다.

2) 선을 택하는 자유로운 결정으로서의 자율

초기 그리스 사상가들이 자율을 주로 정치적 맥락에서 제도적 자기결정의 권리로 이해했다면, 기독교 사상은 자기결정consilium suum, eigene Entscheidung 능력을 악을 멀리하고 선을 택하여 정도正道를 걸을 수 있는 힘이라고 보았다.

한 처음에 주님께서 인간을 만드셨을 때 인간은 자기결정을 할 수 있도록 하셨다. 네가 마음만 먹으면 계명을 지킬 수 있으며 주님께 충실하고 않고는 너에게 달려 있다. 주님께서는 네 앞에 불과 물을 놓아 주셨으니 손을 뻗쳐 네 마음대로 택하여라. 사람 앞에는 생명과 죽음이 놓여 있다. 어느 쪽이든 원하는 대로 받을 것이다.[13]

---

13 『성서』「집회서」15, 14~17.

그래서 초기 기독인 타티아누스^{Tatianus, ca. 120~180}는 인간은 선택의 자유가 있으니, 그 행실에 대해 상벌을 받음이 마땅하다고 본다.

인간은 신에게만 속하는 선의 본성을 지니지 않았으나, 선택의 자유를 통해 완전함에 이른다. 그리하여 악인은 그의 과오로 인하여 타락하게 되되, 정의로운 이는 그의 덕 있는 행실로 마땅히 칭찬받게 될 것이니, 그의 자유로운 선택의 실행에서 신의 뜻을 거스르지 않도록 삼가기 때문이다. [14]

그러니까 그에 따르는 결과에 대해 책임을 지는 자기결정, 자유로운 선택, 자유의지는 아무 때나 이렇게 해도 좋고 저렇게 해도 좋은 '비필연적'이고 "비결정/무차별^{indifferentia}"적인 자의^{恣意}가 아니라, 반드시 선을 택해야 하는, 자기 안에 필연성(규칙성)을 갖는 자율로서 선으로의 의지이다. 자율이란 "올바로 행하는 자유의지^{libera voluntas recte faciendi}"[15]로서, 그것은 "올바르고 영예롭게 살고 최고의 지혜에 이르고자 희구하는 의지", [16] 곧 "선한 의지^{bona voluntas}"[17]인 것이다.

---

14 Tatianus, *Oratio ad Graecos*, X: ed, by Wilhelm Worth, Oxford 1700, p. 26.

15 Augustinus, *De libero arbitrio*, III.18.52.

16 Augustinus, *De libero arbitrio*, I.12.25.

17 Augustinus, *De libero arbitrio*, I.13.27.

3) 인간의 본질로서의 자율

(1) 의지의 자유로서의 자율

처음에 정치사회적 의미를 지녔던 자율에 기독교적 논변을 거치면서 '선의지'라는 윤리적 의미가 더해졌다. 그리고 이 개념이 칸트 I. Kant, 1724~1804에 이르러서는 인간을 규정하는 포괄적이고 핵심적인 술어가 되었다.

인간이 자유롭다는 것은 단지 외적 제약이나 압제로부터의 벗어남뿐만 아니라, 자기 욕구의 심리적, 생리적 자연 경향성에서 벗어나, 어떤 행위를 오로지 자기의 의지로, 문자 그대로 자유의지로 행함을 뜻한다. '자유의지로 행함'이란 단지 '자동적automatic 작동'을 말하는 것이 아니다. 자유의지로 행함이란 스스로 '그 자체로 좋은 것'을 목적으로 설정하고 목적 달성을 위해 자기 의사에 따라 행위를 개시하거나 중단하고, 그러한 행함 중에서 만족을 얻는 자율적 활동을 말한다. 자율성을 "자극 없이도 상태를 바꿀 수 있는 능력, 곧 상호작용에 대한 직접적 반응 없이도 어느 정도의 복잡성 및 환경과의 분리성을 유지하는 능력"[18]이라고 일면적으로 규정하는 사람들도 있다. 그러나 엄밀하게 말해 자율적 활동이란 첫째로 자기 의사Willkür가 있는, 곧 "객체를 만들어내기 위한 자기의 행위의 능력에 대한 의식과 결합되어 있는"[19] 욕구 능력을 가진 자의 행위이면서, 둘째로 그 의사가 순수한 이성의 법칙에 의해 규정되는, 다시 말해 자기 규칙에 따르는

---

18   Wendell Wallach/Collin Allen, *Moral Machines-Teaching Robots Right from Wrong*, Oxford univ. press, 2009, p. 60.

19   Kant, MS, RL, AB5=VI213.

행위를 말한다. 이때 순수한 이성의 법칙이 다른 것이 아닌 "이성에 의한 자율"[20]이다. 그러니까 이 자율에 의한 자유란 무엇이든 바라는 대로, 예컨대 선보다도 악을 선택해서 행할 수 있는 능력을 말하는 것이 아니고, 자연적 인과 필연성에 독립해서 또는 온갖 감성적 유혹을 이겨내고 이성이 규정하는 선한 것을 행할 수 있는 능력을 말한다. 여기서 '자율적임'은 '동물적 경향성을 제어할 수 있는 법칙을 세우고 그것을 준수할 수 있음'을 말하는 것이니, 동물적 경향성이 애초에 없는 존재자에게는 자율로서의 자유란 무의미한 것이다. 자연적 경향성을 갖고 있으면서도 또한 그것을 통제할 수 있는 이성을 가진, 말하자면 이성적 동물만이 스스로 법칙을 수립하는 의지의 자유를 특성으로 가질 수 있다.

그러므로 설령 자동적인 작동이라 하더라도 그것이 선한 것에 대한 의식이 없거나, 스스로 정한 선한 목적이 없거나, 자기 행위 의사가 없거나 의사 결정을 위한 자기 규칙 수립이 없이 이루어지는 것이라면, 굳이 자율적 활동이라고 할 것이 없다. 이러한 것에 대해서는 '자동적automatic'이라는 규정만으로 이미 충분하다.

자율적 행위와 자동적 작동은 그 운동의 결과에 대한 책임성 여부에서 뚜렷이 구별된다. 자율적 활동 없이 한낱 자동적으로 작동하는 것이 있다면, 그 작동의 결과에 대해서는 어떠한 책임도 그 운동자에게 귀속하지 않으며, 그러니까 그것은 '인격'이 아니다. 인격이란 선악의 분별력이 있고, 자율적으로 행위하되, 그 행위에 대해 책임질 수 있는 행위자, 그러니까 상 받는 기쁨도 누리고 벌 받는 고통도 느

---

20   Kant, AA XVIII, 443: Refl 6076.

낄 수 있는 행위자를 일컫는다. 이런 의미에서 그 주행 방식이 프로그래머에 의해 고안되고, 그것에 의한 소득이나 사고 책임이 차주에게 귀속되는 '자율주행차'는 실상 '자율성'이 없는 것으로, 따라서 인격일 수가 없다. 무인 항공기가 항공 기계의 일종이듯이, 자율주행차라는 것 역시 '자동차automobile'의 한 종류인 것이다. 그러므로 이와 관련해서 무인 주행을 일컫는 이른바 '완전자율주행'이라는 말도 '자율'의 본질속성을 고려한다면 '완전자기주행'이나 '완전자기운전', 'Full Self-Driving[FSD]' 정도로 표현하는 것이 적절하겠다.

요컨대, 자율은 자유로운 의지를 가진 자, 즉 인격의 속성이다. 의지의 자유란 해방解放으로서의 자유, 즉 외적 구속/압제에서 벗어남이라기보다는 내적 구속(경향성)으로부터 자유, 즉 온갖 동물적 욕구를 통제하기 위해 자신이 세운 법칙 즉 자기 규율에 복종하는 힘이다. 그러므로 이러한 의지의 자유는 자기 강제, 곧 자기 내의 당위적 필연성을 포함한다. 이성적 존재인 인격의 자유의지란 곧 윤리적 행위 법칙 아래에 있는 의지를 일컫는다.

자유로운 의지는 "그 자신에게 (의욕의 대상들의 모든 성질로부터 독립적으로) [행위] 법칙"[21]을 부여하고, 이 법칙에 따라서 행위를 개시한다. 그러니까 이러한 의지의 자유야말로 '자유自由'의 본래 뜻 그대로 시작始作으로서의 자유라 하겠다.

이러한 자유는 곧 자기지배 능력을 일컬으니, 자기지배 능력이 없으면 외적인 것(온갖 유혹)에 휘둘리고, 곧 그것의 지배를 받게 된다. 외적인 것에 지배받음은 타자 예속 곧 노예 상태를 말하는 것이

---

21   Kant, GMS, B87=IV440.

니, 자유란 노예 상태를 방지하는 힘이다. 스피노자^{Baruch de Spinoza,} 1632~1677의 말대로 '자유롭다^{liber esse}'라는 것은 사람이 갖가지 자극의 영향에서 벗어나 "온 마음으로 오로지 이성의 지도에 따라 산다^{integro} ^{animo ex solo ductu rationis vivere}"22라는 것을 뜻한다.

'자기지배 능력'을 덕^{德, virtus, Tugend}이라 일컫거니와, 의지의 자유 야말로 덕성의 요체이다. 민족과 국가를 지배하는 자는 무수히 많아 도 — 적어도 시대마다 있다 — 자기지배를 할 수 있는 자는 많지 않 다는 사실이 자기지배의 덕성, '자유'가 얼마나 위대한 것인지를 말해 준다. 진정으로 자유로운 자, 자유인이란 자기의 이성이 정념에 대한 통제력을 갖는 자라 할 것이다. 자기의 이성에 따르는 자 곧 성현^{聖賢} 이 그런 사람이겠다.23

(2) 입법적 이성의 법칙으로서의 자율

인간의 실천적 삶은 가치 지향적이다. 실천이란 없는 것을 있게 만 들거나 있는 것을 없게 만드는 인간의 행위이다. 그러니까 실천에는 실현하고자 하는 것, 목적 내지 목표가 있으며, 그것은 가치 있는 것 으로 받아들여진 것이다. 이성이 이러한 인간 행위의 목적을 세우고, 그 실현 방법을 제시할 경우, 그 이성은 법칙수립적/입법적이다. 그 러나 실천의 목표가 자연적 욕구에 따라 생기고, 그 욕구를 현실화하 는 데 이성이 유용한 도구로 종사할 경우, 이성은 도구적이다. 도구 로 받아들여진 이성은 자신의 유용성을 인정받기 위해 자기가 다루

---

22 Spinoza, *Tractatus Theologico-Politicus*, cap. XVI, 181.
23 Epiktetos, *Encheiridion*, 29.

는 모든 사물을 유용성의 척도에 따라 취사선택하는 능력을 발휘한다. 인간 행위에 있어서 유용한 이성의 소임은 그 욕구하는 바를 실현하는 데 유용한 수단과 방법들을 찾아내는 일이다. 그래서 이성이 도구적으로 사용될 때, 모든 것은 그 유용성에서 평가받고, 그로써 모든 것이 도구화한다. 이런 경우 유용성이 가치의 최고의 척도이므로, 어떤 것이 욕구 실현에 유용하기만 하면 그것은 좋은 것이고 마땅한 것이다. 그러니까 유용성이 최고의 가치 기준이 되는 마당에서는 '그것은 나의 욕구 실현에 유용하기는 하지만, 옳지는 않다'라는 발언은 자가당착이다. 유용한 것은 곧 옳은 것이기 때문이다. 그러나 이성이 법칙수립의 주체일 경우 '욕구 실현에는 유용할 것이나, 그것은 옳지 않다'라는 이유를 들어 어떤 행위를 제지한다. 이런 경우 유용성과 옳음은 결코 동치가 아니다.

이성이 스스로 법칙을 세워 그것으로 자연을 해독하고, 정념을 통제하는 데서 진眞·선善의 가치가 정립될 때 이성은 주체적이고, 가치는 이념적인 것이다. 그러니까 자율적 이성은 주체적이되 언제나 이념적이고 이상적이다. 그러나 만약 이성의 소임이 스스로 모습을 드러내는 자연을 기술하고 정념이 좇는 것을 수월하게 얻을 수 있도록 지혜로써 보좌하는 것이라면, 이성은 부수적이고, 가치는 감각에 기초한다. 이성은 자율을 박탈당하거나 "포기하면 도구로 전락한다."[24]

이성은 욕구가 대상을 좇는 데에 지혜 내지 영리怜悧함으로써 봉사하거나, 그러한 어떤 대상의 추구를 선악의 기준을 내세워 통제한다.

---

24   Max Horkheimer, *Eclipse of Reason*(1947), New York: The Continuum, 1996, p. 21 참조.

즐거움을 주기 때문에 취하고 고통을 주기 때문에 피하는 방법을 찾아내는 이성은 욕구의 시녀로서, 그 시녀가 고안해 내는 것은 충고이거나 처세술, 말하자면 '영리의 규칙'일 것이다. 그와 반대로 어떤 일이 설령 즐거움을 가져다준다 해도 정도正道에 어긋나니 '해서는 안된다'라고 금지하고, 설령 고통을 수반한다 해도 '모름지기 해야 한다'라고 이르거나 지시하는 이성은 욕구의 통제자로서, 이 통제자가 명령하는 바는 '윤리의 규칙'인 도덕법칙일 것이다. '해서는 안 된다' 또는 '해야만 한다'라는 명령의 준거야말로 보편적인 도덕적 선악의 판별기준일 것이기 때문이다. 충고 내지 처세술을 제공하는 이성을 '도구적' 이성이라 일컫는다면, 도덕법칙을 세우는 이성은 '입법적/법칙수립적' 이성이라 할 터인데, 이러한 입법적 이성이 의지의 규정 근거가 되지 못하고 행위가 감성적 경향성에 따라 일어나면 자칫 악이 발생할 것이고, 행위가 감성적 경향성에 독립해서 도덕법칙에 따라 일어나면 그 행위자는 언제나 선행을 하는 것이겠다.

무릇 법칙이란 준수의 강제성을 갖는 것이니까, 도덕적 실천 법칙은 이성적 인간이 동물적 인간에게 스스로 발하는 강요, 이를테면 "자기 강제"[25] 내지 "내적 강요"[26]이다. 이성 자신의 표상인 실천 법칙은 항상 명령으로 나타나 그 이성의 주체 자신부터 이에 따를 것을 요구한다. ─ "그대 스스로 정한 법에 복속할 지어다patere legem, quam ipse tulisti."[27]

윤리적 실천 세계에서의 명령은 인간 그 스스로 자신에게 내리는

---

25   Kant, KpV, A149=V83.

26   Kant, KpV, A149=V83.

27   Nietzsche, *Zur Genealogie der Moral*, III, 27.

098   칸트와 포스트휴머니즘

명령으로서 그에 대한 복수을 통해 인간은 동물성으로부터 해탈 및 해방되고, 그로써 자유가 실현되겠다.

그런데 어떤 명령이 실천 '법칙'이 될 수 있기 위해서는 보편성과 필연성을 가져야만 한다. 어떤 것이 보편적이려면 언제 누구에게나 타당해야 하며, 필연적이려면 무조건적으로 타당해야만 한다. 그러니까 경험적이고 욕구 충족을 전제로 하는 어떠한 명령도 실천 '법칙'이 될 수는 없으며, 그렇기에 실천 법칙은 오직 선험적이고 단정적인 '정언적 명령'일 수밖에 없다. 그러므로 이 명령은 실천 행위로 나아가려는 이성이 자신에게 선험적으로 무조건적으로 부과하는 규범, 곧 이성의 "자율"[28]인 것이다. 그리고 자율적으로 자기 자신에게 명령을 발하는 이성은 '자기 법칙수립적[입법적]'이며, 이 자율로서의 정언명령은 행위가 준수해야 할 "형식"을 지정한다. 이러한 '윤리성의 명령'은 "의무의 보편적 명령"[29]으로서 그 근거를 순수한 실천이성에 둔 것이니, "순수 실천이성의 원칙"[30]이라 하겠다.

정언적 명령과 가언적 명령을 구별 짓는 표지標識는 그 명령 안에 자기사랑의 이해관심이 포함되어 있는지 여부이다. "예컨대 가언 명령은, 내가 명예를 유지하고자 한다면, 나는 거짓말을 해서는 안 된다고 말하나, 정언명령은, 설령 그런 짓이 내게 아무런 불명예를 초래하지 않는다 할지라도, 나는 거짓말을 해서는 안 된다고 말한다."[31] 정언명령을 내리는 "이성적 존재자의 의지" 곧 "보편–법칙

28   Kant, KpV, A58=V33.
29   Kant, GMS, B52=IV421.
30   Kant, KpV, A54=V30.
31   Kant, GMS, B88 이하=IV441.

수립적 의지"[32]는 아무런 이해관심도 근저에 두고 있지 않다. 이러한 정언명령은 한 개인의 자유의 준칙이 동시에 타자에게도 타당할 때만 법칙이 됨을 이미 함의하고 있는 것으로, 그것은 본래적으로 개인적인 '자유'를 상호주관성과 결합시킨다. '정언명령'은 이미 상호주관성 위에서만 성립하는 것으로, 그렇기 때문에 이에 기초한 도덕은 단지 개인적인 것이 아니라 인간성/인류Menschheit에 보편적인 것이다. 실천이성의 정언명령은 주관적, 주체적인 행위 준칙이되, 동시에 보편적인 객관적인 실천 법칙으로서, 이 법칙 아래에 있는 개인은 하나의 인격으로서 역시 하나의 인격인 다른 개인과 서로 "공동의 윤리법칙의 대변자로서 만난다."[33] 인격으로서의 인간의 세계 즉 "목적들의 나라"[34]는 이 "공동의 법칙들에 의한 서로 다른 이성적 존재자들의 체계적 결합"[35]인 것이다.

(3) 인간 존엄성의 근거로서의 자율

도덕적인 행위의 동인이 인간의 자유로운 의지라고 함은 인간은 자기 의지의 힘으로써 자연적 경향성을 벗어나서 스스로 자신의 도덕적 이념에 따라 행위를 개시할 수 있음을 말한다.

인간에게 내적인 자기 검사에서 자기 자신의 눈에 자기가 하찮고 비

---

32 Kant, GMS, B71=IV432.

33 F. Kaulbach, *Immanuel Kant*: 백종현 역, 『임마누엘 칸트. 생애와 철학 체계』(아카넷, 2019), p. 276.

34 Kant, GMS, B74=IV433.

35 Kant, GMS, B74=IV433.

난받아 마땅하다고 보이는 것보다 더 크게 겁나는 것이 없을 때, 이제 모든 선한 윤리적 마음씨가 접목될 수 있다. 왜냐하면, 이것은 고결하지 못한 타락하게 하는 충동들의 침입을 마음에서 막아내는 가장 좋은, 아니 유일한 파수꾼이기 때문이다.[36]

도덕적 이념, 자율적 윤리법칙에 의해 자기 자신을 검사하고 심판하는 윤리적 마음씨를 가진 인간은 숭고하고 신성하다. "인간은 비록 충분히 신성하지는 못하지만, 그러나 그의 인격에서 인간성은 그에게 신성하지 않을 수 없다."[37]

도덕적 의미에서 인간이 무엇인지, 또는 무엇이 되어야 하는지, 선한지 또는 악한지, 이에 대해서는 인간이 자기 자신을 그렇게 만드는 것이 틀림없으며, 또는 그렇게 만든 것이 틀림없다. 양자가[어느 쪽이든] 인간의 자유의사의 작용결과인 것이 틀림없다. 왜냐하면 그렇지 않다면 그것이 그에게 귀책될 수 없을 터이고, 따라서 인간은 도덕적으로 선하다고도 악하다고도 할 수 없을 터이기 때문이다. 만약 인간이 '선하게 창조되었다'라고 말한다면, 그것은, 인간은 선으로 향하도록 창작되었고, 인간 안의 근원적 소질이 선하다는 것을 의미할 수 있을 뿐이다. 인간은 이 소질만으로는 아직 선한 것이 아니고, 그가 이 소질이 함유하고 있는 동기들을 그의 준칙 안에 채용하느냐 않느냐 — 이 일은 그의 자유로운 선택에 전적으로 맡겨져

---

36 Kant, KpV, A288=V161.
37 Kant, KpV, A155=V87.

있음이 틀림없다 — 에 따라서 그는 그를 선하게도 악하게도 만드는 것이다. [38]

오로지 이러한 선택적 의지의 자유의 힘에 '인격'은 의거한다. 자연 사물을 규정하는 존재 범주들 가운데 가장 기초적인 것이 '실체'라면, 인간의 실천 행위를 규정하는 "자유의 범주들" [39] 가운데 가장 기초적인 것은 '인격'이다. 인간의 실천적 행위 즉 도덕적 행위는 기본적으로 인격으로서의 인간의 인격으로서의 인간에 대한 행위이다. 그리고 '우리' 인간이 인간으로서 존엄한 한, '나'의 '너'에 대한 행위는 언제나 인격적이어야 한다.

도덕적인 인격적 행위는 당위적이기 때문에, 그것은 인간이 도달해야만 할 이성의 필연적 요구[要請]이다. 어떤 사람이 행위할 때 '마음 내키는 바대로 따라도 법도에 어긋나지 않는다從心所慾不踰矩' [40] 하면, 그를 우리는 성인聖人이라 부를 것이다. 마찬가지로 실천적인 행위 "의지의 도덕법칙과의 온전한 맞음은 신성성神聖性" [41]이라고 일컬어야 할 것이다. 무릇 감성세계에 살고 있는 인간이 이런 신성성에 '현실적으로' 도달한다고 볼 수는 없겠지만, 그렇다 하더라도, 아니 바로 그러하기 때문에 그러한 "온전한 맞음을 향해 무한히 나아가는 전진" [42] 중의 인간에서 그 인격성이 드러난다.

---

38   Kant, RGV, B48 이하=VI44.
39   Kant, KpV, A115=V66.
40   『論語』, 爲政 2 참조.
41   Kant, KpV, A220=V122.
42   Kant, KpV, A220=V122.

인간이 실제로 신적 존재자라면, 그의 행위는 항상 어긋남이 없을 터이다. 그렇다면 거기에는 당위가, 따라서 도덕도 없을 것이다. 그런 존재자에게는 애당초 어떤 행위 규범도, 따라서 자율이라는 것도 있지 않을 것이다. 그 존재 자체가 정도^{正道}인데, 자기로부터든 타자로부터든 무슨 규제가 있겠는가. 그러나 인간은 감성적 욕구를 동시에 가지고 살아가는 시공간상의 존재자이기 때문에, 바로 그 때문에 그에게는 당위가, 자신이 스스로 강제적으로라도 부과하는 정언적 명령이, 도덕법칙이 있는 것이다.[43] 이것이 도덕법칙이 그리고 자율의 원인성이 인간의 행위에서 가능한 이유이고, '인간'에서 갖는 의의이다.

"감성이나 경향성, 또는 욕구능력 등등의 이름 아래에서의 실재적인 것이 이성과 […] 합치하지 않되, 이성은 고유의 절대적인 자기활동성과 자율에서 의욕하고 감성을 제한하고 지배한다."[44] 이러한 인간의 이중성 내지는 자기 내 상반성에서 도덕법칙은 성립한다. 실로 인간은 항상 도덕법칙을 따르는 존재자는 아니지만, 스스로 자신을 "도덕법칙들 아래에"[45] 세움으로써 인간이 되고 인격적 존재자가 된다. 이러한 자율성이 바로 "인간과 모든 이성적 자연존재자의 존엄성의 근거이다."[46] 인간이 존엄함은 보편적으로 법칙수립[입법]적임과 함께 자신이 수립한 법칙에 스스로 복종함에서 성립하는 것이다.

인간은 이성적 동물로서 자연의 질서 아래에 있는 감성적 존재자

---

43 Kant, GMS, B111 이하=IV454 참조.

44 Hegel, Ueber die wissenschaftlichen Behandlungsarten des Naturrechts, seine Stelle in der praktischen Philosophie, und sein Verhältniss zu den positiven Rechtswissenschaften(1802), Gesammelte Werke[GW], Bd. 4, hrsg. H. Buchner/O. Pöggeler, Hamburg 1968, S. 434.

45 Kant, KU, B421=V448.

46 Kant, GMS, B79=IV436.

이기 때문에 오히려 예지 세계의 성원으로서 자율에 기반한 윤리·도덕을 가질 수 있고, '존엄성' 또한 얻을 수 있다. 인간이 오로지 '이성적'이기만 한 존재자라면, 그에게는 이성과 어긋나는 경향성이 있을 리 없고, 그렇다면 그런 경우에는 어떠한 당위도, 따라서 도대체가 도덕이라는 것이 있을 수 없겠다. 또한 인간이 오로지 감성적 욕구와 경향성에 따라 사는 동물이기만 하다면, 그에게 어떤 규범의 표상이 있을 리 없고, 그렇다면 그에게 어떠한 자기 강제, 즉 자율이 있을 수 없을 것이다. 도덕법칙이 그리고 자율의 원인성이 인간의 행위를 결정하고, 그리하여 인간을 신성하고 고귀하게 만드는 것은 다름이 아니라 인간이 동물이면서 동시에 이성적 존재자이기 때문이다. 역설적이게도 인간의 이중성격이 인간 존엄성의 발단인 것이다.

이제 인간이 존엄하다 함은 '나', '너' 하나하나가 인격, 다시 말해 행위의 책임 주체이자 목적 그 자체임을 뜻한다. 그래서 윤리의 최상 원리인 인간 존엄성의 원칙은 다음과 같은 정언 명령으로 표현된다.

네가 너 자신의 인격에서나 다른 모든 사람의 인격에서 인간(성)을 항상 동시에 목적으로 대하고, 결코 한낱 수단으로 대하지 않도록, 그렇게 행위하라.[47]

인간 세계는 목적들의 나라로서, 그 자체로서 가치를 갖는 목적들은 그러니까 존엄하다. "가격을 갖는 것은 같은 가격을 갖는 다른 것으로도 대치될 수가 있다. 이에 반해 모든 가격을 뛰어넘는, 그러니

---

47   Kant, GMS, B67=IV429.

까 같은 가격을 갖는 것을 허용하지 않는 것은 존엄성을 갖는다."[48] 하나하나가 자율의 주체이기에, 그리고 자율성은 무엇에 의한 대신이 될 수 있는 것이 아니기에, 자율의 주체는 어떤 타자로 대치될 수가 없다. 무엇과 교환될 수도 없고, 무엇으로 대체될 수도 없는 자율의 주체로서의 인간은 존엄하다.

4. 자율과 인간 됨

1) 자율과 윤리

인간으로서 인간의 행위 규범인 윤리倫理, ethics, morals, Sitten는 도덕법칙의 체계이다. 그런데 "도덕법칙의 존재근거ratio essendi"[49]는 자유이고, 인간에서 자유는 의지로 표출된다. 자유의지는 "감성적 충동 일체를 거부하고, 모든 경향성을, 그것이 저 [도덕]법칙에 반하는 한에서, 단절"[50]시키거니와, 그러니까 이때 도덕법칙은 즐거움이 아니라, 인간의 "모든 경향성을 방해함으로써 고통이라고 불릴 수 있는 한 감정을 불러일으킨다."[51] 그래서 윤리적 행위는 고귀함에도 불구하고 괴로움을 수반하기 십상이다. 그래서 쾌를 좇고 고통을 피하려는 동물로서의 인간이 윤리적 삶을 살기란 지난至難한 일이고, 그 때문에 윤리의 정식定式은 으레 당위當爲 명제이다.

---

48   Kant, GMS, B77=IV434.
49   Kant, KpV, A5=V4.
50   Kant, KpV, A128=V72.
51   Kant, KpV, A129=V73.

그런데 이러한 윤리 규범이 인간의 자연본성^{nature}에서 기인한다고 하는 이(자연주의)도 있고, 자연 너머의 절대적 위격(^{位格})의 지시명령(계명)이라는 이(초자연주의)도 있으며, 집단생활을 하는 사람들의 관습에서 유래한다는 이(관습주의)도 적지 않다. 자연주의와 관습주의는 예의범절을 해명하는 데서는 그럴듯한 논변이 될 수 있겠으나, 윤리에 함유되어 있는 '당위'를 설명할 수가 없다. 존재/실재^{Sein}와 당위^{Sollen}의 오랜 구별이 공연히 생겼을까…? 윤리 법칙이라는 것이 도대체가 없다고 하면 모를까, 있다고 한다면, 그것은 자연 법칙이나 논리 법칙과는 다른 어떤 것이다. 윤리 법칙은 자연 필연성이나 논리적 필연성과는 다른 당위적 필연성을 갖는다. 자연 필연성에 어긋나는 것은 아예 존재하지(일어나지) 않고, 논리적 필연성에 어긋나는 것은 (자주 볼 수 있지만, 그것은) 허위이며, 당위적 필연성에 어긋나는 것은 (흔히 일어나지만, 그것은) 악이다. 유무(^{有無})와 진위(^{眞僞})와 선악(^{善惡})은 타당한 세계가 서로 다른 가치들이다.

윤리 규범은 명령이니, 외부로부터의 명령(타율)이거나 내부로부터의 명령(자율)이다. 윤리 규범이 초자연적 위격의 지시명령이라는 사실의 확인이 불가능하다면, 윤리 규범을 자율로 받아들이는 경우(자율주의)가 남는다.

관습주의를 포괄하는 자연주의가 있는가 하면, 초자연주의를 포괄하는 자율주의도 있다. 자율적인, 그러니까 행위 주체 각자의 실천 법칙이 보편적 타당성을 어떻게 가질 수 있는지를 숙고하여, 정언명령으로 나타나는 도덕법칙을 다른 것이 아니라 인간의 이성을 통해 내리는 신의 명령이라 볼 수 있다는 논변이 후자의 경우이겠다. 그것은 초자연주의를 해체 포섭하고자 하는 자율주의로, 윤리에서 종교로의 이행이다. 통상의 계시종교가 종교에서 윤리로 이행한다면, 그 역방향으로 이행하는 것은 '이성종교'[52]라고 일컫겠다.

정언명령으로서의 "도덕적 이성의 지시명령^{dicamen rationis moralis}"[53]은 자율이고, 그러므로 그것은 "나의 외부에 있는 하나의 실체를 전제하지 않으며, 오히려 나 자신의 이성의 지시명령이거나 금지이다. ─ 그럼에도 불구하고 정언명령은 모든 것에 대해 거역할 수 없는 권력을 갖는 하나의 존재자에게서 나오는 것으로 여길 수 있다."[54] 왜냐하면, "정언명령은 모든 것을 할 수 있고[전능하고] 모든 것 위에서 지시명령하는 (형식상) 하나의 명령자^{imperans}라는 이념을 기초에 가지고 있기"[55] 때문이다. 그러니까 정언명령은 "우리 이성이 신적 이성을 통해 발언하는"[56]것이나 다름없다. 정언명령들은 모든 인간 의무들을 신적 지시명령들인 것처럼 표상하는바, "역사적으로 마치 언젠가 인간에게 특정한 명령들이 내려졌던 것처럼이 아니라, 오히려 이성이 그것들을 신적 인격과 똑같은 정언명령의 최고의 권세를 통해 스스로 복종하도록 엄격하게 지시명령할 수 있는 것인 양 그리한다."[57] '종교'를 "인간의 모든 의무를 신의 지시명령[계명]으로 인식함"[58]이라 한다면, 그러한 한에서 종교는 "신에 대한 인식과 합치하고 신의 의지와 합치하는 하나의 도덕"[59]이라고 할 수도 있다. 자율인 도덕법칙이 곧 신의

---

52   Kant, KrV, A631=B659 이하 · A814=B842~A816=B844; SF, AVII=VII6 참조.

53   Kant, OP, XXII126.

54   Kant, OP, XXII51.

55   Kant, OP, XXII120.

56   Kant, OP, XXII104.

57   Kant, OP, XXII51/52.

58   Kant, RGV, B229=VI153; KpV, A233=V129; KU, B477=V481.

59   Kant, VARGV, XXIII91.

지시명령인 것이다.

다른 한편, 자율주의는 물리적 자연법칙과 공존할 수는 없는 것으로 보인다. 자율주의가 내세우는바, "우리의 의사[의지] 안에" "자연원인들에 독립해서, 그리고 심지어는 자연원인들의 강제력과 영향력에 반하여, 시간 질서에 있어서 경험적 법칙들에 따라 규정되는 무엇인가를 산출하고, 그러니까 일련의 사건들을 전적으로 자기로부터 시작하는 어떠한 원인성"[60]이 있다고 함은 자연의 법칙성, 즉 자연 안에서 발생하는 사건의 원인은 오로지 자연 안에 있을 수밖에 없다고 하는 존재 생성의 충분근거율에 어긋나는 것으로 보이기 때문이다. 그러나 바로 이 어긋남으로 인해 도덕[당위]의 '세계'와 자연[존재]의 세계의 구별이 있고, 자연적 존재자인 인간이 이 도덕의 '세계'에도 동시에 속함으로써 인격적 존재일 수 있으며, 인간이 인격적 존재로서만 그 자체로 '목적'이며 존엄하다고 말해질 수 있는 것이다.

역설적이게도 인간은 자연의 질서 아래에 있는 감성적 존재자이기 때문에 오히려 예지[이념] 세계의 성원으로서 자율성을 가질 수 있고, '인격성' 또한 얻을 수 있는 것이다. 자연 질서가 끝나는 곳에서 도덕의 세계가 열리고, 도덕의 세계에서 인간은 인격을 얻는다.

윤리법칙이 자연법칙에 상반하고 상충한다 해서 윤리법칙이 무효한 것이 아니다. 자연법칙이 자연세계 곧 이론(지식)의 영역에 타당하다면, 윤리법칙은 윤리세계 곧 실천(실현)의 영역에 타당하다. 인간은 두 세계에서 살고 있다. 두 세계가 충돌할 때, 다시 말해 이론과 실천, 존재와 당위가 상충할 경우, 인간이 끝내 어느 법칙에 따르는지,

---

60   Kant, KrV, A534=B562.

따를 것인지, 따라야 하는지는 사실의 문제가 아니라 이념의 문제이다. 칸트는 이상을 가진 인간에게는 실천이성이 "우위",[61] 우선권을 갖는다고 보는데, 그것은 이론이성은 자기와의 합치 곧 진리(인식)에 관심이 있는 반면, 실천이성은 자기의 확장 곧 이상(실현)에 관심이 있는바, 인간의 "모든 관심은 궁극적으로는 실천적[자기실현]"[62]이기 때문이라는 것이다.

모든 현실을 초월해 있는 한갓 이성의 이념을 실현하려고 애쓰는 것이 순수한 실천이성이고, 그러므로 이 이성은 현실의 어떤 것에도 제약받지 않는 의욕 활동이라는 점에서 자유로운 의지이다. 그런데 행위 동기에서 자유로운 실천 의지가 이성의 이념을 실현하는 곳은 현실, 즉 자연세계이다. 그것은 자연 안에 있지 않은 원인에 의한 자연의 변화를 뜻한다. 그것은 자연 안에서 살고 있는 자연 존재자인 인간이 자연의 규칙에서 자유로운 초월적인 힘을 가지고서 자연에 모종의 변화를 일으킬 수 있음을 뜻한다. 그러니까 자유의지는 기계론적 물리−생리학적 인과성과 "나란히 놓여(병렬되어) 있"[63]지 않다.

61   Kant, KpV, A215=V119.
62   Kant, KpV, A219=V121.
63   Kant, KpV, A219=V121.

2) 자율과 자유의지

자유의지를 가진 자, 다시 말해 스스로 윤리를 세우는 입법할 능력이 있고, 세운 법칙을 준수하며, 그렇게 해서 인간이 되는 자가 곧 '인격人格, person'이다.

이 '인격'의 낱말에 인격의 의미는 이미 충분히 함축되어 있다. '인간 됨', 인간의 지위 내지 품위는 인간이 자신의 자연본성을 인지하고 자기 보존과 이웃과의 공존에 필수적인 규율을 스스로 세워 자신의 자연성을 통제하는 일, 바꿔 말해 가면/탈persona을 씌우는 일에서 개시開示되는 것이니 말이다.

인간의 인격성이란 인간으로 하여금 감성세계의 일부로서의 자신을 넘어서게 하고, 지성만이 생각해 낼 수 있는 질서에 인간을 결합시키는 것이다. 인격성은 "전 자연의 기계성으로부터의 독립성으로, 그러면서도 동시에 고유한, 곧 자기 자신의 이성에 의해 주어진 순수한 실천 법칙들에 복종하고 있는 존재자의 한 능력"[64]을 일컫는다. 그러니까 이러한 인간의 능력을 통틀어 '이성理性'이라 일컬을 때, 자연성(동물성)과 함께 스스로 통제의 필요에 대한 자각 및 통제 능력을 가진 '이성적 동물'만이 '인격'이 될 수 있는 것이다. 그러니까 인격적 존재자란 애초에 '도덕적으로 완전한 존재자'라기보다는 시원적으로는 무도덕한 동물인 존재자가 자기통제 규범을 세워 '도덕적으로 완전하게 되려고 하는 존재자'를 말한다. 이러한 자기 규율의 힘이 자유이며, 그러한 실천의 능력이 의지이다.

---

64   Kant, KpV, A155=V87.

무릇 어떤 존재자가 자율적이지 아닌지는 그것이 스스로 윤리를 세우고 법률을 제정할 능력이 있는지 없는지, 그리고 그러한 규범을 준수할 능력이 있는지 없는지를 보면 안다. 타자가 정한 프로그램에 따라 움직이는 능력 또는 주어지는 규범을 준수할 능력, 곧 준법 능력만으로는 자율성을 말할 수 없다. 순전히 타율적이기만 하거나, 기계적으로 규칙을 지키는 존재자를 자유 능력이 있는 자라고 볼 수는 없는 일이다.

자유란 자기 자신의 심리적−생리적 경향성에 맞서 의지가 스스로 자기 규율을 수립하여 그 자신을 강제하는 힘을 함의하고, 그런 의미에서 자율과 교환개념이다. 자유로운 의지^{Wille}는 어떤 자연적 경향성에도 맞서서 또는 어떤 외압이 있더라도 옳은 것은 선택하고, 옳지 않은 것은 거부할 수 있는 실천이성을 일컫는다. 그러므로 자유의지는 옳음[正當]과 그름[不當]에 대한 판단력을 갖춘 당위[當爲] 능력이다. 그러니까 옳음과 그름에 대한 가치판단 능력이 없는 것에 대해서 의지의 자유를 말하는 것은 의미가 없다.

3) 자율과 인격(법적 주체)

인간은 자율적이지만 법칙인 명령의 내용을 각기 수행해야 할 의무로 갖는다. 그런데 "물리적인 규정들에 묶여 있는 주체로서의 인간(現象體 人間)"[65]의 의지는 선하기만 한 것이 아니기 때문에, 바로 그 때문에 "자율의 원리에 의속[依屬]함(도덕적 강요)은 책무/구속성

---

[65] Kant, MS, RL, AB48=VI239.

Verbindlichkeit이다. […] 책무에 의한 행위의 객관적 필연성[객관적으로 필연적인 행위]을 의무Pflicht라 일컫는다."[66]

"책무/구속성은 이성의 정언적 명령 아래에서의 자유로운 행위의 필연성[필연적인 자유 행위]이다."[67] 행위란 책무 규칙 아래에서 수행되는 행동을 말하며, 행위자가 그러한 행동을 통하여 그 행동의 결과를 '일으킨 자'로 간주되는 한에서, 그 결과는 그 행위자가 책임져야 한다. 그래서 법적으로는 "그의 행위들에 대해 귀책능력이[책임질 역량이] 있는 주체"를 "인격"[68]이라 일컫는다. 반면에 아무런 "귀책능력이 [책임질 역량이] 없는 사물"은 "물건"[69]이라 할 것이다. 그래서 칸트에 따르면 동물 가운데서도 인간만이 그의 자율성에 의한 책무 능력으로 인해 인격일 수 있는 것이다.

그런데 행위 주체로서 자신의 행위에 책임을 진다는 것은 그 행위의 결과에 따르는 상벌을 감당한다는 뜻이다. 귀책성歸責性: Imputabilität, Zurechnungsfähigkeit이란 곧 공적에 대해서는 상을 받고 과실에 대해서는 벌을 받음을 말한다. 이때 상賞이 상으로서 의미가 있는 것은, 상 받은 자가 그로써 기쁨을 느끼고 이득을 얻고, 격려를 받아 더욱 분발하려는 의욕이 고취되기 때문이다. 벌罰이 벌로서 의미가 있는 것은 벌 받은 자가 고통을 느끼고, 손실을 입고, 같은 일은 반복하지 않겠다는 결의를 다질 때이다.

그러니까 누가 '책임을 지는 자'가 될 수 있으려면, 그는 자기 행위

---

66   Kant, GMS, B86=IV439.

67   Kant, MS, RL, AB20=VI222.

68   Kant, MS, RL, AB22=VI223.

69   Kant, MS, RL, AB23=VI223.

에 대한 평가에 대해 기쁨과 고통의 감정이 있어야 하고, 이득과 손실의 당사자이어야 하고, 욕구가 있고 반성 능력이 있어야만 한다. 이는 곧, 생명성과 감정만 있거나 이미 정해져 있는 대로 작동만 하는, 그러니까 순전히 동물이거나 자동 기계는 '책임을 지는 자'가 될수 없음을 말한다. 책임을 지는 자 곧 인격은 오로지 '이성적 동물'의 성격일 수 있는 것이다.

이러한 이성적 동물의 정치공동체, 인격으로서의 법적 주체의 체계적 결합체가 시민사회이며, 이 시민사회에서 그 구성원의 제일의 책무는 인격의 원천인 자유를 상호 보장하는 일이다. 그래서 법체계의 최상의 원리는 '자유 공존의 원칙'이다.

> **너의 의사의 자유로운 사용이 보편적 법칙에 따라 어느 누구의 자유와도 공존할 수 있도록, 그렇게 행위하라.**[70]

각자의 자유가 공존하는 공동체, 곧 진정한 의미의 시민사회에서만 사람은 법적 주체로서의 인격일 수 있다.

5. 맺는말

자연 안에서 일어나는 일은 모두 물리적 사건이며, 물리적 사건들은 예외 없이 물리적 원인을 갖는다는 인과적 폐쇄 causal closure 론을 펴

---

70   Kant, MS, RL, AB34=VI231.

는 이들은 인간의 '자기결정'이니 '자유의지'니 하는 개념들은 미개하거나 허구라고 치부한다.

그러나 우리는 인간의 행위가 물리적 인과성^{causality} 외에도 어떤 문화적 이치^{理致, rationality}에 맞게 일어남을 어렵지 않게 확인한다. 예컨대 내가 연인이 몹시 그립지만, 주말에 시간을 내기 어려워 이웃 도시까지 찾아갈 수 없다는 이메일을 보내자 그립던 연인이 내게 달려와 주었을 때 말이다. 연인은 내 사연을 물리적 매체를 통해 읽었으나, 연인을 움직인 것은 사연이 담고 있는 의미와 그 역시 가지고 있는 그리움이다. — 자연 안에 원인^{causa} 없이는 아무 일도 일어나지 않지만, 그러나 모든 일이 물리적 원인으로부터만 일어나는 것은 아니다. 인간은 그 나름의 어떤 이유/이치^{ratio}에 의해서도, 어떤 목적^{finis}에 의해서도 행위하니 말이다. 나는 오늘 오후 3시에 강의실에 도착했는데, 자동차의 힘을 빌리기도 했지만, 수강자들과의 '약속을 지켜야 한다'라는 생각 때문에 그렇게 하기도 했다.

— 순전한 물리적 사건과는 다르게, 한 인간의 행위가 완전히든 부분적으로든 그의 의사에 의해서 일어난 것일 때, 인간은 그 행위에서 그의 의사가 동기로 기능한 정도만큼 책임을 진다. 그리고 인간은 그 정도만큼 인격이다. 인격이란 다름 아니라 책임질 역량을 뜻하는 것이니 말이다.

이성적 동물은 자연 안에 살아 있는 자이고, 그런 면에서 분명히 자연물의 일종이고, 그런 만큼 자연의 법칙에 따라 변화 변천하는 존재자이지만, 그럼에도 불구하고 '책임을 지는 자'라는 것은 책임질 행위의 행위 시점과 그 행위에 대한 귀책의 시점 사이에 그 인격은 변함이 없다는 인격동일성은 당연시된다. '책임'은 행위자가 자기가 한 행위에 대해서 책임을 지는 것인 만큼 행위 시점과 책임지는 시점 사이에서 행위자의 동일성이 유지된다고 생각하지 않는다면, '귀책歸責'이 성립될 수 없기 때문이다. 그러니까 귀책성을 본질로 갖는 인격은 이미 물리적 개념이 아니다.

인간의 존엄성과 신성성의 근거는 인간의 이성성, 자율성, 도덕성이다. 그러나 이는 현재적으로 이성적이고, 자율적이고, 도덕적인 사람만이 존엄함을 말하는 것이 아니라, 도덕적이고자 애쓰는 사람들 안에 이미 존엄성과 신성성이 있음을 말하는 것이다. 그것은 유類로서의 인간이 존엄함을 말한다.

자유로운 의사Willkür가 행위의 원인인 한에서 그 행위의 결과는 행위자에게 귀속된다. 그러한 행위의 주체가 다름 아닌 '나'이며, '인격'이다. '나' 또는 '인격'은 타자로 대체될 수 없는 주체, 주인으로 인정됨과 동시에 자기 의사대로 한 행위에 대해 책임을 지는, 귀책능력이 있는 자로 간주된다. 생명체, 동물이면서 자율적이고 책임능력이 있는 인격으로서 개개 인간은 각기 타인과 구별되고 타인으로 치환될 수 없는 유일한 존재자가 된다.

각자 "이성역량을 품수한 동물(理性的일 수 있는 動物: animal rationabile)인 인간은 자기 자신을 이성적 동물(理性的 動物: animal rationale)로 만들 수 있다."[71] 다름 아닌 교육과 자기교화를 통해서 말이다. 인간은 교육과 자기교화를 통해 인간이 될 수 있다.

그러한 가능성 위에서 개개로서의 인간, 유로서의 인간이 존엄성의 권리를 갖는다. 아니 개개 인간은 존엄성을 성취해야 할 의무를

---

71   Kant, Anth, A315=B313=VII321.

갖는다. 인간의 존엄성은 당위적인 것이다. 그리고 이러한 당위는 바로 인간의 자율성에서 비롯한다. 인간에게 자율성이 없다면 인간은 한낱 동물이거나 기계의 일종일 터이다. 인간은 자율적인 한에서만 인간일 수 있다. — 인간인 한에서 인간은 자율적이어야 한다.

Kant, Kant's gesammelte Schriften[AA], hrsg. von der Preußischen Akademie der Wissenschaften
   u. a., Berlin 1900~.

인용 문헌 약호, 원논저명(수록 AA 권수), 한국어 논저명, 한국어 역서:

   Anth *Anthropologie in pragmatischer Hinsicht* (VII),『실용적 관점에서의 인간학』, 백종현 역,
   아카넷, 2014.

   GMS *Grundlegung zur Metaphysik der Sitten* (IV),『윤리형이상학 정초』, 백종현 역, 아카넷,
   2018(개정2판).

   KpV *Kritik der praktischen Vernunft* (V), 『실천이성비판』, 백종현 역, 아카넷,
   2019(개정2판).

   KrV *Kritik der reinen Vernunft* (제1판[A]: IV, 제2판[B]: III)『순수이성비판』, 백종현 역, 아
   카넷, 2006.

   KU *Kritik der Urteilskraft* (V),『판단력비판』, 백종현 역, 아카넷, 2023(제19쇄).

   MS *Die Metaphysik der Sitten* (VI),『윤리형이상학』, 백종현 역, 아카넷, 2012.

   RL *Metaphysische Anfangsgründe der Rechtslehre* (VI),『법이론의 형이상학적 기초원리』/
   『법이론』

   TL *Metaphysische Anfangsgründe der Tugendlehre* (VI),『덕이론의 형이상학적 기초원리』/
   『덕이론』

   OP *Opus Postumum* (XXI~XXII),『유작』, 백종현 역, 아카넷, I: 2020, II: 2022.

   Refl *Reflexion* (XIV~XIX), 조각글.

   RGV *Die Religion innerhalb der Grenzen der bloßen Vernunft* (VI),『이성의 한계 안에서의
   종교』, 백종현 역, 아카넷, 2015(개정판)

   VARGV *Vorarbeit zur Religion innerhalb der Grenzen der bloßen Vernunft* (XXIII).

Vorl *Vorlesungen* (XXIV~), 강의록.

백종현,『이성의 역사』, 아카넷, 2018(제3쇄).

＿＿＿,『한국 칸트사전』, 아카넷, 2019.

＿＿＿,『인간의 조건-칸트의 인본주의』, 아카넷, 2024.

『論語』

Augustinus, *De libero arbitrio*: 성염 역,『자유의지론』, 분도출판사, 1998.

Aristoteles, *Ethica Nicomachea*, ed. by I. Bywater, Oxford 1979.

Darwin, Charles, *The Descent of Man, and Selection in Relation to Sex*(1871 · ²1879), Penguin
    Books, 2004.

Epiktetos, *Encheiridion*: 김재홍 역,『엥케이리디온』, 까치글방, 2003.

Ioannes ab Arnim(coll.), *Stoicorum Veterum Fragmenta*[SVF] III, Lissiae in Aedibus B. G.
    Teubneri 1903.

Kaulbach, F., *Immanuel Kant*: 백종현 역,『임마누엘 칸트. 생애와 철학 체계』, 아카넷, 2019.

Micraelius, J., *Lexicon philosophicum terminorum philosophis usitatorum*, Stettin 1653 · ²1662.

Tatianus, *Oratio ad Graecos*, X: ed. by Wilhelm Worth, Oxford 1700.

Hegel, G.W.F., Ueber die wissenschaftlichen Behandlungsarten des Naturrechts, seine Stelle in der
    praktischen Philosophie, und sein Verhältniss zu den positiven Rechtswissenschaften(1802),
    Gesammelte Werke[GW], Bd. 4, hrsg. H. Buchner / O. Pöggeler, Hamburg 1968.

Horkheimer, Max, *Eclipse of Reason*(1947), New York: The Continuum, 1996.

Nietzsche, F., *Zur Genealogie der Moral*, KSA 5: 김정현 역,『도덕의 계보』, 수록: 책세상《니체전집》
    1.

Platon, *Theaitetos,* bearbeitet von P. Staudacher, Darmstadt 1970.

＿＿＿, *Poltikos*, bearbeitet von P. Staudacher, Darmstadt 1970.

Spinoza, B., *Tractatus Theologico-Politicus*, Spinoza Opera, III, hrsg. v. Carl Gebhardt,
    Heidelberg 1925.

Wendell Wallach / Collin Allen, *Moral Machines – Teaching Robots Right from Wrong*, Oxford
    univ. press, 2009.

2장

인간 이성의 경계

메타버스, 가상현실, 그리고 칸트의 형이상학 비판

손성우

1. 들어가는 말

2024년 2월 1일 한국 국회 본회의에서는 '가상융합산업 진흥법'[1] 제정안이 의결됐다. 가상공간과 현실공간을 연결하는 가상융합세계, 이른바 메타버스metaverse에 관한 정의를 규정하고 관련 산업의 진흥 및 규제 개선을 위한 법적 근거를 마련하는 것이 이 법안의 주요 내용이다. 메타버스는 4차 산업혁명 시대를 맞이하여 새롭게 대두된 대표적인 기술 가능성 중 하나로서, 전자 · 통신 기술을 이용해 가상 환경을 구축하고 이를 현실세계와 연결해 각종 사회 · 문화적 활동을 가능하게 하는 장場을 의미한다. 특히 2020년에 발발한 코로나19 사태로 인해 비대면 활동이 크게 증가하며 집중적으로 주목을 받았고, 이번 법적 제도 마련으로 그 발전이 가속화될 것으로 예상한다.

가상과 현실을 연계하고 시공간의 제약을 넘어서는 무한한 세계를

---

1   제정안에 따르면 메타버스의 법적 정의는 "이용자의 오감을 가상공간으로 확장하거나 현실공간과 혼합해 인간과 디지털 정보 간 상호작용을 가능하게 하는 기술을 바탕으로 다양한 사회적 · 경제적 · 문화적 활동을 할 수 있도록 구성한 가상의 공간이나 가상과 현실이 결합한 공간"이다.

펼쳐내는 일은 비단 첨단 기술의 발달에 힘입어 최근에서야 가능해진 것이 아니다. 인간의 상상력은 그것을 뒷받침해 주는 물리적 수단이 없을 때도 제한이 없었다. 주어진 현실을 넘어서 가상의 대상이나 세계를 창조하는 일은 어느 시대에서나 다양한 방식으로 있었다. 오늘날 떠오른 메타버스라는 개념은 사실 이렇게 가상과 현실을 항상 넘나들던 인간 상상력의 활동이 이제 과학·산업 기술에 의해 재해석되고 재구성된 것뿐이다. 이른바 '업그레이드'됐다고 말할 수 있을 것이다.

지금 우리의 관심 한가운데 있는 포스트휴머니즘은 정신과 물질, 인공과 자연, 생명과 기계 등의 전통적·이원적 구분으로 인간의 본성을 규정하지 않으려는 태도를 의미한다. 따라서 물질적 현실과 정신적 가상의 경계를 무너뜨리는 인간의 상상력에 기반을 둔 메타버스는 가장 주목할 만한 현상이 아닐 수 없다. 그런데 지금으로부터 300년 전에 태어난 칸트는 흥미롭게도 일찍이 이와 유사한 사태가 형이상학의 영역에서 일어난 것에 주목했고, 이에 그것이 가져다 줄 위험성을 경고한 한편, 그로 인해 펼쳐질 수 있는 무궁무진한 가능성 또한 정확하게 진단한 바 있다. 1766년 발표된 『형이상학의 꿈에 의해 해명된 시령자의 꿈』(이하 『시령자의 꿈』)이 바로 그것인데, 여기서 칸트는 스웨덴의 유명한 자연과학자이자 신비주의 사상가였던 스베덴보리의 영계 체험에 대한 자세한 분석과 평가를 내놓고 있다.

스베덴보리는 물리학, 생리학 등 자연과학 분야에서 이미 학자로서의 명성을 쌓았지만, 그 후 돌연 자신의 개인적인 영적 체험을 바탕으로 한 종교 사상가로 활동하면서 대중적 유명세를 얻은 독특한 인물이었다. 스베덴보리 자신의 말에 의하면 그는 특별한 영적 능력을 가지고 있어서 죽은 자들과 소통할 수 있고 사후세계를 드나들 수 있었다. 영혼들이 거주하는 저승에 대한 정보를 수집하여 이 세상에 알림으로써 천국의 존재를 사람들이 믿게 하는 일에 전념했고, 경우에 따라 여기서 발생하는 일들을 영혼의 세계에 전달하는 일을 하기도 했다는 것이다.

　얼핏 들으면 황당무계할 것만 같은 그의 이야기지만, 당시 대중들은 적지 않은 관심을 보였고 제3자를 통해 칸트에게까지 영향을 끼쳤다. 보로스프스키와 친분이 있던 폰 크노블로흐 장군의 딸 샤를로테 폰 크노블로흐는 칸트에게 이러한 스베덴보리에 대해 설명해 줄 것을 부탁했고, 그의 책을 직접 읽은 칸트는 스베덴보리에 대해 "이성적이고 훌륭하며 개방적인 마음을 가진 학자"로 설명하는 편지를 1763년 그녀에게 보냈다. 칸트는 그의 체험을 흥미롭게 여기며 존중했을 뿐만 아니라 스베덴보리에게 직접 편지를 보낸 것으로 추측되기도 한다. 이렇게 칸트가 관심을 갖게 된 이유는, 비록 스베덴보리의 영적 체험이 망상에 가까운 비이성적 이야기처럼 보이지만 그래도 그런 경험이 어떤 타당성을 갖고 있지 않을까 하는 생각을 했기 때문이다. 그로부터 3년 후 칸트는 멘델스존에게 보낸 편지에서 스베덴보리의 신비주의에 대해 이제는 다시 비판적인 작업을 계획 중이라고 밝힌다.

　칸트가 보기에 영적 신비주의와 형이상학은 모두 인간의 인식능력이 닿을 수 없는 대상을 알고자 한다는 점에서 매우 유사하지만, 그렇기 때문에 더욱 엄격한 구분이 필요했고, 스베덴보리의 영적 세계에 대한 이야기가 형이상학으로 취급되지 않도록 특단의 조치가 필요하다고 생각한 것이다. 이른바 "형이상학을 위한 올바른 절차를 확립"하는 것이 바로 『시령자의 꿈』에서 시도된 일이다. 이렇게 가상과 현실의 경계를 넘나드는 일은 칸트에게 자칫 헛된 꿈으로 치부될 수 있는 위험천만한 모험인 동시에 형이상학의 올바른 모습을 정초하는 데 필요한 단서를 제공할 수 있는 새로운 기회로 간주된 셈이다.

이에 우리는 이런 이중적인 과제를 다룬 칸트의 작업을 통해 현대의 가상-현실 융합 문제를 새롭게 보고자 하고 포스트휴머니즘에 있어 중요한 의식의 확장이 갖게 될 지평을 깊이 성찰하고자 한다. 이를 위해 우선 『시령자의 꿈』에서 그가 해명하고 비판한 핵심적인 내용이 무엇인지 살펴볼 것이고, 이를 메타버스 현상에 대입해 얻을 수 있는 새로운 관점을 모색하고자 한다.

2. 독단적 형이상학에 대한 비판과 예지계의 새로운 가능성

『시령자의 꿈』에서 칸트는 스베덴보리가 꾼 꿈을 한편으로는 어느 정도 수용하고, 다른 한편으로는 철저하게 비판한다. 소위 저승에 관한 생각들은 다양하고 화려하기 짝이 없는, 그래서 무한한 가능성을 갖고 있지만, 유감스럽게도 증명될 수 없는 성격의 것이라는 점을 칸트는 우선 분명히 한다. 즉, 완전히 부정할 수 없을 만큼 매력적이지만, 그렇다고 해서 쉽게 인정할 수도 없는 것이 바로 내세^{Schattenreich}인 것이다. 이 영적 차원의 중심에 서 있는 개념은 영혼^{Geist}이기에 '독단적인^{dogmatisch}' 부분으로 명명된 『시령자의 꿈』 1부에서 칸트는 이 개념에 대한 해명을 먼저 시도하고 있다.

일반적으로 영혼이란 이성을 가진 어떤 것이라고 생각하지만, 이 말의 의미가 그렇게 구체적이지 않으므로, 그와 반대되는 개념, 즉

'물질적materiell'인 것과의 비교를 통해 그 숨겨진 의미를 찾고자 한다. 물체란 연장적이고ausgedehnt 관통할 수 없으며undurchdinglich, 또한 분할 가능한teilbar 것으로서, 어떤 공간을 채우면서 그 공간을 침투하려는 다른 물체에 대해 저항한다는 본성을 갖고 있기에 의심의 여지없이 영혼과 반대되는 것을 나타낸다고 할 수 있다. 따라서 영혼은 비물질적인 것으로 규정돼야 하고, 물체처럼 인력과 척력, 그리고 충돌의 법칙 등을 따르지 않는 내적인 성격의 것으로 이해돼야 한다. 참고로 여기서 영혼은 세계의 창조나 섭리 등을 관장하는 거대한 정신이 아니라 개별적인 인간의 영혼을 의미한다.

영혼이 이렇게 공간을 채우거나 물리적 법칙을 따르지 않는 것이라면, 과연 어떤 방식으로 존재할 수 있을까? 칸트는 영혼이 물질적 사물의 매개를 통하지 않고서도 그 자체 간의 결합이 가능하다고 보았으며, 그러한 결합에 근거하여 '비물질적 세계immateriale Welt'라고 불리는 '하나의 커다란 전체'를 형성하고 있다고 말한다. 그에 대한 본격적인 논의는 후에 이어지지만, 여기서는 일단 물질적 세계와는 다른 세계가 가능함을 영혼의 개념을 통해 언급하고 있다. 하지만 여기서 다시 인간 영혼이 위치한 장소가 어디인지를 묻는다면, 결국 우리의 신체 속에 있다고 말할 수밖에 없는 것 또한 사실이다. 따라서 영혼은 (신체에 깃들어 있다는 점에서) 물질적 세계에 속하는 동시에 비물질적 세계에도 속하고, 그런 점에서 두 개의 세계에 모두 관계한다고 칸트는 말하고 있다.

인간의 영혼은 개인적인 통일성을 위하여 신체와 결합하고 있는 한에서 물질적인 것만을 분명하게 지각할 수 있으며, 그와 반대로 그것이 영적 존재의 세계의 한 구성원으로서 비물질적 본성들의 순수한 영향을 받고 나눌 경우에는 물질적인 것과의 결합이 곧장 중지되고 언제나 영적인 본성과 함께 하는 공동체만을 머물게 함으로써 분명한 직관에 대한 의식을 개시하게 한다.[2]

다시 말해 영혼은 신체와 결합돼 있으면서 그것에 생명과 이성을 부여하지만, 이 물리적 세계와의 결합으로부터 자유롭게 될 때는 곧 영적 공동체에 귀속된다. 현세의 삶에도 속하고, 또한 "영적 세계의 비물질적 본성들과 불가분적으로 결합하는 공동체"[3] 안에도 속한다는 것이다. 영혼의 세계, 혹은 흔히 말하는 천국은 '우주 공간 저 너머 어딘가'와 같은 공간적인 의미의 특별한 장소에 있는 것이 아니라, 오히려 여기에, 물리적인 공간의 의미가 아니라 그저 다른 방식으로 있는 것으로 보아야 한다는 것이다.

이렇게 칸트는 한 인간이 서로 구별되는 두 세계에 모두 속한다고 여겼는데, 스베덴보리 또한 같은 생각임이 분명했다.[4] 무엇보다 신체를 갖고 있는 그 자신이 영적 세계를 자유롭게 여행한 체험담을 적극적으로 묘사하고 있기 때문이다. 하지만 칸트는 그가 이 두 영역의 관계를 묘사하는 방식에 대해서는 철저히 회의적인 태도를 보였다. 바로 이 지점이 가상과 현실의 관계에 대한 비판에 있어서 결정적인 부분이다.

---

2   『시령자의 꿈』 II332.
3   같은 책, II324.
4   오히려 이러한 생각에 대해 스베덴보리의 신비주의가 큰 영감을 주었다고 말할 수도 있을 것이다.

『시령자의 꿈』 2부(역사적인 부분)에서는 스베덴보리의 영적 세계에 대한 체험이 본격적으로 소개되고 있다. 그의 신비한 능력에 대한 몇 가지 일화가 소개되는 등 그에 관해 알려진 사실을 설명하는 한편, 그가 오갔다는 영적 세계 여행담을 또한 자세히 다루고 있다. 칸트는 특히 스베덴보리가 영적 세계를 직접 "눈으로 보고 귀로 들었다audita et visa"고 말하는 데 초점을 두고 우리 인간이 마치 영적 세계를 직접 보고 들을 수 있는 것처럼 그가 기술한 것을 집중적으로 비판한다. 게다가 스베덴보리는 모든 인간 영혼이 비록 영적 세계와의 관계를 의식하지 못한다고 하더라도 현세의 삶에서 이미 영적 세계 안에서의 자신의 위치를 차지하고 있다고 생각한다.[5] 그리고 이 영적 세계에서는 물리적 세계에서 통하는 거리 개념이 더는 통하지 않기 때문에 먼 곳에 있는 두 사람이 영적 세계에서는 이웃이 될 수 있다고도 말한다.

하지만 이렇게 제아무리 다양하고 생생하면서도 신비로운 경험이라 할지라도 이를 마치 현실에서 경험한 것처럼 서술한 것에 대해 칸트는 냉담하고 부정적인 태도를 보인다. 스베덴보리는 그런 일들이 마치 감성적 직관의 대상인 것처럼 말하지만, 이렇게 비물질적 세계가 실재성을 지닌다는 주장을 칸트는 전면 반박한다. 앞서 영혼의 개념에 대한 해명에서처럼 영적 존재는 비물질적인 성격을 갖고 있고 물질적 세계의 법칙을 따르지 않기에, 영적 존재와 그 활동을 경험적 차원에서 인정할 수 없기 때문이다. 칸트가 본래 스베덴보리의 경험담에 큰 흥미를 느낀 이유는, 그것이 마치 초월적 존재에 대한 감성

---

5   같은 책, II363.

적 직관을 주장하는 독단적인 형이상학이나 마찬가지라고 간주했기 때문이다. 따라서 전통 형이상학의 독단적 주장의 허구성을 스베덴보리의 꿈에 대한 비판을 통해 적나라하게 드러내는 작업을 칸트는 『시령자의 꿈』에서 수행한 셈이다.[6]

물론 그렇다고 해서 영적 세계 자체가 부정되는 것은 아니다. 그저 양 세계에 모두 속하는 한 주체가 어느 한 세계의 일을 다른 세계의 방식으로 대할 수 없다는 의미로 칸트의 의도를 이해해야 할 것이다. 왜냐하면 "두 세계의 상이한 성질 때문에 한 세계의 표상은 다른 세계에 속하여 수반되는 표상의 관념이 아니기 때문이다."[7] 따라서 영적 세계의 경험을 마치 자연에서 발생하는 일인 것처럼 기술하거나 인식해서는 안 된다는 점을 칸트는 분명히 하고 있다.[8] 이것이 가상과 현실의 관계에 대해 취해야 하는 첫 번째 비판적인 태도이다.

그렇다면 양 세계의 연결점을 어디에서 찾아야 하는지를 밝히는 일이 그다음 과제일 텐데, 칸트는 이를 도덕성에서 찾고 있다. 앞서 살핀 바와 같이 영적 세계에 대한 스베덴보리식의 감성적 접근과 해석을 거부했고, 또한 다른 불확실한 가정들도 받아들이지 않을 때 남아 있는 유일한 가능성은 "일반적으로 받아들일 수 있는 관찰들"[9]로부터 그에 대한 생각을 발전시키는 것뿐이라고 칸트는 말한다. 지금까지의 탐구가 영혼에 대한 지극히 자의적이고 주관적인 개념으로부

---

6   임승필과 김진은 여기서 각자 다른 해석을 내놓고 있다. 김진은 『시령자의 꿈』과 비판철학의 차이를 부각시키는 반면, 임승필은 이 둘의 연속성을 강조한다. 김진(2013), p. 113 참조.

7   같은 책, II337.

8   "영적 세계의 표상들이 아무리 명료하고 직관적이라 하더라도 한 인간으로서 내가 그 표상들을 인식하는 데는 충분하지 않다." 같은 책, II338.

9   같은 책, II333.

터 이뤄졌다면 칸트가 이제 제안하려는 방법은 인간 행위에서 쉽게 발견되는 이기적이거나 도덕적인 여러 다양한 행위들에 대한 관찰을 통해 보편적인 동의를 얻을 만한 체계적인 이해를 도모하는 일이다.

이를 대변하는 개념이 바로 '도덕감das moralische Gefühl'인데 그에 대한 칸트의 해명을 간단히 다음과 같이 재구성할 수 있을 것이다. 칸트는 우선 인간의 행위가 이기심으로부터만 발생하는 것이 아니라 타인에 대한 배려에서부터 생겨날 수도 있다고 보고, 그 원리가 무엇인지 해명하고 있다. 도덕을 보편적으로 동의되는 가치로 볼 때 좋거나 참되다는 것은 결국 보편적인 인간 지성의 판단으로부터 나온다고 말한다. 따라서 도덕적 행위 또한 나 자신의 개인적인 준칙에 따라서 임의로 이루어지는 것이 아니라 모두가 존중해야 할 '보편적인 의지의 규칙Regel des allgemeinen Willens'에 따라 이루어지는 것이 아니냐고 묻는다. 여기서 보편적인 의지의 규칙은 "모든 사유하는 존재자들의 세계에 도덕적 통일성과 체계적 기구를 부여"[10]하는 것으로서 나의 개인적인 의지가 보편적인 의지에 전적으로 매어 있는 느낌을 바로 '도덕감'이라고 부르고 있다. 이 도덕감에 의해 '도덕적 충동das sittliche Antrieb'이 생기고 그로 인해 도덕적 행위가 가능한 것이다. 또한 칸트는 그 작동 원리를 중력 법칙에 비유해 설명하는데, 물질세계에서 중력이 물체 상호 간의 작용과 활동을 가능하게 하는 힘이자 원리이듯이 보편적인 의지의 규칙은 도덕적 행위의 근거이고, 도덕적 행위는 "영적 존재자들이 상호 간에 영향을 미치는 참된 활동적 힘의 결과"[11]라는

---

10 같은 책, II335.
11 같은 곳.

것이다. 따라서 중력이 자연이라는 물리적 세계에 작용하는 것처럼 일반의지의 규칙은 영적 세계에 작용하는 법칙인 셈이다. 또한 중력의 법칙이 자연에서의 모든 운동을 통일하는 근본원리이듯이, 개인의지가 일반의지를 따르고 있음을 알려주는 도덕감은 비물질적인 세계에서의 도덕적인 통일성에 이르게 한다고 말한다. [12]

앞서 우리는 영적 세계에 대한 관념을 감성적 직관의 대상인 것처럼 여기는 것에 대해 경고한 바가 있다. 그렇다고 해서 현실 세계와 영적 세계의 관계를 전적으로 부정하는 것도 일반적이지 않다고 칸트가 느끼고 있음을 또한 확인했다. 그렇다면 이 두 세계의 연결이 어떻게 가능할지를 찾아야 할 텐데, 칸트는 바로 도덕감과 도덕적 충동에 의해 발생하는 우리의 도덕적 행위를 매개로 이 두 세계의 관계 성립이 가능해진다고 보고 있다.

우리 인간은 비록 물질세계에 살면서도 도덕적 행위를 할 수 있지만, 그렇다고 해서 그 결과와 그로 인한 보상까지 기대하는 대로 모두 현세에서 이루어지리라고 예상하지는 않는다. 왜냐하면 자연을 지배하는 인과법칙은 도덕의 원리와 무관하고, 이로 인한 부조화와 모순이 두 세계 사이에 존재하고 있기 때문이다. 하지만 우리가 어떤 행위를 도덕감에 의한 영혼의 활동으로 본다면 그것의 완성된 결과를 적어도 영적인 세계에서는 기대할 수 있을 것이다. 그래서 칸트는 "자연의 질서에 따라서 모든 행위의 도덕성은 결코 인간의 신체적인 삶에서 그 완전한 작용을 기대할 수 없지만, 영혼의 법칙을 따르

---

12   같은 책, II336.

는 영적 세계에서는 가능하다"[13]고 말한다.

　이런 점에서 우리는 '현재의 삶'과 '다른 세상의 삶'을 동시에 살고 있다고 할 수 있고, 지금의 이 세상, 즉 현세에서 행하는 것은 도래할 내세에서 완결되기에 이 두 세계는 자연스럽게 연속되는 것이라고 볼 수 있다. 이렇게 인간의 삶이 현세에서 그치지 않고 내세로 연장된다는 점에서 현재와 미래는 "계속 이어지는 하나의 전체"를 이룬다고 칸트는 말한다. 이상의 간단한 고찰을 통해 영적 세계라는 가상의 영역과 물질적 자연의 관계를 칸트가 어떻게 정립했는지 확인할 수 있다. 이제 메타버스와 연결해 제기될 수 있는 문제는 무엇인지 살펴보기로 하자.

3. 메타버스 현상과 문제점

　메타버스는 초월, 혹은 가상을 의미하는 '메타meta'와 세계를 의미하는 '유니버스universe'의 합성어로 1992년 출간된 닐 스티븐슨의 소설 『스노 크래시』에서 가상세계에 대한 명칭으로 처음 쓰였다. 역시 이 책에서 등장한 '아바타'라는 말과 함께 차세대 인터넷 신조어로 자리를 잡았다. 게임 등 엔터테인먼트 분야뿐 아니라 소셜 네트워크, 기업이나 산업 현장 등에서 사용되어 가상현실을 구현한 여러 형태와 각종 콘텐츠를 통칭하는 의미로 쓰이고 있다.

　사용자 1억 명을 훌쩍 넘는 마인크래프트나 로블록스와 같은 게임은 유저가 다른 사용자들과 함께 소통하며 콘텐츠를 만들 수 있는 거

13　같은 곳.

대한 가상세계를 기본 인터페이스로 갖추고 있다. 이런 '증강현실'이 메타버스에 대한 가장 유명한 경우일 것이다.[14] 좀 더 확장된 의미로 인스타그램이나 페이스북 등에 먹었던 음식 사진이나 방문한 여행 장소 등을 담은 영상을 올려 다른 이들과 소통을 하는 경우를 '라이프 로깅의 세계'라는 메타버스로 칭하기도 한다. 메타버스가 기존의 플랫폼이나 어플리케이션과 차별되는 점은, 그것이 하나의 거대한 세계관을 갖고 있다는 것이다. 사용자들 사이에서 상호작용이 활발히 이루어지는 가상의 공간이 갖춰져 있는 것이 가장 두드러진 특징이고, 그 안에서 이용자는 단순한 소비자가 아니라 새로운 내용을 직접 생산하는 창작자로 활동할 수 있다. 또한 디지털 통화 체계를 갖춰 마치 일상이 연장된 듯한 현실감을 제공해 주기도 한다. 이것이 기존의 스마트폰과 컴퓨터, 인터넷 기술의 발전과 합쳐 오늘날 큰 시너지 효과를 낳게 되었다.

오늘날 대형 제작사가 출시하는 게임은 메타버스의 성격을 갖는 온라인 플랫폼이 거의 필수가 되었고, 대표적인 SNS 기업 페이스북은 사명을 아예 '메타'로 변경하기도 했다. 저커버그가 이끄는 기업 메타는 2023년 10월 혼합현실[MR] 헤드셋 기기 '메타퀘스트3'를 출시했고 애플 또한 2024년 2월 '비전 프로'를 출시했다. 여기에 삼성전자, LG전자, 소니 등 주요 전자기기 제조사들도 잇따라 관련 신제품 출시를 예고하고 있다.[15] 코로나19로 인해 사회적 거리두기에 대한

---

14 ASF(Acceleration Studies Foundations)라는 기술 연구단체는 메타버스를 증강현실 (augmented reality) 세계, 라이프로깅(lifelogging) 세계, 거울 세계(mirror world), 가상 세계 (virtual world)의 네 가지로 분류한다.

15 글로벌 시장조사기관 스태티스타에 따르면, 전 세계 메타버스 시장 규모는 올해 744억 달러에

필요성이 높아지며 전 세계적으로 화제 몰이를 했고, 국내 많은 대학이 이 시기 온라인 오리엔테이션을 하며 메타버스를 이용하기도 했다. 이제는 아바타를 이용해 온라인 신입생 환영회에 참석하거나 메타버스를 이용한 강의, 전시회 등에 참석하는 일이 대학에서 크게 낯설지 않은 일이 되었다.

우리에게 가장 흥미로운 점은 이 메타버스가 인간의 다양한 측면을 포용하고 있다는 점이다. 이른바 호모 사피엔스, 호모 파베르, 호모 루덴스까지 인간 본성의 다양한 측면이 모두 구현되는 장소가 바로 메타버스이며, 유발 하라리의 말처럼 호모 데우스가 되어 영원한 행복과 영원한 삶을 추구하는 것이 가능할 수 있는 공간이 바로 이 가상세계이다.[16] 주어진 현실을 초월해 자신이 상상하는 세계와 가치를 구현하는 장인 메타버스를 통해 인간의 의식과 삶이 확장된다고 할 수 있다. 사물인터넷이나 자율주행 등 이른바 4차 산업혁명 시대의 다른 중요한 기술발전들도 인간의 의식에 큰 변화를 가져다주지만, 이들은 아무래도 일차적으로는 물리적이거나 실질적인 부분에서 영향을 끼친다. 손에 잡힐 만한 실체 대신 그 안에서 새로운 가능성을 모색하는 활동을 할 수 있는 가상의 환경을 조성하고 그 안에서 자극적인 다양한 콘텐츠를 제공하는 메타버스야말로 우리의 의식에 새로운 변화를 야기하는 가장 대표적인 현상이라 할 수 있다.

서 2030년 5,078억 달러까지 6.8배 수준으로 커질 것으로 예상된다고 한다.

16   김상균, 『메타버스』(플랜비디자인, 2020), p. 27 이하.

1) 시뮬라크르로서의 메타버스

『시령자의 꿈』에서 칸트가 주목했던 것은 감성적 직관이 주어지지 않은 가상의 영역과 현실적 삶과의 관계였고, 그에 대한 비판적 태도와 함께 도덕적 관점에서의 확장을 주요 성찰로 얻은 바 있다. 300년이 지나 현대에 새롭게 떠오른 현상인 메타버스에서도 우리는 유사한 상황에 직면했다고 할 수 있는데, 과연 어떤 비판과 평가를 내릴 수 있을지 살펴보기로 하자. 이에 관해 가장 상징적이면서 효과적인 진단을 내릴 수 있는 개념은 아마도 보드리야르의 '시뮬라크르simulacre'일 것이다.[17] 시뮬라크르는 일종의 복제물을 의미하는데, 인공적 산물인 이 복제물은 처음에는 기원이 되는 대상을 재현하는 데 머무르지만, 나중에는 그 이상을 표현하기도 하고, 심지어 존재하지도 않는 것을 마치 존재하는 것처럼 표현하기도 한다. 그가 언급한 세 단계의 시뮬라크르 개념은 메타버스가 제공하는 가상현실의 의미와 역할을 적절하게 분석해 줄 수 있다.

우선 '자연적 시뮬라크르natural simulacre'는 현실을 모방해 그대로 재현하는 데 충실한 단계이다. 실재하는 대상이나 작품을 얼마나 더 비슷하게 재현하는지에 머무르는 활동이 근대성의 차원에 머무르는 단계라고 한다면, 두 번째 '생산적 시뮬라크르productive simulacre'는 더 이상 '원본'에 대한 충실한 재현을 목적으로 하지 않고 오히려 그것을 넘어서 제작자의 의도를 창의적으로 구현하는 것을 목적으로 하며 그 과정에서 기원이 되는 대상이 파괴되고 왜곡되기까지 한다. 벤야

---

17   Jean Baudrillard, *Simulacra and Simulation*, Ann Arbor: University of Michigan Press, 1994.

민의 예시처럼[18] 영화에서는 각본을 있는 그대로 재현하는 것이 목적이 아니라, 감독의 해석과 의도를 나타내는 행위가 일어나고 있다. 마지막 순서인 '시뮬라시옹의 시뮬라크르simulacre of simulation'는 아예 존재하지도 않는 어떤 것을 재현하기를 시도한다. 메타버스가 구현하는 가상의 세계는 이 모든 계열의 시뮬라크르를 다 내포하고 있지만, 특히 마지막 단계의 시뮬라크르는 포스트휴머니즘의 시대에 걸맞는 메타버스에 대한 해석일 것이다. 여기서는 복제물인 시뮬라크르가 현실을 대체하고 현실이 오히려 복제물에게 지배받는, 그래서 복제물이 현실보다 더 현실적이게 되는 하이퍼 리얼리티가 탄생한다. 보드리야르 자신이 내놓은 디즈니랜드의 사례처럼 현실적 기반이 없는, 하지만 더 현실처럼 느껴지는 환상의 세계를 구현하는 것이 메타버스가 추구하는 가상현실의 일차적인 최종목표라 할 수 있겠다.

사실 메타버스의 성공은 기본적으로 이용자의 몰입감을 얼마나 유도할 수 있는가에 달려 있다고 해도 과언이 아니다. 단순히 애매한 상상력이나 환상을 무작정 심어준다고 호응을 얻을 수 있는 것이 아니라, 현실을 반영하고 이를 더 그럴듯하게 구현해야 비로소 그 효과를 발휘할 수 있기 때문이다. 이를 위해 메타버스 관련 기술의 역량은 현실의 감각적인 경험을 그대로 재현하는 데 총집결돼 있다. 이른바 초실감Ultra-reality을 제공하고 다감각 재현Multimodal Feedback을 이루는 기본 방식은, 현실에서 주어지는 감각적 자료와 같은 신호를 두뇌에게 제공하고 그에 따른 인간의 반응과 작용을 가상세계에서 마치 실

---

18   발터 벤야민, 『기술복제시대의 예술작품』, 최성만 역(길, 2007), p. 60 이하.

제 세계에서처럼 구현하는 것이다.[19] 즉 입력과 출력에서 마치 현실과 같은 재현을 이룸으로써 우리의 두뇌가 이를 현실에서 일어난 일인 것처럼 간주하게 만드는 것이다.

이를 살펴볼 때, 영적 세계의 일을 마치 감성적 직관의 대상인 것처럼 간주하는 것에 대한 칸트의 비판은 메타버스가 전제하거나 지향하는 바에 적용해도 무방할 것이다. 예를 들어 그가 말한 '허초점 virtueller Brennpunkt',[20] 즉 우리 망막에 제대로 맺힌 시각의 초점이 아니라 상상이나 착각 등으로 생겨난다고 생각할 수 있는 가상의 초점, 즉 허구적인 상이 생기는 현상에 대한 설명은 가상세계에 대한 우리의 착각을 잘 설명해 주고 있다. 물론 당시 스웨덴의 시령자는 이 착각을 미처 인지하지 못했고, 현대의 메타버스 사용자는 처음부터 가상세계에서 벌어지는 일이 '가짜'라고 알고 있는 상태이니 칸트의 경고가 불필요하다고 말할지도 모르겠다. 하지만 사소한 온라인 게임에서의 일이 현실로까지 이어져 폭력사건으로 번진 일이 한두 번이 아니었음을 우리는 잘 알고 있고, 눈을 라이프로깅의 세계로 돌려 각종 SNS로 인해 생긴 위화감 등을 생각해 보면 칸트의 지적은 여전히 유효하다고 할 수 있다.

인스타그램 등에서 매일 접하는 수많은 인플루언서들의 비현실적인 '럭셔리 라이프'와 말 그대로 '환상적인' 외모 등으로 인해 많은 이들이 상대적 박탈감과 불행을 느끼는 것은 어느덧 만연한 사회적 현

---

19 우탁, 전석희, 강형엽, 『메타버스의 미래, 초실감 기술』(경희대학교 출판문화원, 2022), p. 174 이하.
20 홍우람, 「칸트의 『시령자의 꿈』에서 상상의 초점(focus imaginarius)」, 『철학』 128집, 2016, p. 112.

상이 되어 논쟁의 중심이 된 지 오래다. 가상의 세계인 메타버스로부터 받는 영향으로 인해 현실의 삶이 (대부분 부정적인) 영향을 받을 뿐 아니라, 자신의 현실과 다른 왜곡된 모습을 보정과 합성 등 여러 기술의 힘을 빌려 연출하고 대중에 노출시켜 경제적 이득을 보려는, 기본적으로는 기망적인 행위가 가상–현실의 경계선에서 매일같이 일어나고 있다. 이는 비단 미성숙한 청소년 사이에서만 일어나는 일이 아니라 자신의 현실에 만족하지 못하는 성인들에게도 쉽게 발견되는 현상이기에 가상세계의 일이 객관적 타당성을 갖지 못한다는 너무나도 당연한 자각은 교육, 사회적 활동 등의 분야에서 아무리 강조해도 지나치지 않을 것이다.

2) 메타버스에서의 가상성(virtuality)

비록 현실에 대한 복제, 혹은 복제 그 자체가 현실이 되는 현상이 메타버스의 근본적인 성격을 잘 설명해 주고 있지만, 포스트 휴머니즘의 관점에서 바라보는 메타버스는 이 차원을 넘어서는 중요한 측면을 또한 지니고 있다. 바로 물체와 정보의 융합이 그것인데, 특히 인간의 신체가 메타버스에서 수행하는 역할을 반성했을 때 전통적인 물질–정신, 신체–영혼의 이분법이 아닌 정보들의 패턴으로 그 경계를 바라보는 관점이 메타버스에서는 필요하다.[21] 그런데 그렇다고 해서 단순히 신체 및 물질이 소멸되고 정보만이 남는 것을 의미하는 것

---

21 메타버스에서의 가상성에 대해서는 N. Katherine Hayles, "The Condition of Virtuality", *In The Digital Dialectic: New Essays on New Media*, edited by Peter Lunenfeld, Cambridge, MA: MIT Press, 2000, p. 90 참조.

도 아니다. 메타버스의 가상^{virtuality}에 대한 전형적인 오해는 신체를 도외시하는 데서 비롯된다. 또한 전통적인 심신분리의 이분법 또한 신체를 제외한 정신, 혹은 정보의 세계를 상정하는 데에서부터 출발한다. '통속의 뇌' 가설이나 노직의 '경험기계'[22]에서 의식과 실재와의 관계에 대한 회의가 가능할 수 있었던 근거는, 이 사유의 활동을 하는 주체의 신체작용에 대한 고려가 없기 때문이다. 오히려 사고를 그 것의 주체로부터 분리하고 신체를 부정하는 일이야말로 근대적 사고에 머무르는 일이다. 이런 관점에서 신체를 극복함으로써 부정하는 트랜스휴머니즘은 아직 근대성을 완전히 떨쳐내지 못한 것으로 볼 수도 있을 것이다.

오늘날 가상현실이 구현되는 상황을 생각해 보면 인간의 신체를 도저히 제외할 수 없음을 잘 알 수 있다. 머리에 걸치는 헤드셋, 손에 차는 센서 등의 보조 기구, 그리고 이를 통해 자극되는 시각과 청각기관 등은 메타버스가 구현하는 가상현실의 기본 전제가 무엇임을 잘 알려준다. 따라서 메타버스의 가상에 대한 보다 더 정확한 분석은 신체-정신, 존재-부재 등의 이분법적 방식이어서는 안 되고, 정보의 네트워크 속에 융합된 신체와 감각, 그리고 사고의 복합체로 그것이 구성돼 있다는 파악일 것이다. 이 점에 있어서는 가상에 대한 칸트의 진단과 경고가 아직 그 접점을 찾기 힘들어 보인다. 메타버스의 가상이 기존의 이분법적, 그리고 신체를 제외하는 일방적인 이해를 넘어서 있다는 점은 더욱 세밀한 분석을 요구한다고 할 수 있다.

---

22   Robert Nozick, *Anarchy, State and Utopia*, Oxford, Blackwell, 1974, p. 42f.

3) 기술을 매개로 한 메타버스에서의 인간과 세계의 관계

비슷한 맥락으로 메타버스와 가상현실이 현실적 세계를 완전히 대체한다는 생각 또한 잘못된 접근이라는 점을 지적해야 한다. 가상현실 중 일부로 간주되는 '증강현실Augmented Reality, AR'은 말 그대로 현실에 무언가를 추가하여 다채롭게 만드는 것이지 그것을 무미건조한 데이터로 대체함을 뜻하지 않는다. 이 활동의 중심에는 기술이 있고 이를 매개로 하여 인간과 세계가 하나의 상관관계를 맺고 있는 것으로 메타버스의 기본구조를 이해해야 한다. 예를 들어 기술의 힘을 빌려 세계를 구성하는 방식의 관계가 대표적이겠고, 아니면 기술을 통해 변형된 세계를 해석하고 이에 응하는 방식의 관계 또한 생각해 볼 수 있다.[23] 즉, 기술이 인간의 편에 서서 세계를 재구성하거나 가공하는 데 도움을 주는 역할을 할 수도 있고, 반대로 기술에 의해 재구성된 세계에 인간이 접근하여 그에 상응하는 활동을 하는 방식의 상호관계가 인간과 세계 사이에 형성될 수 있다는 것이다. 어느 경우이건 인간과 세계는 기술을 통해 연결된 상황으로 간주해야 할 것이고 한쪽이 일방적으로 소멸하거나 잠식되는 것으로 생각돼서는 안 되는 것이다.

따라서 메타버스는 순수한 의미의 가상이라고 할 수 없고, 말 그대로 가상—현실의 연합체로 고찰돼야 한다. 여기서 인간은 기술을 매개로 하여 현실을 증강하거나 변형시킬 수 있고, 증강된 현실에 의해

---

23   인간—기술—세계의 관계에 대해서는 Galit Wellner, "Futures of Reality, Virtual, Augmented, Synthetic", *Navigationen*—Zeitschrift für Medien— und Kulturwissenschaften, Jg. 23, 2023, Nr. 2, p. 162 참조.

영향을 받고, 또한 이에 대응해 나갈 수 있다. 그리고 그 안에서 다른 인간들과의 관계도 형성하며 가상이 덧입혀진 현실을 구성하는 것이다. 이렇게 보았을 때 오히려 인간의 주체적 활동과 자유의지와 같은 전통적 개념의 의미가, 비록 근대적인 관점은 아니지만, 정보의 형태로 신체-정신, 가상-현실이 융합된 환경에서 새롭게 재조명될 수 있을 것이다.

4) 메타버스에서 구현되는 공동체

마지막으로, 현실에서의 삶을 살고 있는 인간의 도덕적 행위가 일반의지의 규칙에 종속돼 있고 예지계의 법칙에 의해 그 결과와 작용이 완결되리라 기대하는 긍정적인 의미의 가상세계로의 확장 또한 메타버스에서 시도해 봄 직한 일이라 할 수 있다. 메타버스를 단순히 기술적 토대 위에 세워진 유흥의 장이라고 이해한다면 그것은 너무 단편적인 생각이다. 앞서 말한 바와 같이 메타버스의 주요 특징은 그것이 하나의 세계관을 갖고 있다는 점에 있다. 게임이건 대학이건 특정한 목적과 가치를 공유하는 사용자들이 공동체를 이뤄 공동 활동을 하는 가상의 장소가 메타버스이다. 따라서 메타버스 구현을 위해 필요한 수많은 기술과 자료들은 궁극적으로 어떤 정신적인 기반을 도외시할 수 없다. 게다가 어떤 플랫폼이건 그것을 이용하는 사용자들은 활발한 상호작용을 통해 자연스럽게 자신들의 가치관과 세계관을 형성하게 될 것이다. 그러므로 인간의 참여가 그 어디에서보다도 더 적극적으로 일어나는 메타버스는 도덕적 사유와 고려를 배제하고는 성립될 수 없다.

그런데 여기서 도덕의 대상이 되는 인간의 행위는 현실에서의 행위보다 더 방만한 방식으로 일어날 수 있다. 즉, 현실에서는 보편적으로 동의되는 도덕법칙이 어느 정도 인정될 수 있겠지만, 첨단 기술로 구현되는 가상세계에서는 일반의지의 규칙과 같은 법칙의 영향력이 상대적으로 약화되어 도덕감과 같은 느낌을 불러일으키기가 어려울 것이라는 생각을 쉽게 할 수 있을 것이다. 예를 들어 게임상에서 난무하는 각종 폭력, 끔찍한 무기를 이용해 행하는 잔혹한 행동들은 지금까지 어느 정도 용인돼 왔다. 하지만 이전과는 다르게 유저들의 활발한 상호작용에 기반을 둔 오늘날의 게임과 그 메타버스에서는 그 양상이 다를 것이다. 프로그램이 제공하는 대상, 즉 NPC^{Non Player Character}를 향해 무기를 쏘거나 휘두르는 일은 크게 문제될 것이 없지만, 다른 인간의 아바타에게 행하는 폭력은 경우에 따라 불쾌하게 느껴질 수 있다. 최근 논란이 됐던 어느 게임에서는 성적 폭력 행위를 게임 내에서 허용하기도 했는데, 이를 프로그램의 캐릭터가 아니라 다른 사용자의 아바타에게 행한다면 심각한 문제가 되리라 쉽게 예상할 수 있다.

　그런데 만약 그런 과격한 가능성을 어느 회사가 게임에서 허용하고자 할 때, 혹은 그런 행동이 가능한 기술을 사용자가 메타버스 안에서 개발하거나 발견했을 때 이를 제재하거나 막는 것이 현실 세계에서보다는 어려우리라는 것이 바로 문제가 될 것이다. 현실에서는 상대적으로 잘 확립된 법이 메타버스에서는 똑같은 효과를 보기 힘들 것이 분명한데, 하물며 실제적 구속이 되지 못하는 도덕은 더더욱 힘을 발휘하지 못할 것이라는 생각은 누구나 쉽게 할 것이다. 따라서 메타버스에서 인간의 도덕적 사유와 행위가 어떤 모습을 보일지에 대한 새로운 고민이 필요한 때라고 생각한다.

하지만 구성원들의 활발한 상호작용과 그로 인해 수월한 정신적 결합은 분명히 긍정적인 효과를 가져다 줄 수 있는 부분이다. 『시령자의 꿈』에서 영적 세계 안의 영혼들은 하나의 커다란 전체를 결성한다고 했는데, 메타버스 안에서 사용자들은 이를 자연스럽게 추구할 수 있다. 아니 바로 이 특징이 없으면 메타버스라는 것 자체가 사실 제대로 형성되지 못한다고 할 수 있다. 게다가 광범위한 네트워크와 컴퓨터 기술의 발전에 힘입어 의사소통은 그 어느 때보다 더 수월해졌고, 그로 인해 사용자들 간에 공동의 관심사와 공감대를 쉽게 이끌어낼 수 있기에 그 관계가 친밀한 정신적인 공동체를 어렵지 않게 형성할 수 있다.

물론 이 가상의 커뮤니티에서 구성원들이 추구하거나 지향하는 공동의 가치나 세계관은 바람직한 것일 수도 있고 그렇지 않을 수도 있다. 대학에서 조성한 메타버스라면 학생과 교직원, 그리고 직장의 메타버스라면 소속 직원이 여기에 모여 소속감을 더 강하게 느낄 수 있고 그로 인한 정체성을 쉽게 구축할 수 있다. 이를 통해 그 공동체의 결속력이 강화될 것은 말할 것도 없고 한층 통일된 모습으로 소속된 사회의 목적을 쉽게 성취할 수 있을 것이다. 보다 넓은 관점으로 보자면 작은 공동체들이 모여 더 큰 공동체를 이루고, 더 나아가 인류 전체의 공동 관심사와 가치를 결성하는 데 기술적·정신적 기반을 제공할 수도 있을 것이다. 다양화된 시대에 통일된 이념을 전 인류가 공유한다는 것이 다소 구시대적 발상인 것처럼 보일 수도 있지만, 환경오염이나 전쟁 등의 각종 문제와 분쟁이 여전히 목전에 있는 심각한 상황이 현재라는 것을 생각해 보면, 이런 형태의 공동체가 행정적 · 외교적 중앙기관보다 오히려 더 효과적일 수 있을지도 모르겠다.

4. 맺는말

메타버스가 오늘날 주목받고 있는 현상인 것은 사실이지만 그렇다고 해서 그에 대해 밝은 전망만 있는 것은 아니다. 2018년 네이버의 자회사인 스노우가 내놓은 메타버스 서비스 '제페토'는 인공지능 기반의 얼굴인식 기술을 통해 3D AR 아바타를 만들어 지인이나 친구 등 다른 사용자와 가상공간에서 소통할 수 있는 새로운 형태의 SNS이다. 출시 후 약 2년 만에 누적 가입자 수가 3억 4000만 명을 돌파했을 정도로 큰 화제가 됐다.

그런데 제페토와 협력해 신한카드가 만든 '제페토 신한카드 월드'는 지난 2024년 2월 서비스를 종료했다. 제페토 서비스 이용자가 80% 이상 10대였기에 이들을 미래 고객으로 상정한 신한카드가 선불카드 서비스나 전용 현금충전카드까지 내놓는 등 공을 들였지만 정작 사용자가 적었고 이용률이 저조했기 때문이다. 2023년 1월 서울시가 세계 도시 최초 공공 메타버스 플랫폼으로 '메타버스 서울'이라는 프로젝트를 야심차게 시작했지만, 2024년 4월 현재 400억 원이 투입될 예정이었던 이 계획의 절반은 철회됐고 하루 이용자는 고작 수백 명 수준으로 전락했다. 또한 메타버스 산업에 가장 열정적인 투자를 한 거대 기업 '메타'의 '리얼리티 랩스'는 2022년부터 2024년까지 약 32조에 달하는 손실을 입었다.

여전히 많은 기업이 메타버스에 투자하고 있지만, 코로나19 시대때의 열기가 지금은 많이 사라졌고 한때 블루오션이라 여겼던 메타버스에 대한 관심이 예전 같지 않다는 평이 많다. 일단 기술의 발전이 예상과는 다르게 그렇게 빠르지 않다는 것이 가장 큰 이유다. 또한 가상세계라는, 당시로서는 새로운 경험이 주는 매력이 이제는 그 효과를 서서히 잃고 있기 때문이기도 하다. 따라서 무조건 장밋빛 전망만 내세울 수 없는 것이 사실이다.

그러나 메타버스가 여전히 중요한 미래 산업이라는 점에는 변함이 없을 것이다. 특히 증강현실 기기 등에 투자가 활발히 이루어지고 있고, ChatGPT를 위시로 한 인공지능, 그리고 블록체인 등의 기술과 함께 융합적인 발전이 일어나고 있다. 이런 일련의 발전 방향의 끝에는 가상세계를 통해 구축되는 정신적인 공동체가 있다. 현실세계와 밀접한 관계를 가지면서도 다른 성격과 양상을 보이는 그런 메타버스의 특징에 주목하며 칸트의 형이상학에 대한 비판이 전해 준 경고와 긍정적인 확장을 더욱 구체적으로 고찰해 볼 필요가 있다.

김상균, 『메타버스』, 플랜비디자인, 2020.

김진, 「칸트의 『시령자의 꿈』에 나타난 비판철학의 요소들」, 『칸트연구』 32집, 한국칸트학회, 2013, pp. 93-136.

스베덴보리, 엠마누엘, 『스베덴보리의 위대한 선물─천재과학자의 감동적인 천국 체험기』, 스베덴보리 연구회 역, 다산초당, 2009.

_____, 『천국과 지옥』, 김은경 역, 다지리, 2011.

우탁, 진석희, 김형엽, 『메타버스의 미래, 초실감 기술』, 경희대학교 출판문화원, 2022.

임상국, 허준호, 『메타버스의 세계』, 교우, 2023.

임승필, 「칸트의 『형이상학자의 꿈』에 비추어 본 시령자의 꿈』: 칸트 철학에 미친 스웨덴보르그의 영향」, 『철학』 98집, 한국철학회, 2009, pp. 109-136.

임현정, 조택연, 「메타버스 공간의 아우라와 시뮬라크르 인지 구조」, 『한국공간디자인학회 논문집』 vol.18, no.7, 통권 92호, 2023, pp. 285-298.

최재붕, 『최재붕의 메타버스 이야기』, 북인어박스, 2023.

홍우람, 「칸트의 『시령자의 꿈』에서 상상의 초점(focus imaginarius)」, 『철학』 128집, 2016, pp. 111-136.

Baudrillard, Jean, *Simulacra and Simulation*, Ann Arbor: University of Michigan Press, 1994.

Florschütz, Gottlieb, *Swedenborgs verborgene Wirkung auf Kant: Swedenborg und die okkulten Phänomene aus der Sicht von Kant und Schopenhauer*, Würzburg: Königshausen & Neumann, 1992.

Hayles, N. Katherine, "The Condition of Virtuality", *The Digital Dialectic*: New Essays on New Media, edited by Peter Lunenfeld, pp. 68-95. Cambridge, MA: MIT Pres, 2000.

Hoffmann, Richard Adolf, *Kant und Swedenborg*, Wiesbaden: Bergmann, 1909.

Ihde, Don, *Technology and the Lifeworld: From Garden to Earth*, Bloomington and Indianapolis: Indiana University Press, 1990.

Kant, Immanuel, *Kritik der reinen Vernunft*, Hrsg. Raymund Schmidt, Hamburg: Meiner, 1990.

_____, *Träume eines Geistersehers, erläutert durch Träume der Metaphysik*, Hamburg: Meiner, 1975.

Wellner, Galit, "Futures of Reality. Virtual, Augmented, Synthetic", *Navigationen* - Zeitschrift für Medien- und Kulturwissenschaften, Jg. 23, Nr. 2, S., 2023, pp. 156 – 166.

계산주의, 연결주의, 그리고 칸트의 건축술[1]

백승환

1. 문제설정 및 진행방식

오늘날의 철학적 화두인 인공지능 문제를 다루는 과정에서 우열을 가리기 힘들어 보이는 '계산주의computationalism'와 '연결주의connectionism'가 논의를 선도하는 대표적 두 입장들로 흔히 주목된다. 양자는 공통점도 상당히 지니고는 있지만, 차이점을 더욱 극명하게 드러내 보이기 때문에 보통 한쪽의 성공은 다른 쪽의 실패를 의미하는 것으로 여겨진다. 고전적 디지털 컴퓨터 모델을 표방하는 계산주의는 알고리듬 기제로 지능적 활동을 철저히 해부하는 것에 주안점을 두는 이론이며, 이러한 입장은 일정한 규칙들에 따라서 수행되는 기호의 조작에 관심을 보인다. 반면에 근래에 이르러 기술공학에서 이룩된 중대한 결실인 인공 신경망의 성공적 구축과 점진적 발전에 힘입어서 차츰 표면화된 연결주의는 전기처리 단위(인공신경세포)들로 구성되는 (자극-억제) 연결망의 학습을 이론의 핵심 과제로 보는데, 이러한 입장은 정보의 병렬분산처리 모형에 기초해서 지능적 활동 전체의 구

1 　본고는 학술지 『근대철학』 제23집(2024, pp. 87-131.)에 게재한 논문을 재수록한 것임을 밝힌다.

조화를 꾀하는 것에 목표를 둔다. 하지만 이 두 입장들 모두 인간의 인지 기능에 대해 시뮬레이션을 통한 해명을 기도하고 있으며, 김영정의 주장처럼 동일한 기능이라도 다양한 방식으로 구현되는 상황이 얼마든지 가능할 수 있음을 복수 실현 논변에 기초해서 수용할 수 있다고 가정하면, 어느 한 편의 입장에 대한 지지가 다른 편의 입장을 반드시 배제할 필요는 없을 것 같다.[2] 바꿔 말해, 오히려 양자는 이론의 일관성을 유지하는 한에서 각각의 입장에 스며 있는 여러 어려움을 상대방의 입장에 깃든 통찰을 참조하여 타개하는 모습을 보일 수도 있는 것이다.[3]

이처럼 호각을 이루는 계산주의와 연결주의를 중요한 인공지능 이론들로 평가하는 가운데 김준성은 양자의 긴장 관계를 무엇보다 서양근대철학사에 등장했던 상반된 철학적 관점들인 이성주의와 경험주의의 상호 대립에 유비해서 살피는 것이 유의미할 것이라고 주장한다.[4] 김준성의 이러한 제안은 그의 논의가 끝나는 마지막에, 관련된 주제의 추후 심화된 연구를 위해 하나의 의미 있는 통찰로 그저 간략히 소개되는 차원에서 첨언되어 나타나기 때문에, 이성주의가 계산주의에 그리고 경험주의가 연결주의에 각각 긴밀히 연계되는 방식에 대한 서술을 동반하지는 않는다. 따라서 김준성의 통찰을 수용

---

2   김영정(1996), pp. 189-190 참조.
3   물론 이러한 방식이 의미를 갖기 위해서는 논리상의 무모순성 외에도 현실적 실현 가능성 여부에 대한 검토가 이루어질 필요가 있다. 이어지는 본고의 논의에서 이제 필자는 이와 같은 요구에 대한 응답의 단서를 칸트의 통찰에서 찾는 방향으로 논의를 전개할 것이다. 여기에서 필자가 고려하는 통찰은 인간의 유한성 자각에 기초하는 철학을 설파하는 비판기 칸트의 방법론에 국한될 것이다. 칸트의 비판철학적 사유는 후대 철학자들 간에 '칸트적 겸손함Kantian modesty'이라고 불리며, 비판기 칸트의 시각을 특징짓는 기준으로 작용한다.
4   김준성(2019), p. 789 참조.

하여 나름대로 설득력을 지니도록 논의를 가꾸어 나가는 일은 이제 독자가 짊어질 몫이다. 본고는 기꺼이 이 과제를 맡아서 계산주의가 이성주의와 그리고 연결주의가 경험주의와 관계되는 공통적 사유 기반을 추적한다. 그리고 한 걸음 더 나아가, 칸트가 이성주의와 경험주의의 화해를 꾀하면서 취한 방법론이 양자의 비판적 종합에 다다르는 과정에서 결실을 보았던 중대한 철학사적 사실에 착안하여, 인공지능 논의를 선도하는 대표적 입장들인 계산주의와 연결주의를 칸트의 철학적 사유에 기초해서 비판적으로 검토한다. 결국 계산주의와 연결주의가 이성주의와 경험주의에 각각 뿌리를 내리고 있다면, 실제로 이성주의와 경험주의의 지양을 이룩하는 과정에서 필요했던 칸트의 철학적 사유가 계산주의와 연결주의의 지양을 이룩하는 과정에서도 필요하게 된다고 보는 것이 이치에 맞는 탓에, 논의의 완결성을 기하기 위해서라도 칸트는 간과하기 어렵다.

김준성의 제언으로부터 말미암은 이러한 철학사적 접근법에 기초하여 필자는 이제 아래의 순서대로 본고의 논의를 진행한다.

첫째, 고전적 계산주의 모델과 현대의 연결주의 모델이 각각 지니는 특성을 개괄한 후에 양자의 장단점을 살핀다. 일단 계산주의가 이성주의와 그리고 연결주의가 경험주의와 서로 관련될 뿐만이 아니라 이성주의가 연역적 사유방식에 그리고 경험주의가 귀납적 사유방식에 기초해서 작동하는 것이라면,[5] 마땅히 계산주의와 연결주의가 지니는 장단점은 그 입장들을 근본에서부터 떠받치는 사유에 내재하

---

5 김준성의 일관된 지적처럼, 계산주의를 연역적 사유방식에 그리고 연결주의를 귀납적 사유방식에 기초하는 이론들로 간주하는 데에는 크게 무리가 없어 보인다. 김준성(2022), pp. 174–176 참조.

는 특질들로부터 규명될 수밖에 없을 것으로 보인다. 결국 계산주의와 연결주의가 각각 연역주의와 귀납주의에 의해 작동하는 한 이 두 입장들은 각각 연역적 사유와 귀납적 사유가 갖는 장단점을 체계 내에 고스란히 지니게 되는 셈이다. 물론 내용을 모두 따지고 들면 실제로 계산주의-연결주의 관계가 연역주의-귀납주의 관계에 들어맞지 않는 면도 있겠지만, 논의의 큰 틀에서 보면 그와 같은 불일치는 별반 크지 않다. 오히려 계산주의와 연결주의가 지니는 장단점을 검토하는 중요한 논의들 대다수가 자연스레 연역주의와 귀납주의의 상반된 논리 흐름을 배경으로 두고서 전개되고 있다는 점은 본고의 방향성이 올바름을 시사한다. 따라서 이성주의의 연역주의와 경험주의의 귀납주의가 지니는 성격에서 불거지는 장단점을 살피는 논의가 짤막하게 펼쳐질 것이고, 이러한 논의의 결실에 토대해서 필자는 계산주의와 연결주의가 보이는 장단점을 밝히는 노력을 기울일 것이다.

둘째, 필자는 계산주의와 연결주의가 오늘날 결국 맞서는 상황이 인간의 사고와 언어에 내재하는 것으로 보이는 주요한 특성들에 대한 해명에서 양자가 다른 시각을 드러내는 것과 연관되어 있음을 주목한다. 그러한 성질들 중에서 본고의 논의와 관련해서 특히 주제화될 필요가 있는 것으로 '체계성systematicity'과 '조합성compositionality'을 꼽을 수 있다.[6] 체계성이 뜻하는 것은 어떤 문장을 이해하는 우리의 심

---

6   김준성은 계산주의와 연결주의가 분기되는 이유를 체계성 논의에만 주로 집중하여 찾고자 하지만, 필자는 이후에 논의될 칸트의 건축술적 통찰까지 고려하는 가운데 조합성 논의도 더불어 살핀다. 칸트의 건축술적 통찰은 계산주의자들과 연결주의자들이 상이한 이해를 보이는 체계성과 조합성을 두루 시야에 두고자 하는 철학적 노력을 드러내는 것이니 말이다. 김준성(2022).

적 능력은 본래 일정한 다른 문장을 이해하는 우리의 심적 능력과 관계되기 때문에, 예를 들어 실제로 〈두치는 뿌꾸를 돕는다〉는 문장을 이해할 수 있다면 반드시 〈뿌꾸는 두치를 돕는다〉는 문장도 이해할 수 있다는 것이다. 또한 뒤집어서 말해, 후자를 이해하지 못한다면 마땅히 전자도 이해하지 못한다는 것이다.[7] 다음으로 조합성은 구별되는 문장들이 체계성을 지닌다면 그 문장들을 구성하는 요소들이, 즉, 상술된 사례에서 살피면 '두치'와 '뿌꾸'와 '돕다'가, 〈두치는 뿌꾸를 돕는다〉는 문장으로 나타나건 〈뿌꾸는 두치를 돕는다〉는 문장으로 나타나건 각각은 의미론적으로 똑같이 기여하게 됨을 의미한다. 모름지기 체계성과 조합성은 대체로 문장들과 그것들의 요소들을 독립된 원자 단위로 취급하는 접근법보다는 구조성을 지니는 구성소로 취급하는 접근법에 가까운 면이 많을 것이다. 게다가 체계성과 조합성이 일종의 규칙성을 의미함을 감안하면 그러한 (체계성-조합성) 논의는 연결주의에 반대하는 계산주의를 대체로 지지하는 논거가 쉬이 될 것 같다. 하지만 이어지는 본문의 논의에서 이러한 사유 흐름은 다소 꺾일 것이다. 논의의 구체화를 위한 과정에서 필자는 계산주의와 연결주의를 각각 표준적으로 대변한다고 여겨지는 포더를 중심으로 하는 목소리와 스몰렌스키의 목소리를 서로 비교해 보고자 한다.

셋째, 계산주의와 연결주의가 각각 이성주의와 경험주의에 그리고 연역주의와 귀납주의에 연결되는 가운데 두 상반된 입장들이 지

---

pp. 158-163 참조.

7　여기에서 필자는 포더와 필리신과 맥로플린이 그들의 논문들에서 제시하는 사례들을 각색한다. Fodor & Pylyshyn(1988), pp. 38-39 참조 및 Fodor & McLaughlin(1990), pp. 184-185 참조.

니는 장단점이 일단 드러나고, 양자가 사뭇 다르게 접근하는 체계성과 조합성이 밝혀지면, 남은 마지막 과제는 이제 칸트의 비판철학적 통찰을 구현하는 방법론적 뼈대로 기능하는 건축술이 어떻게 양자를 발전적 종합을 이루는 쪽으로 인도하는 것인지를 해명하는 작업으로 나타난다. 다만 필자는 비판기 칸트의 사유에 대한 시비판별에 초점을 맞추기보다는 칸트의 비판철학적 통찰이 계산주의와 연결주의의 관계를 상보적으로 가꾸는 데 어떻게 이바지하게 되는 것인지를 살피는 문제에 관심을 집중한다. 이러한 과제의 성공적 수행은 현재의 계산주의 대 연결주의 논의를 더욱 의미 있게 이끌며, 기존과 차별화된 관점에서 양자의 관계를 재조명하도록 자극할 것이다. 따라서 큰 틀에서 일단 칸트의 건축술 자체에 대한 설명을 체계적으로 제시한 후에 그러한 방법론적 기획이 계산주의와 연결주의의 올바른 관계 정립에 시사하는 함의들을 차근차근 들춰내는 방식으로 논의를 전개할 필요가 있을 것이다.

이상의 세 단계로 이루어진 본고의 핵심 논의가 완성되면 칸트의 건축술 논의가 문제시된 계산주의와 연결주의의 지양을 의도하는 가운데 보이는 의의와 한계도 뚜렷해질 것이다.

2. 계산주의 기저의 이성주의 vs. 연결주의 기저의 경험주의

무엇보다 필자는 김준성의 깊이 있는 철학사적 통찰에 힘입어서 계산주의와 연결주의의 관계를 서양근대철학사에서 상반된 이성주의와 경험주의의 틀에서 조망하기에 이르렀지만, 그와 같은 틀에 대한 표면화된 언급이 설령 없다고 할지라도 세심한 독자들이라면 누구나 계산주의와 이성주의의 그리고 연결주의와 경험주의의 연관을 어렵지 않게 간파할 것이다. 이에 더해, 이성주의가 연역적 사유방식에 그리고 경험주의가 귀납적 사유방식에 의해 각각 운영되는 철학적 방법론이라는 사실이 인정되면, 실제로 계산주의와 연결주의가 지니는 특질들은 그 입장들을 근본에서부터 떠받치는 각각의 원칙적 기제에 내재하는 성격으로부터 발원하는 것이라고 생각하는 것이 마땅히 합리적일 것이다.

이러한 논리 흐름을 염두에 두고서 이제 필자는 이성주의와 경험주의가 각각 어떤 이유 때문에 연역성과 귀납성을 지니는 것인지를 간략히 개괄할 것이고, 그러한 논의의 결실에 토대해서 계산주의와 연결주의가 각각 이성주의와 경험주의를 그것들의 뿌리에 두는 상황이 어떤 의의와 한계를 이내 드러내게 되는 것인지를 찬찬히 검토할 것이다.

논리학에서 말해지는 추론은 간단하게 이야기하면 생각이 차차 옮겨 가는 것을 뜻한다. 그리고 사유의 흐름을 뜻하는 추론이 활자화된 상태가 논증이다. 논증이 구성되려면 실제로 진릿값을 지니는 문장들인 소위 명제들이 최소 둘 이상 있어야만 한다. 만약 그렇지 않고 명제가 그저 하나만 있다면 애당초 사유의 흐름 자체가 성립하지 않아서 논증이 구성되지 않기 때문에 논의는 여전히 명제 차원을 벗어나지 못하고 끝내 그것에 머무를 수밖에 없다. 논증을 이루는 복수의 명제들 중에서 우리는 가장 결정적 주장을 담고 있는 명제와 그것을 떠받치는 부수적 명제들을 구별할 수 있는데, '결론'과 '전제'가 각각 전자와 후자를 지칭하는 이름으로 사용된다.

모두가 잘 알듯이, 논증의 형태는 두 가지로 나뉜다. 바로 연역논증과 귀납논증이 기실 언급되는 두 유형인데, 양자는 전제가 결론을 어떻게 지지하느냐에 따라서 성격이 갈린다. 연역논증은 전제가 참이면 필연적으로 결론도 참이라고 말한다. 반면에 귀납논증은 전제가 참이라도 결론이 얼마든지 거짓일 수 있다고, 즉, 반드시 참이지 않을 수도 있다고 말한다. 요약해 보건대, 연역논증은 전제가 필연적으로 결론을 지지하지만 귀납논증은 어디까지나 전제가 개연적으로 결론을 지지하기 때문에 양자 사이에 불가피한 차이가 발생하는 것이다. 하지만 이러한 차이가 분명히 양자의 우열 판별을 위한 척도로 작용할 수는 없다는 사실을 인지하는 것이 중요하다. 다시 말해, 논증은 연역적 형태를 취하든 귀납적 형태를 취하든 우열 여부와는 무관하게 모두 나름의 의의와 한계를 갖는다. 그리고 연역과 귀납은 각각의 장점으로 상대의 (귀납주의적 내지 연역주의적) 단점을 벌충한다.

연역논증에서 결론은 이미 전제에 포함되어서만 의미를 부여받는 것들로 채워지기 때문에 어떤 경우에도 전제를 넘어서는 결론은 가능하지 않다. 따라서 전제가 참인 한에서 결론도 항상 참이기 때문에 결국 인식에서 확실성이 보장되는 장점은 지니지만 확장성이 억제되는 단점도 동시에 갖는다. 반면에 귀납논증에서 결론은 전제에서 아직 취급되지 않은 요소들을 새롭게 언급하기 때문에 실제로 결론의 진리성이 전제의 진리성에 반드시 매이지는 않는다. 하지만 바로 그 이유 때문에 인식에서 확실성이 보장되는 데 어려움이 따르기는 하면서도 결론이 전제를 넘어서는 관계로 확장성은 앞의 경우와는 다르게 이룩되는 모습을 보인다. 이처럼 연역논증과 귀납논증은 동시에 함께 붙들기 힘든 확실성과 확장성을 모두 체계 안에 두고자 하는 대신에 이 둘 중 하나를 취하고 다른 하나를 버려서, 전자는 확실성을 얻지만 확장성을 상실하는 반면에 후자는 확장성을 얻지만 반대로 확실성을 상실한다.

물론 확실성과 확장성을 모두 빠뜨리지 않고 도모하는 것이 인식에서 가능할 수 있다면, 그리고 그와 같은 인식이 신적 차원이 아니라 순전히 인간적 차원에서 성취될 수 있다면,[8] 지극히 이상적일 것이다. 그러한 경우에는 우리가 혹여 인식이 그릇된 것일 상황을 구태여 염려하지 않더라도 필연적으로 진리성이 담보되고, 인식의 지평이 지금까지 주어진 영역에 국한되지 않은 채로 계속해서 조금씩 넓혀질 수 있으니 말이다. 결국 이러한 상황이 정말 가능할 수 있다면, 그것은 확실한 인식의 지속적 확장이 가능함을 사실상 뜻하기 때문에, 유한한 우리 인간의 시각에서 보았을 때 오히려 마법과도 같이 느껴질 소지가 굉장히 크다. 이러한 이유 때문에 이성주의와 경험주의는 확실한 인식의 지속적 확장을 꿈꾸지 않는다. 보다 구체적으로 말해, 이성주의는 기저에 연역주의가 놓이기 때문에 인식의 확실성 확보를 기도하는 데 집중하고, 경험주의는 기저에 귀납주의가 놓이기 때문에 인식의 확장성 확보를 기도하는 데 집중한다. 우리는 칸트가 자주 쓰는 어휘를 빌려서 이제 전자와 후자를 각각 '분석적 사유'와 '종합적 사유'로 명명할 수도 있겠다. (특히 A6-7 및 B10-11 참조)[9]

---

8   서양에서는 근대 이래 철학적으로 유의미한 사유는 신이 아니라 인간에서 언제나 구해지는 것이고, 본고의 계산주의 대 연결주의 논의도 결코 이러한 인간중심적 기조를 벗어나지 않음을 유의하자.

9   앞으로 계속 이어질 논의에서 칸트의 『순수이성비판』 인용은 관례대로 초판과 재판을 구별하여 각각 'A'(1781, Bd. 4)와 'B'(1787, Bd. 3)로 표기한 후에 면수를 아라비아 숫자로 적을 것이다. 그리고 두 판본이 공유하는 원문은 '/' 기호를 각 판본에 해당하는 면수 사이에 두고 병기한다. 학술원판 전집에 실린 원문을 참조하며, 한국어 번역은 출간된 국역본의 제안을 무리 없는 선에서 따르지만 필요한 경우에 별도의 언급 없이 수정한다. 칸트 텍스트 인용 면수는 본문에

이성주의가 분석적 방법론으로 무장한 연역주의에 뿌리를 깊이 박고 있음은 데카르트를 위시한 이성주의 노선 학자들이 수학을 본보기로 삼아서 철저하게 철학을 근본부터 세우기 위해 분투하는 데서 드러나고 있다. 그러한 과정에서 수학의 가장 근원적 원리들이 척도로 기능하기 때문에 철학의 체계를 이루는 요소들은 그것들로부터 도출되는 분석적 경우에만 실제로 정당성을 얻는다. 반면에 경험주의가 종합적 방법론으로 무장한 귀납주의에 뿌리를 깊이 박고 있음은 로크를 위시한 경험주의 노선 학자들이 마음을 백지로 보면서 이제 차차 경험에서 얻어질 요소들이 취합된 총체적 결과물로 철학을 이해하는 데서 드러나고 있다. 그러한 과정에서 기존에 빈 상태로 존재했던 마음은 다채로운 감각경험자료들로 채워지고, 그것들의 축적이 시간이 흐름에 따라서 계속되어 철학의 체계를 종합적으로 이루게 되면서 무로부터 유가 창조된다.

하지만 이성주의나 경험주의나 각각 연역주의나 귀납주의가 지니는 체계 내적 한계 탓에 실제로 인식에서 확실성을 도모하는 쪽으로나 확장성을 도모하는 쪽으로만 치우쳤던 상황에 불편함을 느끼지 않지는 않았던 것으로 생각된다. 따라서 이성주의 노선 학자들은 대체로 완전성을 갖춘 무한자로서의 신을 상정하여 기존에 확보했던 확실성에 확장성을 덧붙이는 시도를 감행했던 반면에, 경험주의 노선 학자들은 필요하다면 얼마든지 체계 내적 일관성을 희생할 위험을 감수하면서까지도 경험의 지평을 벗어나는 새로운 (예컨대, 수학적)

괄호로 넣는다. 보다 상세한 정보를 위해, 본고의 끝자락에 덧붙인 참고문헌 서지사항들을 참조하라.

영역을 가능하면 두고자 시도하여 기존에 확보했던 확장성에 확실성을 덧붙이는 무리수에 빠졌다. 그러나 전자의 기도는 인간의 유한성을 도외시한 것이기 때문에 지지를 획득하기 어려우며, 후자의 기도는 그것 자체에 모순이 있기 때문에 논의가 시작되는 것부터가 애당초 힘들다. 이처럼 이성주의와 경험주의는 그것들의 뿌리에서 작동하는 연역주의와 귀납주의가 실제로 상반되기 때문에 서로 다른 성격을 지니지만, 각자의 본래적 성격에 충실한 한에서 양자는 어쩔 수 없이 인식에서 확실성과 확장성을 한꺼번에 붙들지 못하는 공통적 한계를 보인다. 문제는 이와 같은 한계가 이성주의와 경험주의를 각각 기저에 두는 계산주의와 연결주의에 불행히도 그대로 전해져서 상술된 것과 흡사한 갈등 양상이 빚어지게 된다는 사실이다.

이제 계산주의와 연결주의가 어떤 사유를 좇기 때문에 각각 이성주의와 경험주의에 쉽게 뿌리내린 입장들로 여겨지는 것인지를 탐구하자.

논의의 시작에 앞서 주목할 사실은 계산주의든 연결주의든 모두 인간의 인지 기능에 대한 모종의 시뮬레이션을 기반으로 하는 인공지능 이론들이라는 것이다. 그러나 양자가 지능을 규정하는 방식은 상이하다. 먼저 계산주의는 지능의 알고리듬화를 꿈꾸는 입장으로서 일단 정보가 주어지면 그것을 입력부터 출력까지 기호화한 상태로 규칙들에 의거해서 처리한다. 이러한 접근은 고전적 디지털 컴퓨터 모델을 표방하여 정보처리 작업에 요구되는 규칙들을 망라할 체계를 실제로 드러내는 일을 수행하는 것에 매진한다. 반면에 연결주의는 두뇌의 신경세포들이 전기적 영향을 매개로 상호작용하는 가운데 이루는 망(그물)상 구조를 그대로 기술적으로 구현한 입장으로서 정보의 병렬분산처리 과정을 체계화하는 과제를 끌어안는다. 이러한 접근은 연결망을 이루는 단위인 유닛들의 활성화 여부와 그 활성화 여부로 나타나는 다양한 패턴들의 분석에 기초해서 우리가 꿈꾸는 이상적 방향으로 지능을 계속해서 서서히 훈련시켜 가는 것을 추구한다. 지능적 활동의 본성을 밝히는 데 이처럼 서로 다른 시각을 노정하는 계산주의와 연결주의를 고려하면, 이제 양자가 어떤 맥락에서 크게 거부감 없이 연역주의에 방법적 뿌리를 내리는 이성주의와 귀납주의에 방법적 뿌리를 내리는 경험주의에 각각 관계되는 것인지를 이해하는 것도 어렵지 않아 보인다. 연역주의로 무장한 이성주의는 결론의 진리성이 전제의 진리성에 의거해서 반드시 확보되게 함으로써 논증의 형식 자체에 들어맞는 내용만을 전제에서 결론으로 나아가는 분석에서 실제로 수용될 수 있도록 하는데, 계산주의는 지능적 활동을 주어지는 정보 분석을 위한 규칙들의 통일된 체계로 여김으로써 이제 그러한 (이성론적) 색채를 띠고, 귀납주의로 무장한 경험주의는 논증의 형식에 구속됨 없이 전제에 없는 내용이 담긴 결론이 있게 하는데, 연결주의는 지능적 활동을 연결망에서 보이는 유닛들의 활성화 패턴들의 종합으로 봄으로써 이제 그러한 (경험론적) 색채를 띤다.[10]

이상의 논의로 필자가 김준성의 훌륭한 철학사적 통찰을 수용하여 수행한 필수적 작업인 계산주의와 이성주의의 그리고 연결주의와 경험주의의 관계에 대한 해명은 빠진 부분 없이 충분히 이루어진 듯하다. 아울러 그러한 해명의 결실로 인해 전자의 연역적−분석적 사유

---

10   김준성(2022), pp. 175−176 참조.

와 후자의 귀납적–종합적 사유가 대비되어 시야에 들어오는 상황도 맞이했다.

이어지는 절에서 필자는 이러한 뼈대를 이루는 서술에 기반하여 계산주의와 연결주의가 오늘날 상호 갈등을 빚는 상황을, 이제 양자의 핵심 기조를 흔히 표준적으로 잘 대변한다고 생각되는 일군의 학자들이 소속된 입장에서 내는 목소리가 일치를 보이는 부분에 집중해서 꼼꼼히 검토할 것이다. 그러므로 계산주의의 경우에서든 연결주의의 경우에서든 얼마든지 각각의 입장에서 가능할 스펙트럼의 다양성은 도외시된다. 오히려 논의의 큰 틀에서 실제로 수용 가능한 다소 온건성을 띠는 내용만이 각각의 입장의 핵심인 것으로 간주될 것이다.[11] 필자는 이 방식이 제대로 작동할 수 있도록, 계산주의를 포더와 필리신 그리고 맥로플린이 실제로 공유하는 사유 흐름에 특히 주목해서 살피고, 연결주의를 스몰렌스키가 지속적으로 취하는 입장을 염두에 두고서 살핀다. 이러한 작업이 성공적으로 수행된다면 양자가 지니는 차별화된 성격에서 나타나는 각각의 장단점이 체계적으로 두드러질 것이다.

3. 계산주의 vs. 연결주의: 표상들의 '체계성'과 '조합성'을 중심으로

필자는 오늘날의 인지과학 분야에서 실제로 계산주의자들과 연결주의자들이 서로 큰 틀의 합치에 이르기 어려운 주된 이유가 그들이

---

11 물론 계산주의에서든 연결주의에서든 그저 극단적 사유 형태를 지지하는 사람도 있기는 하겠지만 그러한 접근 방식은 과격함 탓에 오늘날 크게 지지를 얻지 못하고 있다. 본고 주석 19 또한 참조.

우리의 사고와 언어에 내재하는 것으로 간주하는 몇몇 불가피한 특질들에 대해 해명하는 과정에서 결이 전적으로 다른 생각을 이미 전제하고 있기 때문으로 본다. 그러한 성질들 중에서 필자는 특히 '체계성'과 '조합성'이 가장 주목받을 필요가 있다고 생각하며, 대부분의 계산주의 대 연결주의 논의들도 역시 이 둘을 지능적 활동의 본성을 규명하는 철학적 활동에서 주도적 역할을 수행하는 것들로 여긴다.[12] 아울러 다음 절에서 구체적으로 논구될 칸트의 건축술도 체계성과 조합성을 고르게 시야에 두고 있음을 염두에 둔다면 양자에 대한 총체적 이해는 필수적일 수밖에 없겠다.

그렇다면 체계성과 조합성은 무엇인가? 일단 용어가 다르기 때문에 양자는 분명히 서로 의미상 구별될 듯한데 각각은 어떤 상이한 의미를 지니는 것일까? 양자가 차별화된 의미를 갖더라도 상호 연계성을 보이는 것은 아닐까? 체계성과 조합성이 함께 어울려서 언급되는 상황은 실제로 이 연계가 부정될 수 없음을 방증하지 않는가? 필자는 꼬리에 꼬리를 물고서 이어지는 이와 같은 물음들에 대한 답변을 의미 있게 가꾸는 것에 우선하여 이 두 특질들은 일종의 규칙성을 뜻하는 것이라는 사실을 밝히면서 논의를 시작한다. 그리고 이러한 사실은 계산주의자들에게서나 연결주의자들에게서나 그들의 기조 차이에 무관하게 기꺼이 수용되는 기본적 전제와 같은 것으로 보인다. 하지만 표준화된 양자의 방법론에 입각해서 문제시된 사태를 충실하게 살피면, 계산주의와 연결주의는 체계성과 조합성을 규칙성으로

---

12   포더와 필리신은 언급된 체계성과 조합성에 더해 생산성과 추론에서 나타나는 정합성도 고려하여, 결국 이 넷을 인간의 지능에 내재하는 것들로 여긴다. Fodor & Pylyshyn(1988), pp. 33-50 참조.

인정하기는 하면서도 그러한 규칙성 개념을 이해하는 것에서 대체로 좁히기 어려운 차이를 노정한다. 바꿔 말해, 계산주의가 그것들에서 이야기하는 규칙성은 상당히 딱딱하게 고정된 개념인데, 연결주의가 그것들에서 이야기하는 규칙성은 적당히 부드러운 유연한 개념이다.

실제로 스몰렌스키는 자신의 연결주의가 성공적으로 계산주의를 대체하는 것을 꿈꾸면서 인간의 인식에서 피할 수 없이 나타나는 역설에 주목하여 그것을 해결할 방안을 강구하는 가운데 앞서 필자가 사용했던 표현들인 '딱딱하다'와 '부드럽다'를 맞세워서 사용한다. 그는 양자의 대비되는 의미를 이제 아래처럼 간단하게 새기고자 한다.

> [인식의] 역설은 충분히 단순하게 다음처럼 말해질 수 있겠다. 한편으로 인식은 딱딱하다is hard. 다시 말해, 논리 규칙들에 의해 또는 언어 규칙들에 의해 특징지어진다. 다른 한편으로 인식은 부드럽다is soft. 다시 말해, 만약 당신이 어떤 규칙들을 세운다면, (인공지능 프로그램들을 이름하는) 자동형식 체계들에 그러한 규칙들을 실현하는 것은, 우리가 진정한 지능으로 부르고자 하는 것을 이루도록 하기 위해, 실행되는 과정에서 너무 유동적이지도 않지만 심하게 고집스럽지도 않은 체계들을 가꾸는 것일 것이다. [13]

그는 인식의 역설을 상호 구별되는 두 기능이 각각 성격을 심각하게 달리하기 때문에 조화되기 힘든데도 불구하고 함께 인식을 위해 맞물릴 것이 요구되는 상황으로 이해한다. 다시 말해, 두뇌의 딱딱한

---

13   Smolensky(1987), pp. 137-138.

기능은 표상들의 구조화—기호화 과정에서 역할을 떠맡게 되지만 [고차원적 인식능력], 두뇌의 부드러운 기능은 표상들이 띠는 다양성—세부성 포착 과정에서 역할을 떠맡기 때문에 [저차원적 인식능력], 양자는 현저히 다르고 그 결과로 긴장이 양자의 동행에는 놓이는 상황인데 인식을 위해서는 그러한 동행이 요구될 수밖에 없다는 것이다. [14] 하지만 스몰렌스키는 화합이 요구되는 이 두 기능에 동등한 무게의 추를 두지는 않는다. 또한 포더와 필리신 그리고 맥로플린도 이러한 사유를 따르는 것에 대체로 불만을 느끼지 않는 것 같다. 그러나 상이한 시각을 견지하는 그들에게 공통되는 사유는 여기에서 끝난다. 전자의 연결주의에 따르면, 〈딱딱함은 부드러움으로부터 생겨난다〉는 모토가 걸리기 때문에 부드러운 기능에 논의의 중심이 놓이지만, 후자의 계산주의에 따르면, 사유가 이제 완전히 반대되는 방향으로 바뀌면서 〈부드러움은 딱딱함으로부터 생겨난다〉는 모토가 걸리기 때문에 오히려 딱딱한 기능에 논의의 중심이 놓인다. [15] 대비되는 이 두 모토들은 결국 지능에 대한 논설에서 반목하는 계산주의와 연결주의를 압축해서 드러내는 대표적 장치인 셈이다.

필자는 모토 집중 서술이 계산주의 체계에는 규칙성이 있고 연결주의 체계에는 규칙성이 없는 것으로 보는 오해를 때때로 낳기 쉽다고 보며, 실제로 계산주의가 연결주의를 매섭게 비판하는 많은 경우에 이와 같은 오해가 매우 자연스레 비판의 기저에 깔려 있다고 믿는다. 하지만 두 상술된 모토들의 깊은 뜻에서 이미 보이듯이, 양자가

---

14   Smolensky(1987), p. 138 참조.
15   Smolensky(1987), pp. 139–140 참조.

규칙성을 바라보는 차이는 규칙성의 현존과 부재로 가름되는 차이가 아니라 순전히 규칙성의 강함과 약함이 구별되는 차이에 있는 것이다. 다시 말해, 계산주의는 규칙성을 딱딱하다고 간주하는 탓에 규칙들은 애당초 고정성을 지니는 것으로서 주어지며 그것들에 의해 표상들이 규정됨으로써 유연성이 조금씩 조금씩 체계에서 실제로 줄어들게 된다고 보지만, 연결주의는 규칙성을 부드럽다고 간주하는 탓에 규칙들은 애당초 표상들의 유연성이 상당히 높은 정도로 통제되는 상황에서 보이는 연합을 의미할 뿐이며 결국 그러한 연합의 세기가 갈수록 더해짐에 따라서 고정성이 조금씩 조금씩 체계에서 실제로 늘어나게 된다고 믿는다. 그렇지만 규칙성 개념이 양자에서 이처럼 상이하게 이해되는 상황을 한낱 (규칙성의) 정도 차이로 새긴다고 하더라도 여전히 남는 문제는 있다. 계산주의적 규칙성 사유에서는, 체계에서 가정되는 규칙들의 고정성이 어떻게 정당화 가능한 것인지가 해명될 필요가 있겠다. 만약 그러한 중차대한 전제가 아무 논증에도 기반하지 않고서 필요에 따라서 취해지는 것이라면, 계산주의는 결국 독단주의로 치달을 것이므로 선뜻 수용되기 힘들다. 또한 반대로 이제 연결주의적 규칙성 사유에서는, 체계를 구성하는 표상들에 우선해서 규칙들의 고정성이 가정되지 않음에도 불구하고 어떻게 표상들의 유연성이 의미 있는 방식으로 통제되어 연합이 이룩되는 상황이 가능한 것인지가 해명될 필요가 있겠다. 만약 그러한 연합의 기제를 가장 근원에서 정초할 방식을 통찰하지 못한 채로 그저 양산되는 연합에만 순전히 집중하는 것이라면, 연결주의는 결국 회의주의로 치달을 것이므로 역시 똑같이 선뜻 수용되기 힘들다. 실제로 계산주의와 연결주의를 이처럼 위협하는 (독단주의적 그리고 회의주의적) 어려움은 칸트가 이성주의와 경험주의에 가하는 비판에서 목격되는 (이성주의의 독단주의화 및 경험주의의 회의주의화) 문제와도 연결된다.(특히 Aix–xii 및 B22–25 참조) 따라서 본고에서 칸트를 이야기할 당위는 갖추어진 셈이다. [16]

필자는 계산주의자들이든 연결주의자들이든 그들이 논변에서 제 아무리 세련화를 꾀한다고 한들 그들이 결국 수용하는 규칙성 개념 자체에 도사리는 (독단주의적 그리고 회의주의적) 장애를 근본적으로 제거할 해결책을 마련하지 못한다면, 논의에 진전이 없을 뿐만이 아니라 종국에는 의도했던 기획이 관철되기 어려울 것이라고 생각한다. 실제로 이와 같은 내용에 암암리에 공감하기 때문인지, 그들이 자기 입장에 대해 확증을 주기 위해 상대 입장에 대해 반박을 가하는 경우에 자연스레 취하는 전략은 상술된 체계 내적 문제를 지적하는 것이다. 이러한 전략은 여전히 오늘날까지도 유효하여 계산주의 대 연결주의 논쟁에서 피할 수 없이 소환되는 내용은 무엇이든 언제나 그 문제를 중심으로 삼아서 나타난다.

여태껏 논술된 계산주의와 연결주의의 규칙성 개념에 대한 이해를 배경으로 두고서 이제 미루었던 체계성 논의와 조합성 논의에 착수하자. 이미 앞서 체계성과 조합성이 다름 아닌 규칙성을 뜻하는 것임은 뚜렷이 밝혀졌다. 그렇다면 인간의 사고와 언어에 있다고 가정되는 양자는 서로 어떻게 구별되는 이름을 얻는 것일까? 보통의 온건한 인공지능 담론에 따르면, 체계성은 만약 누군가가 aRb를 이해할 수 있다면 bRa도 이해할 수 있으며, 또한 그 역의 경우에도 똑같은

---

16 예고되었듯이, 본고의 제4절 논의를 통해 칸트의 건축술이 구체적으로 다루어질 것이다.

논리 규칙이 작동하여, bRa를 이해할 수 있다면 aRb도 이해할 수 있다고 주장하는 것을 의미한다.[17] 따라서 예를 들어 실제로 이제 'a'와 'b'와 'R'에 각각 '두치'와 '뿌꾸'와 '돕다'를 넣어 따져 보면, 우리가 〈두치는 뿌꾸를 돕는다〉는 문장을 이해하면 우리는 〈뿌꾸는 두치를 돕는다〉는 문장도 이해하며, 역으로도 마찬가지로 작동하는 논리 규칙이 여기에서 항상 전제되기 때문에 또한, 우리가 〈뿌꾸는 두치를 돕는다〉는 문장을 이해하면 〈두치는 뿌꾸를 돕는다〉는 문장도 이해한다. 조합성은 일반적으로 체계성이 있는 곳에 거의 함께 있기 때문에 분별되는 것이 어렵기는 하지만, 체계성을 띠는 문장들을 이루는 요소들을 일컫는 구성소들의 동일한 의미론적 기여를 규정하는 성격으로 이해된다. 다시 기호를 사용해서 표현해 보면, 구별되는 두 문장들인 aRb와 bRa가 체계성을 지닌다면, 전자에서의 세 구성소들과 후자에서의 세 구성소들은, 다시 말해, 〈a, R, b〉와 〈b, R, a〉는, 그것들의 개별적 의미의 결합에 기초해서 aRb와 bRa의 전체적 의미를 각각 구성해 나가는 과정에서 똑같이 기여한다.[18] 다시 상술된 사례에 적용해 보면, 주지하듯이 세 구성소들인 '두치'와 '뿌꾸'와 '돕다'가, 〈두치는 뿌꾸를 돕는다〉는 문장으로 배열되어 나타나든 〈뿌꾸는 두치를 돕는다〉는 문장으로 배열되어 나타나든, 각각은 문장의 전체적 의미를 가꾸는 과정에서 떠맡는 의미론적 역할이 동일하다.

표준화된 계산주의와 연결주의가 공유하는 일종의 규칙성인 체계성과 조합성이 차례대로 이렇게 정의되면 언뜻 보기에 대체로 현재

---

17   Fodor & Pylyshyn(1988), pp. 37–41 참조 및 Fodor & McLaughlin(1990), p. 185 주석 1 참조.
18   Fodor & Pylyshyn(1988), pp. 41–46 참조 및 Fodor & McLaughlin(1990), p. 185 주석 1 참조.

논의에서 우위는 연결주의가 아니라 계산주의에 놓이게 될 것 같은데, 왜냐하면 체계성과 조합성은 아무래도 우리의 언어와 사유를 이루는 구별되는 여러 표상들과 그것들의 여러 요소들을 순전히 독립된 개개 원자 단위로 다루는 것보다는 어떤 구조성을 띠는 구성소로 다루는 것에 오히려 부합하는 면이 많기 때문이다. 보통의 무리 없는 경우에, 전자의 원자론적 접근이 연결주의에서 쉽사리 지지되는 반면에, 후자의 구조론적 접근이 계산주의에서 쉽사리 지지되는 편이니, 지극히 상식적으로 살피면, 이러한 예측은 상당히 합당해 보인다. 하지만 일상의 상식이 여전히 완벽하게 다 떨쳐내지 못하는 선입견은 우리가 표준화된 계산주의와 연결주의를 검토하고 있다고 생각하는 중에도 고려되는 양자의 실상은 흔히 여하한 이유로 그것들의 가장 극단적 형태들이라는 것이다.[19] 그리고 분명한 사실은 극단화된 계산주의와 연결주의가 주제라면 논의는 의도했던 결실에 이르지 못한다는 것이다. 그러한 경우에 논의는 모/도 내지 흑/백 논리로 작동하기 때문에 고정성만을 체계 내에서 찾는 계산주의나 반대로 유연성만을 체계 내에서 찾는 연결주의가 우리의 시야에 들어올 뿐이다. 더군다나 오늘날의 계산주의 대 연결주의 논의에서 중시되는 사유의 핵심은 양자를 절충하는 것에 놓인다는 사실을 이제 충분히 감안하는 것은 물론이고 논의의 의미 있는 진전을 도모하기 위한 목적에서라도 결국 섣부르게 취해진 양자 사이의 우위 판별에 대한 상기의 (철

---

19 극단적으로 나타나는 계산주의는 아무 유연성 없는 규칙들을 보이는 작업에만 관심을 기울이는 반면에 극단적으로 나타나는 연결주의는 애당초 규칙들의 존재를 부정하고 유연성만을 인정한다. 스몰렌스키는 촘스키와 드라이퍼스를 각각의 대표자로 꼽는다. Smolensky(1987), p. 138 참조.

학적 반성이 결여된) 예측은 거두어들여져 가장 근본에서부터 새롭게 재검토될 필요가 있을 것 같다.

따라서 필자는 우리의 언어와 사유에 체계성과 조합성이 있다고 보는 것에서 딱히 이견을 드러내지 않는 입장들로 계산주의와 연결주의가 간주되는 한에서 그리고 실제로 표준화된 양자의 입장들은 그렇게 등장하기 때문에 계산주의 대 연결주의 논의가 변함 없이 탐구될 만한 철학적 가치를 지니는 것으로 보며, 문제시된 체계성 논의나 조합성 논의와 관련해서 양자 사이에 일방적으로 나름의 우열 관계가 설정되어 판별될 수 있다고 생각하지 않는다. 그렇지만 흥미로운 사실은 체계성과 조합성이 계산주의자들에게서나 연결주의자들에게서나 공유되는 특질들이기 때문에 진정으로 문제가 발생한다는 것이다. 모름지기 이 두 입장들은 이러한 특질들이 그들의 체계 내에 있음을 문제삼기보다는 어떻게 그것들이 있는 것인지를 사실상 문제삼으니 말이다. 사정이 이렇기 때문에 이제 문제는 결국 계산주의와 연결주의가 나름의 기조에 충실하면서도 얼마나 설득력 있게 논변을 전개하게 되는가 하는 것이 된다. 그리고 의심의 여지 없이 실제로 논변의 설득력을 좌우하게 되는 것의 중심에는 앞서서도 이미 한차례 언급됐던 각자의 체계를 근본에서부터 위협할 물음이 위치한다. 다시 말해, 계산주의가 떨치기 힘들어 보이는 독단주의와 연결주의가 떨치기 힘들어 보이는 회의주의가 여기에서 소환되는 방법론적 난관이다. 계산주의가 시나브로 독단주의에 빠지게 될 우려는 체계에서 규칙들의 고정성이 논증 없이 전제되고 있음에도 불구하고 그러한 가정에 의문을 제기하지 않으려는 태도에서 드러났고, 연결주의가 시나브로 회의주의에 빠지게 될 우려는 체계에서 표상들의 유연성이 일정하게 통제된 결과물인 연합을 가능하게 만드는 조건들에 대한 탐구는 일절 배제하고서 막연히 피상적으로 사태들을 살피려는 태도에서 드러났다.

하지만 계산주의에 독단주의가 그리고 연결주의에 회의주의가 이처럼 매우 피하기 힘든 위험으로 도사리는 상황이라면 체계성과 조합성이 어떻게 그러한 방법론적 문제에 마침내 시달리지 않는 방식으로 이해되는 것이 가능할까? 앞서 탐구됐던 논점들에 기반해서 보면, 가능한 최선의 방식은 마땅히 계산주의를 좀 더 연결주의에 가깝게 이르게 하면서 동시에 연결주의를 좀 더 계산주의에 가깝게 이르게 하려는 시도로 나타날 것이다. 만약 두 다른 지점에서 시작된 이러한 쌍방향의 접근이 완전히 중앙에서 만나서 일치를 이루게 된다면, 이제 계산주의와 연결주의를 서로 구별되게 만들었던 경계선이 사라지는 관계로 곧 하나로 통합되는 인공지능 이론만이 그것이 뭐라고 불리든 간에 있게 되는 상황이 마련될 것이다.

그러나 이와 같은 목표를 추구하는 것이 얼마든지 논리적으로야 문제 없이 가능하겠지만, 계산주의와 연결주의가 여전히 반목하여 끊임없이 자웅을 다투는 오늘날의 현실에서 그러한 이상적으로 보이는 상황의 도래를 기대하기는 힘들 것 같다. 오히려 양자 간에 놓인 거리를 기존보다 가능한 한 최대로 좁혀가는 것이 더욱 현실성 있을 것이다. 필자는 우리가 실제로 표준화된 계산주의와 연결주의를 고려하는 경우에 이처럼 현실성이 꽉 채워진 방안을 가꾸기 위한 노력의 일환으로 여겨질 만한 것들이 이 두 입장들 모두에서 두드러진다고 생각한다. 결국 계산주의나 연결주의나 상호 절충점에 이르고자 기도하는 과정에서 체계성과 조합성을 그저 아무 현실성 없는 이상에 빠짐없이 규정할 토대를 갖추게 되는 셈이니 이제 논의는, 표준화된 계산주의와 연결주의에 공통되는 기틀을 파헤치는 작업에서부터 시작하여 그러한 기반 위에서 서로 다르게 펼쳐지는 양자의 논점들을 단계별로 검토하고 이어서 기조 자체가 상반되는 이 두 입장들이 각각에 내재하는 독단주의적 그리고 회의주의적 어려움을 떨쳐서 바람직한 인공지능 이론으로 종합되는 모습을 보이는 것으로 끝을 맺음이 합당할 듯하다.

표준화된 계산주의를 옹호하는 포더와 맥로플린이 사실상 표준화된 연결주의를 옹호하는 스몰렌스키에게서 다소 어슴푸레하게나마 그들이 전제하는 것들과 똑같은 내용들을 찾아서 열거하는 모습은 따라서 예고된 방향으로 논의가 펼쳐져 가도록 첫 단추를 끼우는 것이다. 포더와 맥로플린은 그들이 체계에서 용인하는 내용들 중에서도 최소한 아래에서 명시되는 전제들 넷은 실제로 스몰렌스키도 수용하고 있다고 생각한다. 문제시된 전제들은 서로서로 연이어져 순서대로 나타난다.

(a) 인식능력들은 [앞서 밝혀졌던 체계성 개념의 의미에 기초해서 보면] 인간에게서나 인간보다 하위에 있는 종으로 여겨지는 유기체들에게서나 일반적으로 체계적이다.

(b) (a)가 그렇[참이]다는 것은 법칙론적으로 필연적[…]이다.

(c) 그러므로 그것의 기능함 덕분으로 인식능력들이 체계적이게끔 되는 어떤 심리학적 기제가 있어야만 한다.

(d) 적절한 인식건축구조 이론은 이 심리학적 기제를 드러낼 것이

다.[20]

포더와 맥로플린에 따르면, 일단 이 넷은 그들에게서나 스몰렌스키에게서나 받아들여지는 전제들로 가정되는 상황이기 때문에 그들이 옳다면 사유의 공통적 기반은 확보된 셈이다. 필자는 이러한 진단에 별반 문제될 것이 없다고 본다. 따라서 계산주의 대 연결주의 논의는 요구되는 온건화 목적에 부합하게, 양자에서 공유되는 [(a), (b), (c), (d)] 전제들에 토대해서 앞으로 차차 진행될 필요가 있을 것이다. 마땅히 그러한 작업에 앞서 수행될 과제는 상술된 전제들이 각각 의미하는 실질적 내용이 무엇인지를 밝히는 것이다.

먼저 (a)를 보면, 인간의 인식능력들은 체계적이라는 것이다. 여기에서 의미되는 체계성은 앞서 한 차례 정의됐던 내용에 기초한다. 본고는 논의의 초점을 우리 인간의 언어와 사유를 탐구하는 것에 맞추므로 논의가 방만해지지 않도록 인간보다 하위에 있는 종으로 여겨지는 것들에 대한 관심은 일단 접는다. 실제로 인간의 인식능력들이 체계적이라는 주장은 이후에 그것들이 작용하는 (마음 안의) 표상들이 체계성을 띤다는 주장과 연계되는 모습을 보인다. 계산주의자들이든 연결주의자들이든 전자의 주장과 후자의 주장에 엄격한 구별을 두지는 않는 것 같다. 오히려 그들에게 양자는 자유롭게 호환되어 사용되며, 전자에 비해서 후자의 사용 빈도가 대체로 높다. 나아가 (b)를 살펴면, 인간의 인식능력들은 체계적이라는 주장이, 또한 다른 말로, 인간의 인식능력들이 작용하는 (마음 안의) 표상들이 체계적이라는 주장이, 진리임은 실질적

---

20   Fodor & McLaughlin(1990), p. 185.

으로 현실에서 인정될 수밖에 없다는 것이다. 여기에서 필연성을 수식하는 용어인 '법칙론적^{nomological}'개념은 이 주장에 순전히 논리적 차원의 모순이 없다는 것 이상인 실재적 차원에서 예외 없이 성립하는 사실을 말하기 위해 아마도 덧붙여진 듯하다. 다음으로 (c)를 검토하면, 문제시된 체계성이 가능하기 위해서는 결국 그것의 기저에 놓여 작동하는 어떤 심리학적 기제가 반드시 있어야만 한다는 것이다. 규칙성의 일종인 체계성이 어느 날 문득 하늘에서 갑작스레 떨어져서 주어지는 것이 아닌 이상 일정한 작동 기제가 요구되는 상황은 당연하고, 우리는 마음에 관계되는 체계성 문제를 일관되게 다루고 있으니 말할 것도 없이 그러한 기제는 심리학적으로 새겨질 것이다. 더욱이 예측이 가능한 내용은, 아직 논의가 심리학적 기제에 대한 구체화에 이르지는 않았지만 앞서 체계성 개념에 대한 접근에서 계산주의와 연결주의가 드러냈던 차이를 재차 곱씹어 볼 때 그것에 대해 양자가 논구하는 내용들도 실제로 매우 상반될 것이라는 사실이다. 마지막으로 (d)를 이야기하면, 적절한 인식건축구조 이론은 그 구조를 특징짓게 만드는 심적 작동 방식을 으레 항상 보이게 된다는 것이다. 적절한 인식건축구조 이론을 통해 이후에 표면화될 심리학적 기제는 계산주의의 알고리듬 형이상학과 연결주의의 유닛그물 형이상학의 대비로 두드러질 것인데, 이러한 대비가 본고의 가장 핵심을 건드릴 것이다.

인용됐던 네 전제들을 살피는 과정에서 논의는 조합성에 대한 언급 없이 그저 체계성을 따지는 것에만 편의상 포더와 맥로플린을 따라서 쏠리게 되기는 했지만, 별반 다르지 않은 논의가 얼마든지 체계성에 더해 조합성도 포괄하는 상태로 구성되는 것도 쉬이 가능하다.[21] 하지만 논의의 확장된 재구성을 꾀하는 것보다 중요한 것은 계산주의와 연결주의가 모두 각자의 표준화된 틀에서 수용하고 있다고 여겨지는 이 네 전제들에 양자가 보이는 완전히 똑같지는 않은 태도이다. 무엇보다 (a)와 (b)에 대해서는 일단 계산주의나 연결주의나 모두 전적으로 합치를 이루는 수용을 보이지만, 나머지인 (c)와 (d)에 대해서는 양자가 큰 틀에서 심리학적 기제의 당위성과 그것을 표면화할 적절한 인식건축구조 이론의 가능 여부에 대해 일치되는 목소리를 내면서도 각자의 입장에서 선호되는 의미를 그것들에 부여하기 때문에 수용에서 전적으로 합치에 이른다고 보기에는 무리가 있을 것이다.

그렇다면 표준화된 이 두 입장들이 공통되는 기반으로부터 출발하고 있음에도 불구하고 양자가 계산주의와 연결주의로 나뉘게 된 까닭은 (a)와 (b)가 아니라 (c)와 (d)에 있다고 볼 필요가 있을 것이다. 이제 논의의 핵심 쟁점이 더욱 두드러지도록 하기 위해 스몰렌스키는 네 전제들에 관계되는 내용을 압축해서 아래처럼 두 테제들로 간단하게 정리한다.

　　(T1) 사유들은 조합적 구조를 갖는다.

21　필자는 지면의 제약 때문에 이제껏 이야기된 체계성 논의에 어울리도록 조합성 논의를 구성하는 데까지 논의를 끌고 가지는 않겠다. 또한 그러한 논증 구성 작업을 위해 별도로 애쓸 필요가 없는 이유도 이제 다음과 같은 포더와 필리신의 주장에 따르면 분명해 보인다: "[…] 체계성으로부터의 논증, 조합성으로부터의 논증, 그리고 추론적 정합성으로부터의 논증은 […] 사실상 거의 똑같다really much the same." [필자는 저자의 분명한 실수로 보이는 "influential"을 "inferential"로 바꾸어서 수정된 원문의 번역을 제시한다.] Fodor & Pylyshyn(1988), p. 48.

(T2) 심적 과정들은 이 조합적 구조에 민감하다.[22]

　　스몰렌스키는 포더와 필리신이 이 두 테제들을 그들의 계산주의에서 보이는 성격 자체에 관계지어 척도로 세우고서 그가 대변하는 연결주의를 종국에는 비관적으로 재단하는 매우 심각한 오류에 빠져 있다고 믿는다. 오히려 스몰렌스키에 따르면, 포더와 필리신이 제대로 표준화된 연결주의를 살핀다면 그들의 표준화된 계산주의에 못지않게 그의 사유에도 또한 실제로 (T1)과 (T2)가 수용될 수 있음이 분명해질 것이다. 따라서 결국 쟁점은 (T1)과 (T2)가 어디까지나 계산주의만의 전유물인지 연결주의와의 공유물인지 따지는 것에 놓인다.

　　필자는 이 과제에 착수하기 전에 (T1)과 (T2)를 통해 나타나고 있는 용어들 몇몇에 대해 명료화할 필요가 있다고 생각한다. 먼저 '사유'는 필자가 보통의 경우에 '언어'와 함께 묶어서 통칭했던 이름('표상')으로 이해하면 무리가 없을 것 같다. 필자는 논의에 가급적 통일성을 주기 위해 이후에도 '표상' 용어를 붙들 것이다. 다음으로 '구조' 표현인데, 표상들의 체계성과 조합성을 지시하기 위해 사용되는 용어로 간주하면 이해가 쉬울 것이다. 물론 그 앞에 '조합적'이라는 수식어가 있지만 이내 그것은 얼마든지 '체계적'이라는 수식어로 대체되더라도 문제되지 않을 것 같다. 오히려 여기에서 구조로 의미되는 내용을 가장 잘 나타낼 수 있는 용어는 '구성소 구조'일 듯하다.[23] 표상들은 규칙성을 지니는데 그

22　Smolensky(1987), p. 143.

23　실제로 스몰렌스키는 자신의 논문에서 (T1)과 (T2)를 소개하는 내용을 모두 포괄하는 절의 제목에 대표적으로 구성소 구조 개념을 명문화한다: "Fodor and Pylyshyn on the Constituent Structure of Mental States", Smolensky(1987), p. 143. 필자는 이 개념을 표상들이 체계성과

러한 규칙성은 어디까지나 그것들이 구조를 구성하는 요소들이 되는 한에서만 부여되며, 그것들이 구조에 관계되지 않는 원자화된 요소들이라면 규칙성이 애당초 그것들에 존재할 수 없음을 그 표현은 잘 드러내 보이니 말이다. 그리고 '심적 과정' 표현의 뜻은 곧 앞서 언급됐던 심리학적 기제에 상응하게 새겨지면 별도로 부연할 필요 없이 정확할 것이다.

이제 이미 운이 떼어졌던 쟁점으로 돌아가서 논의를 단계별로 하나씩 하나씩 검토하자. 표준화된 계산주의 대 연결주의 논의에서 가장 중요한 것은 (c)와 (d)에 대한 양자의 거의 합치되면서도 모름지기 접근법에서는 미묘하게 달라지는 목소리가 결국 (T1)과 (T2)의 수용 문제에 어떻게 영향을 미치는가 하는 물음이다. 표준화된 계산주의와 연결주의가 기초하는 공통적 전제들이 있으며, 그것들이 (T1)과 (T2)로 나타나니, 양자에서 (c)와 (d)가 공유되는 반면에 취급 방식이 다르다는 이유로 어느 편에든 (T1)과 (T2)가 수용되지 않으면 곤란하다.

그들[포더와 필리신]은 표준화된 연결주의에서 모든 표상들은 원자적이라고 주장한다. 다시 말해, 심적 상태들은 조합적 구조를 갖지 않으므로 (T1)을 위반한다. 이에 더해, 그들은 표준화된 연결주의적 과정성은 단지 통계statistics에만 민감한 연합일 뿐이지, 구조structure에는 민감하지 않다고, 즉, (T2)를 위반하고 있다고 주장한다.[24]

계산주의에서든 연결주의에서든 체계가 표준화된 형태로 고려되고

조합성을 지닌다는 의미로 새길 것이다.

24   Smolensky(1987), p. 143.

있음에도 불구하고 (T1)과 (T2)가 수용될 수 없다면, 결국 양자가 함께 뿌리내린 출발점이 부정되는 것이라서 모순을 피할 수 없기 때문에, 어떻게든 이 두 테제들을 체계 내에 수용하는 길을 마련하는 작업이 필요할 것이다.[25]

위의 인용문을 보면, 포더와 필리신은 딱딱한 체계성과 조합성을 애당초 고려하는 가운데 표상들은 구조를 구성하는 데 기여하게 된다고 생각하고, 실제로 체계성과 조합성을 이처럼 규정하는 데 실패하는 스몰렌스키는 표상들을 그저 아무 구성소적 성격도 지니지 못하는 무기력한 원자들로 여기는 중대한 잘못을 범한다고 나무란다. 하지만 스몰렌스키에 따르면, 그가 심중에 두는 부드러운 체계성과 조합성도 얼마든지 표상들을 구성소로 품을 수 있는 여지가 있기 때문에, 포더와 필리신이 일단 가장 먼저 제기하는 비판은 대체로 힘을 잃는다. 그리고 그 비판에 연관되어 다음으로 나타나는 포더와 필리신의 주장은 표상들이 순전히 원자적일 뿐이라서 구성소로 여겨지지 않는다면 마땅히 그것들을 규제할 심리학적 기제는 통계(표상들의 임의적 관계맺음)에만 그치게 될 뿐이니 구조(표상들의 법칙적 관계맺음)에로 진전을 이루지 못하게 된다는 것이다. 그러나 스몰렌스키에 따르면, 이러한 생각도 똑같이 계산주의가 분별없이 연결주의를 진단하는 상황에 기인하기 때문에 지지를 얻기는 힘들다. 계산주의에서와 마찬가지로 연결주의에서도 표상들이 구성소적 성격을 지닌다면 그것들이 실제로 통계적 결합을 넘어서는 구조적 결합을 이루지 못

---

25 요약해 보건대, 표준화된 계산주의 대 연결주의 논의에서 (T1)과 (T2)를 수용하는 것은 모름지기 논의의 성립을 위한 최소한의 필수 조건이 되기 때문에 거부되기 힘들다.

할 이유가 사실상 없으니 말이다. 따라서 계산주의와 연결주의의 다툼은 표상들의 구성소 문제에 그 본질이 있다고 생각된다. 전자의 입장에서 살피면, 전자와 다르게 후자는 이 문제를 제대로 처방하지 못하는 것이고, 후자의 입장에서 살피면, 후자와 다르게 전자는 이 문제를 제대로 진단하지 못하는 것이다. 필자는 양자가 보이는 매우 뚜렷한 시각의 차이를 미국 콜로라도 볼더에서 개최됐던 제6회 인지과학회의 토론에서 불거져서 오늘날까지도 회자되는 커피 사례를 통해 검토한다.[26]

계산주의자들은 어떻게 연결주의자들이 부드러운 규칙성에 호소하고 있음에도 불구하고 딱딱한 규칙성을 취하는 경우에나 가능할 커피 한 컵의 표상을 얻게 되는지를 일단 묻는다. 계산주의적 표상 규정에서는 입력되는 정보가 기호화된 상태로 알고리듬 기제에 들어맞게 실제로 출력되는 결과물이 다름 아닌 문제시된 표상이기 때문에 제시되는 설명이 간단하다. 하지만 연결주의적 표상 규정에서는 정보의 병렬분산처리 모형에 항상 시선이 가기 때문에 연결망을 이루는 단위인 유닛들이 여러 갈래로 맺는 관계들의 복잡성이 부각되어 제시되는 설명에 애로가 수반될 뿐만이 아니라 때때로 문제시된 표상에 대해서도 회의가 제기된다. 그럼에도 불구하고 연결주의는 계산주의와 차별화된 방식으로 여실히 커피 한 컵의 표상을 구현하기 위해 노력한다. 먼저 연결망을 구성하는 일정한 개별적 유닛들을 목록화한 후에, 실제로 커피 한 컵의 표상에 관계되는 유닛(미세특

---

26 The Sixth Annual Conference of the Cognitive Science Society, June 28th~30th, 1984, Boulder, Colorado, U.S.A. https://cognitivesciencesociety.org 내의 지난 학술대회 목록 참조.

질)들을 열거하고, 그것들 각각의 활성화 여부 판별을 거쳐[27] 어떻게 그 표상이 유닛들로부터 체계적이고 조합적으로 구조화되도록 이끌리는 것인지에 대해 단계별로 설명한다.

이러한 전략이 실질적으로 성공을 거두면, 결국 구성소적 성격을 지니는 표상들이 이제 계산주의에서 못지않게 연결주의에도 가능함을 뜻하기 때문에 굉장히 중요하다.

계속해서 주장에 반론에 재반박이 한참 더해지는 문제인 커피 한 컵의 표상은 아래처럼 간략히 도식화되기에 이른다.

[유닛①] (1, ●) 수직으로 세워져 있는 용기

[유닛②] (1, ●) 뜨거운 액체

[유닛③] (0, ○) 나무와 접촉해 있는 유리

[유닛④] (1, ●) 자기로 둥글게 감싸져 있는 표면

[유닛⑤] (1, ●) 탄 냄새

[유닛⑥] (1, ●) 자기에 접촉해 있는 갈색의 액체

[유닛⑦] (1, ●) 자기로 둥글게 감싸져 있는 표면

[유닛⑧] (0, ○) 길쭉한 은색의 사물

[유닛⑨] (1, ●) 손가락이 들어갈 만한 크기의 손잡이

[유닛⑩] (1, ●) 곡선을 이루는 측면들과 바닥이 있는 것에 담겨 있는 갈색의 액체[28]

---

27 커피 사례에서 유닛들의 활성화와 비활성화 각각에는 숫자 1과 0이 할당되어 서로서로 구분되며, 중간적 수치들은 (예컨대 0.2, 0.5, 0.8 등등은) 고려되지 않는다.

28 Smolensky(1987), p. 145 참조 및 Fodor & McLaughlin(1990), pp. 190–191 참조. 하지만 이 두 부류의 학자들은 유닛들의 활성화와 비활성화 표기를 다르게 하기 때문에 필자는 '●/○'와

여기에서 연결주의가 표상하는 커피 한 컵은 결국 위의 열 개의 유닛들 중에서 사실상 [유닛③]과 [유닛⑧]을 제외한 나머지 여덟 개의 유닛들 모두가 활성화된 상태로 이해된다. 만약 커피 없는 컵을 표상하고 싶은 경우라면 [유닛①]과 [유닛④]와 [유닛⑦]과 [유닛⑨]를 활성화시키면서 나머지는 비활성화시키면 목표가 달성될 것이고, 반대로 컵이 없는 커피를 표상하고 싶은 경우라면 상황을 거꾸로 취해서 [유닛②]와 [유닛⑤]와 [유닛⑥]과 [유닛⑩]을 활성화시키면서 나머지는 비활성화시키면 목표가 달성될 것이다.

하지만 중요한 사실은 컵과 커피 사이에 구조를 이루는 과정에서 필요한 교호적 작용이 있어야만 전자의 표상 경우와 후자의 표상 경우가 결합되어 실제로 커피 한 컵의 표상에 이를 수 있는 조건이 갖추어진다는 것이다. 다시 말해, 전자의 표상과 함께 후자의 표상이 있는 상황을 통해 기대되는 커피 한 컵의 표상화가 각각 네 개의 유닛들로 묶인 유닛들의 취합('{([유닛①]+[유닛④]+[유닛⑦]+[유닛⑨]) + ([유닛②]+[유닛⑤]+[유닛⑥]+[유닛⑩])}')으로 이룩될 수는 없으며, 전자의 표상과 후자의 표상은 커피 한 컵의 표상이 진작부터 성취된 후에 그것에서 추출되는 요소들로 여겨지는 경우에만 결국 실질적 의미를 지니기 때문에[29] 컵과 커피가 서로 연관되는 맥락에 대한 고려가 요구되고, 이제 그러한 맥락을 놓치지 않는 한에서 전자의 표상과 후자의 표상은 구조에 민감성을 보이는 구성소적 역할을 수행하는 것들

'1/0'을 여기에서 동시에 기록했다.

[29] 만약 우리가 커피 한 컵의 표상을 미리 염두에 두지 않고서 전자의 표상과 후자의 표상을 말하면, 무엇에 의해서도 채워져 있지 않은 상태에 있는 컵은 표상될 수 있다고 하더라도 다소 기이하게 아무 용기에도 담겨 있지 않은 채로 존재하게 되는 커피를 표상해야 하는 어려움이 생긴다.

로 파악될 수 있다는 것이다. 물론 이렇게 이해되는 (표상들의) 구성소적 강도는 설령 용인되더라도 계산주의의 구성소들에서 보이는 것에 미치지 못할 것이다. 그러나 이 사정이 크게 문제될 것 같지는 않다. 왜냐하면 모름지기 딱딱한 규칙성 개념에 매달리지 않더라도 그것의 세기가 약해진 부드러운 규칙성 개념이 새롭게 대두되어 또한 매우 좋은 방식으로 체계를 구성하는 데 기여하게 된다면 이제라도 얼마든지 수용될 이유는 충분하기 때문이다.

그러나 이러한 부드러운 사유를 좇아서 문제시된 규칙성을 흡족하게 해명할 수 있다고 생각하지 않기 때문인지, 상술된 연결주의적 해명에 어려움이 따른다고 판단하기 때문인지, 마침내 좀 더 완벽한 방법론을 찾았다고 확신하기 때문인지, 어쨌든 스몰렌스키는 이후에 기존보다 딱딱한 사유를 견지하면서 시나브로 계산주의적 통찰에 가까이 다가간다.

이러한 방법론적 전환을 가능하게 만드는 동력은 텐서곱 이론이다. 텐서곱 기술의 목표는 완벽하게 분산되는 구성소로서의 표상들을 드러내는 과제를 수행하는 데 놓이는데 실제로 스몰렌스키는 포더와 필리신 덕분에 텐서곱 이론이 체계화되도록 이끌린 것이라고 분명히 밝히면서 논의를 시작한다.[30] 논의는 겉에서 보면 상당히 복잡해 보이지만 사실 간단하다. 텐서곱 이론에 따라서 우리가 어떻게 커피 한 컵을 실제로 표상하게 되는 것인지를 살피면, (여기에서 그것이 의미하는 내용을 편의상 단순히 새긴다는 전제를 일단 깔고서 시작하면) 뜨거운 갈색의 액체가 자기에 접촉해 있음이 구체적 상황일 것인데, 이

---

30   Smolensky(1987), pp. 156-157 참조.

것의 구조를 이루는 구성소인 모든 표상들은 곧 위치들을 정하는 역할들[31]과 그 위치들을 메우는 채움들[32]로, 즉, 역할(유닛 내지 벡터)들과 채움(유닛 내지 벡터)들로, 스스로를 특징짓는다고 여겨진다. 또한 똑같은 논리 흐름에 의해 일정한 역할벡터들의 집합과 일정한 채움벡터들의 집합이 존재하는 것이 인정된다. 이제 역할벡터들과 채움벡터들을 서로 하나로 묶고자 한다면, 즉, 주어의 위치에 뜨거운 갈색의 액체를 채우고 술어의 위치에 자기에 접촉해 있음을 채우는 데로까지 이를 것을 꾀한다면, 그것(역할벡터 & 채움벡터)들을 곱해서 묶음벡터들을 새롭게 얻을 필요가 있다. 이러한 묶음벡터들이 사실상 문제시된 텐서곱의 의미이다. 한 단계 더 여기에서 논의가 진행되면, 주어인 뜨거운 갈색의 액체와 술어인 자기에 접촉해 있음이, 즉, 하나의 묶음벡터인 전자와 다른 하나의 묶음벡터인 후자가, 중첩적으로 다시금 묶임으로써 뜨거운 갈색의 액체가 자기에 접촉해 있음이, 바꿔 말해, 요구됐던 커피 한 컵의 표상화가, 실제로 가능해지는 것이다.[33]

텐서곱에 기초하는 내용들이 앞서 살펴진 커피 사례를 통해 드러나는 내용들과 교집합을 이루는 부분도 (양자 모두 연결주의 기조를 큰 틀에서 표방하고 있는 이상) 존재할 것이다. 표상들을 유닛들에 주어지는 값을 의미하는 어떤 활성화 패턴 벡터로 일단 바라보는 것과 그러한 표상들이 다른 여러 표상들을 일종의 구성소로 포함할 수 있다고

---

31 예를 들어, 반드시 주어의 위치는 술어의 위치에 앞선다.
32 예를 들어, 뜨거운 갈색의 액체와 자기에 접촉해 있음은 각각 위치상 주어와 술어를 채운다.
33 Fodor & McLaughlin(1990), p. 196 참조.

생각하는 것으로 양자에서 교차되는 내용들은 정리된다.[34] 하지만 양
자가 차이를 드러내는 부분을 파악하는 것이 마땅히 더욱 중요한데
포더와 맥로플린은 텐서곱 이론에서 새롭게 부각되는 특질들 중에서
도 특히 네 가지 요소들에 논의의 초점을 맞춘다. 유닛들의 활성화
상태는 얼마든지 이제 0과 1의 사이 수치(예를 들어 0.1, 0.3, 0.5, 0.7,
0.9 등과 같이)로도 나타날 수 있으며, 커피 사례에서 논증 없이 유닛
들에 그저 부여됐던 자의적 미세특질들이 완전히 사라지고, 기존의
벡터 작용(덧셈 및 뺄셈)들에 더해 새로운 곱셈 벡터 작용을 도입함으
로써 논의의 세련화가 더욱 기도되며, 앞서 컵과 커피 양자 사이에서
구조 형성의 목적을 위해 가정됐던 교호적 작용이 여하한 이유로 철
회되기 때문에 표상들의 맥락 의존성도 더불어 소멸된다.[35]

필자가 텐서곱 체계의 통찰을 충실히 반영해서 구성했던 커피 한
컵의 표상화를 통해서도 이미 이 네 가지 특질들은 밝혀진 상황이기
때문에 재차 설명이 있을 필요는 없어 보인다.

하지만 표준화된 연결주의가 종국에는 텐서곱 이론에로까지 이르
는 상황을 맞이했음에도 불구하고 여전히 그 이론에 내재하는 결함
은 매우 크다고 표준화된 계산주의는 판단한다.

결국 비판의 핵심은 표상들의 구성소 문제에 있다. 표준화된 연결
주의 체계에서 표상들은 텐서곱 벡터들에 의해 망라되는 구조로 살
펴지는 구조성이 사례화되는 경우라도 덩달아서 반드시 사례화되지
는 않지만, 표준화된 계산주의 체계에서 표상들은 기호의 인과적 구

---

34   Fodor & McLaughlin(1990), p. 196 참조.
35   Fodor & McLaughlin(1990), p. 196 참조.

조로 살펴지는 구조성이 사례화되는 경우라면 덩달아서 반드시 사례화되기에 이른다.[36]

주목할 부분은 '반드시' 표현일 것이다. 모름지기 표상들이 구조를 형성하는 구성소가 된다는 것은 표상들과 구조 사이에 어떤 유기적 끈이 놓인다는 것을 뜻한다. 물론 그 끈은 팽팽할 수도 있지만 반대로 느슨할 수도 있는데, 표준화된 계산주의 대 연결주의 논의에서 마땅히 전자는 다소 팽팽한 끈을 붙잡는 반면에 후자는 다소 느슨한 끈을 붙잡는 것이다. 이에 더해, 팽팽한 계산주의적 끈에는 인과성이 법칙적으로 부여되기 때문에 반드시 그렇게 작동하는 끈을 상정하는 작업에 실제로 어려움이 따르지 않지만, 느슨한 연결주의적 끈에는 벡터들의 임의적 묶임의 양상이 나타나기 때문에 반드시 그렇게 작동하는 끈을 상정하는 작업에 어려움이 따른다.

하지만 어디에서 도대체 계산주의는 이와 같이 연결주의를 무찌를 훌륭한 무기를 얻는가? 전자가 사용하는 장치인 인과성은 가정에 불과하지 않은가? 따라서 별도의 논증이 없다면 후자가 배척될 이유가 있을까? 표상들과 구조를 이어주는 끈을 해명하는 일련의 과정에서, 후자가 느슨함에 너무도 집착해서 끝내는 회의주의적 위험인 팽팽함 은닉에 빠져들듯이,[37] 전자가 팽팽함에 너무도 집착해서 끝내는 독단주의적 위험인 느슨함 제거에 빠져든다면,[38] 이러한 위험들에 휩쓸리지

---

36 Fodor & McLaughlin(1990), pp. 197-198 참조 및 Smolensky(1991), p. 222 참조.
37 느슨함에 과도하게 집착하면, 실제로 팽팽함이 체계에서 어떻게 가능한 것인지가 물어지는 경우에 딱히 설명할 길이 없어서 그저 팽팽함을 은닉하고자 하는 탓에 회의주의가 양산된다.
38 팽팽함에 과도하게 집착하면, 실제로 느슨함이 체계에서 어떻게 가능한 것인지가 물어지는 경우에 딱히 설명할 길이 없어서 그저 느슨함을 제거하고자 하는 탓에 독단주의가 양산된다.

않으면서 양자가 절충되는 방안은 실질적으로 어떻게 마련될까?

이어지는 절에서 필자는 이러한 물음들에 대한 답변을 무엇보다 칸트의 건축술적 통찰에 기초해서 가꾸는 작업에 착수한다.

4. 칸트의 건축술: 계산주의와 연결주의의 절충을 위한 방법론

지금까지 필자는 김준성이 서양근대철학사에 드러났던 이성주의와 경험주의의 상반성을 기초로 삼아서 상반되는 계산주의와 연결주의에 접근했던 철학적 태도를 일단 수용한 후에, 그러한 과정이 어떻게 단계별로 구체화되는 것인지를 이 두 입장들을 대표한다고 여겨지는 학자들 몇몇을 시야에 두고서 그들의 주요한 주장들을 꼼꼼하게 따지는 방식으로 검토했다. 필자의 논의는 일종의 규칙성인 체계성과 조합성을 중심으로 삼아서 이루어졌는데 실제로 문제시된 규칙성이 계산주의에서는 딱딱하게 규정됐고 연결주의에서는 부드럽게 규정됐기 때문에 양자에 반목이 생겨나는 것은 어떻게 보면 당연했다. 다만 갈등 봉합을 위한 어떤 노력도 쏟아지지 않아서 양자가 쌍방의 극단으로 몰리면, 결국 그러한 상황은 막연히 그저 각자의 기조만을 서로의 입장에서 되읊는 것에 지나지 않을 것이기 때문에 생산적 논의가 이룩되기 어려우니 마땅히 양자의 절충을 꾀하는 타개책이 필요하다. 필자는 이러한 요구에 대한 훌륭한 방법론적 답변을 이제 칸트의 건축술적 통찰에 기대어서 찾는다. 이미 한 차례 비판기 칸트의 사유가 이성주의에도 경험주의에도 치우치지 않는 중간자적 길을 개척하는 이상적 모습이 철학사를 통해 목도됐던 경험이 있으니, 결국 이성주의와 경험주의에 각각 뿌리내린 계산주의와 연결주의도 자연스레 칸트의 비판철학적 통찰에 의해 의미 있는 상호 화합에 도달할 것으로 기대될 것이다. 필자의 눈에는 이러한 유비적 접근이 유효해 보인다. 그렇다면 칸트의 건축술적 통찰은 무엇인가?

> 나는 건축술을 체계들의 기예die Kunst der Systeme라고 이해한다. 체계적 통일성은 보통의 인식을 비로소 학문으로, 다시 말해, 인식의 한낱 집합으로부터 체계를 만들어내는 것이므로, 건축술은 우리의 인식 일반에서 학문적인 것에 대한 이론die Lehre des Szientifischen이고, 그러므로 필연적으로 방법론에 속한다. (A832/B860)

칸트에 따르면, 건축술은 보통의 산발적 인식이 정돈되어 학문의 규제적 인식에 이르도록 만드는 방법론으로서 그것의 힘은 구조가 추구되는 과정에서 발현된다. 그가 심중에 두는 그림을 간략하게 살피면, 통일된 철학 구조는 곧 이론적 철학 분야와 실천적 철학 분야가 상호 충돌 없이 함께 작동하는 가운데 성립하며, 기실 지성과 이성이 전자와 후자를 각각 주도하는 마음능력들로 간주된다.(특히 A841-847/B869-875 참조) 그리고 양자의 매개를 기도하는 마음능력으로 판단력이, 그것도 규정적 성격과 차별화되는 반성적 성격을 지니는 것으로서 또한 명시된다.[39] 하지만 본고의 주제는 표준화된 계산주의 대 연결주의 논의에서 보이는 구조 문제를 건드리는 이론적 철학에 관계될 뿐이기 때문에 구태여 실천적 철학도 여기에서 포함되

---

39   칸트의 건축술적 통찰이 비판철학 전반에 걸쳐 어떻게 나타나는 것인지를 보여주는 논저들 중의 훌륭한 사례 하나로, 특히 Gardner(2016), pp. 163-170 참조.

어 다루어질 필요는 없을 듯하다. 따라서 칸트의 건축술적 통찰을 필자는 그의 실천적 논설에 대한 고려 없이 그의 이론적 논설에 대한 고려만을 부각시켜 검토한다.

이러한 제약을 둔다면, 이제 칸트가 건축술로 꾀하는 것은 통일된 인식의 전반적 구조를 구현하는 것으로 이해된다. 여기에서 인식은 구별되는 표상들을 망라하는 통찰을 의미하며, 그러한 총체적 결실이 가능하기 위해서는 모름지기 그것을 그렇게 정립되게 만드는 구조가 현실에서 다양하게 경험되는 요소들에 앞서 먼저 놓여 있어야만 한다고 칸트는 생각한다. 따라서 그에게서 구조는 마땅히 선험성을 지니며, 선험적 구조는 경험에서 언제나 보이는 특질들인 우연성과 맥락성을 결여하고 있을 것이므로 필연적이면서 보편적이라고 생각된다. 그리고 한 걸음 더 나아가, 필연성과 보편성을 띠는 선험적 구조는 이제 마음에서 작동하는 인식능력의 형식을 분석함으로써 드러나는 것으로 간주되고, 인식에서 아울러 요구되는 질료는 마음 바깥에서 그저 순전히 우연적이면서 맥락적으로만 주어지는 것으로 간주된다.(특히 A20/B34 참조)

따라서 일단 질료에 대한 논설은 차치하고라도 칸트가 인식능력의 형식에 대한 논설에 집중해서 보이는 건축술적 구조를 망라하면, 그것은 적극적으로 아니면 소극적으로 인식을 규정하는 역할을 수행하는 것들로 세분된 채 살펴질 것이다. 감성의 형식과 지성의 형식은, 제멋대로 마음에 수용되는 잡다가 공간과 시간의 질서에 일단 가장 먼저 부합할 수 있도록, 그리고 그다음에 범주(순수지성개념)들에 부합할 수 있도록, 가꾸므로 적극성을 드러내고, 이성의 형식은 인식이 일정한 대상과 관계되지 않으면 곧 사유의 유희에만 그칠 뿐이기에 이념(순수이성개념)들을 경험의 가장 끝에 두고서 도식화된 (시간을 통해 규정된) 범주들이 가능한 경험의 대상에 부합하게 인도하는 규준만을 조심스레 보이므로 소극성을 드러낸다.[40] 하지만 적극적이든 소극적이든 실제로 인식능력들이 모두 망라되어야만 구조 전체에 의해 지지되는 통일성이 성립하며, 이러한 건축술적 교훈은 이제 중요한 시사를 던진다.

> 만약 한 인식이 객관적 실재성을 가져야 한다면, 다시 말해, 한 대상과 관계맺고, 그 대상에서 의미^{Bedeutung}와 의의^{Sinn}를 가져야 한다면, 그 대상이 어떤 방식으로든 주어질 수 있어야만 한다. 이것 없이 개념들은 공허하고, 우리가 개념들로써 생각하기는 했지만, 실제로 이 생각을 통해서는 아무것도 인식되는 것이 없고, 순전히 표상들과 유희한 것일 따름이다. […] 그러므로 경험의 가능성은 우리의 모든 선험적 인식들에 객관적 실재성을 주는 것이다.(A155–156/B194–195)

여기에서 칸트가 강조하는 내용은 표상이 결국 일정한 대상에 관계되어 객관적 실재성을 얻는 경우에만 한낱 개념들의 놀음을 넘어서는 인식이 성립하며, 그러한 과정에서 경험의 가능성은 인식의 구조 전체를 지탱하는 일종의 지렛대 역할을 하는 개념이 된다는 것이다. 칸트는 실제로 경험이, 바꿔 말해, 하나로 구조화된 인식이, 우리에게 가능하다고 생각한다. 그에게 경험의 가능성 개념은 따라서 최

---

40   백승환(2023), p. 214 참조.

소한의 형이상학적 전제이며,[41] 어떤 논의든 이제 철학적 의미와 의의를 지니기 위해서는 그것에 항상 조건지어지는 것이 사실상 필요하다. 하지만 경험의 가능성이 말하는 전제는 항상 인간의 관점에 매이기 때문에 마땅히 그것의 작용에는 우리의 인식에서 "원천"과 "범위"와 "한계"를 인지하는 반성이 수반된다. (Axii) 이처럼 인간의 유한성 자각을 통해 칸트는 이성주의에 내재하는 독단주의를 떨친다. 게다가 경험의 가능성이 말하는 전제가 오관에서 수용되는 감각자료들에 전적으로 얽매이는 상황은 아니기 때문에 그것의 작용에는 마음에 현현하는 잡다를 관통하는 반성이 수반된다. 이처럼 주어짐 이상을 향하는 노력을 통해 칸트는 경험주의에 내재하는 회의주의를 떨친다.

칸트의 건축술적 통찰은 결국 경험의 가능성을 그것의 지렛대로 삼아서 발현되기 때문에 모름지기 이성주의로부터도 경험주의로부터도 위협받지 않는 제3의 길을 마련할 수 있으며, 이러한 토대 위에서 우리에게 가능한 경험의 한계가 설정된 다음에 그러한 테두리 안에서만 인식능력들이 작동하여 경험으로부터 주어지는 것들이 차차 규정되는 탓에 경계가 계속해서 조금씩 넓혀지는 전기가 마련되는 것이다. (특히 A761/B789 참조) 이러한 방법론적 전략이 드러내는 방향성은 분명하다. 경험의 가능성이 모든 철학적 탐구에 가장 우선해서 실제로 물어지는 경우에만 비로소 그것의 기초에 주춧돌이 놓이므로 (독단주의로든 회의주의로든) 불필요한 다툼에 얽힐 계제가 사라진

---

41   적어도 이러한 이유 때문에 칸트의 비판철학적 기획이 데카르트의 방법론적 의심까지 떨쳐내는 것은 쉽지 않다.

다. 또한 철학에서 기틀이 닦인 이러한 상태에서 이제 인식능력들이 모두 총체화되도록 이끌리기 때문에 문제시된 통일된 인식의 전반적 구조가 표면화될 계제가 확보된다.

이러한 비판철학적 결실은 표준화된 계산주의 대 연결주의 논의에도 많은 시사를 준다. 필자의 생각이 옳다면, 계산주의와 연결주의가 체계성과 조합성을 공통적으로 붙들면서도 그것들의 규정에서 상이함을 보이면서 서로가 서로를 향해 타협 없는 각을 세우는 이유는, 인간의 인식이 실제로 어디까지 이를 수 있는 것인지에 대해 성찰하지 않은 상태에서 그저 무턱대고 표상들과 그것들이 구성소적으로 기능하여 이룩되는 구조를 해명하기 때문이다. 하지만 그러한 상태에서 보이는 표상들과 구조의 관계는 한낱 각자의 방법론적 구미에 맞게 (계산주의에 따르면 팽팽하도록, 연결주의에 따르면 느슨하도록) 기획되는 것에 불과하니, 논의가 제대로 이루어진다고 보기는 힘들다. 오히려 인간의 인식적 한계를 애초에 따지지 않은 채 마냥 논의를 펼친 결과로 문제시된 관계의 해명에서, 계산주의는 결국 독단적으로 그것을 인과적 기호 체계로 새겼고, 연결주의는 결국 회의적으로 그것을 벡터들의 결합이 유형화된 체계로 정의했다. 계산주의는 덜 독단적이면서 더 회의적으로, 그리고 정반대로, 연결주의는 덜 회의적이면서 더 독단적으로, 절충에 이르러야만 갈등이 걷히는데도 말이다. 따라서 추후에도 논의가 발전하는 것이 되기 위해서는 먼저 칸트의 비판철학적 교훈을 통해 사태가 실제로 인간의 인식적 테두리 안에서 가능한 것인지 여부가 따져질 필요가 있으며, 다음으로 칸트의 건축술적 통찰에 기초해서 그러한 한계 내에서 드러나는 개별적 요소들을 모두 망라해서 체계성과 조합성이 이제 구조적으로 항상 그것들에 스미도록 이끌어야 한다. 통일된 인식의 전반적 구조를 위해 칸트가 동시에 체계성과 조합성을 시야에 두고서 결국, 체계성에 대한 설명에서 감성과 지성과 이성이 서로서로 다르지만 한데 어우러져 작동하는 모습에 주목하고 있으며, 조합성에 대한 설명에서 이 세 구별되는 인식능력들의 형식에서 보이는 법칙성 덕분에 질료의 통제가 성취되는 모습에 주목하고 있듯이 그렇게 말이다.

논의를 모두 끝맺기 전에 앞서 언급된 두치-뿌꾸 사례에 적용되는 비판기 칸트의 사유를 살피면서 그것의 건축술적 가치가 문제시된 체계성 개념과 조합성 개념을 형성하는 과정에 어떤 기여를 하는 것인지를 구체적으로 드러내자. 표준화된 계산주의 대 연결주의 논의에서 이러한 탐구는 마땅히 필요할 뿐만이 아니라 본고의 취지에도 십분 부합한다.

비판기 칸트의 사유를 구현하는 건축술에 입각해서 첫째로 규칙성인 체계성을 부연하면, 이성의 형식인 이념들이 인식의 한계로 설정하는 가능한 경험 안에서 질서가 아직 잡히지 않은 잡다가 감성의 (공간적 및 시간적) 형식에 알맞게 우선 수용된 다음에 지성의 형식인 범주들에 넘겨져서 질서를 갖추는 인식으로 가공되며, 이렇게 감성과 지성과 이성이 각각에 부여되는 역할을 상호 방해 없이 충실히 수행하는 가운데 조화를 이루면서 통일된 인식에 내재하는 전반적 구조를 드러내기 때문에 체계성이 마침내 성취된다. 상술된 구체적 사례에 적용해서 논의를 검토하면, 인공지능 담론에서 흔히 언급되는 체계성은 'a', 'b', 'R' 각각에 '두치'와 '뿌꾸'와 '돕다'를 대입할 때 실제로 aRb 이해는 반드시 bRa 이해를 함축하며 또한 뒤집어서 실제로 bRa 이해는 반드시 aRb 이해를 함축하는 탓에 결국에는, 구별되는 문장들인 〈두치는 뿌꾸를 돕는다〉와 〈뿌꾸는 두치를 돕는다〉의 이해에서 구성소들 양자의 (a[두치] & b[뿌꾸]) 관계가 바뀌어도 차이가 없음을 뜻한다. 우리가 구성소 문제를 논구되는 사례에서 주목하면, 이제 논의를 인식능력 전반에 대한 것으로 확장하는 대신에 (일단 감성과 이성은 빼고) 지성에만 심지어 그것을 특징짓는 열두 형식들 가운데 관계를 지배하는 범주들에만 국한하는 작업이 유용할 것이다.[42] 모름지기 우리는 지성의 구성소들 모두를 종합한 다음에 감성과 이성의 구성소들 모두도 동일한 방식으로 더하고 그 결과로 종국에는 통일된 인식의 전반적 구조를 드러내는 데까지 꾸준히 시야를 넓혀 갈 수 있다. 다만 현재의 사례에는 그러한 논의 확장이 분석을 헐거운 것이 되게 만들기 때문에 가능한 한 칸트의 건축술적 통찰이 잘 드러날 수 있도록 다소 시야를 좁힐 필요가 있는 것이다.[43] 이처럼 칸트의 체계성 개념의 축소된 적용을 염두에 둔다면, 이런저런 (양 & 질) 속성들을 지니는 두치와 뿌꾸는 사실상 구별되는 개별화된 실체들로 규정된다. [특히 실체-속성 적용] 하나의 실체인 두치 원인이 다른 실체인 뿌꾸 결과에 도움을 주는 인과적 영향 끼침 관계가 이해되면 똑같이 거꾸로도, 즉, 원인인 뿌꾸 실체가 결과인 두치 실체에 또한 도움을 주는 인과적 영향 끼침 관계가 이해되는 것이 가능하다. [특히 원인-결과 적용] 더욱이 이 흐름이 시간 차이 없이 쌍방으로 (두치가 뿌꾸를

---

42 칸트의 관계범주들은 셋이다: 실체-속성, 원인-결과, 상호 (원인결과) 작용.(특히 A80/B106 참조) 이것들은 다른 아홉 개의 범주들과 한데 어우러져 지성의 형식을 망라한다. 하지만 이러한 분류는 어디까지나 하나의 통합된 지성이 기능상으로 차이를 보이는 것에 지나지 않는다.

43 표준화된 계산주의 대 연결주의 논의에서 보이는 체계성을 정확하게 규정하기 위해서는 칸트가 넓게 기술하는 체계성 개념을 좁혀서 적용해야 한다. 사정은 이어지는 조합성을 이야기할 때에도 크게 다르지 않다.

도움과 동시에 뻐꾸가 두치를 돕도록) 나타나면 칸트가 관계범주들 중에서 마지막으로 살피는 상호성도 마저 환기되는 상황에 이를 것이다. [특히 상호 (원인결과) 작용 적용] 칸트에게 범주들은 일상에서 다양하게 표출되는 판단들을 경험에 앞서서 어디까지나 필연적이고 보편적으로 구조화하는 틀이기 때문에, 일단 그 틀이 인정되는 한 동일 형식성을 띠는 두 판단들인 aRb와 bRa의 교호적 이해가 가능한 것이다.

하지만 항상 주목해야 하는 사실은 〈두치는 뻐꾸를 돕는다〉와 〈뻐꾸는 두치를 돕는다〉의 교호적 이해가 칸트의 비판철학적 틀에서 가능한 이유가 지렛대로 근원에서부터 작용하는 경험의 가능성 개념이 모든 탐구에 앞서 애당초 실질적으로 놓여 있기 때문이라는 것이다. 철학적 활동에서 경험의 가능성이 실제로 고려되기 때문에 우리에게 의미 있게 틀지어진, 경험에 앞서서 경험을 가능하게 하는 조건들에 필연성과 보편성이 부여되는 것이 가능하다. 우리에게 가능한 경험의 영역 안에서 철저히 통제되는 그러한 필연성 및 보편성 말이다.[44] 논구됐던 세 구별되는 관계를 지배하는 범주들도 이러한 조건적 필연성과 보편성을 지닌다. 그리고 조건적이기는 하지만 관계범주들이 이렇게 법칙성을 지니기 때문에 언급된 문장들의 교호적 이해가 원칙적으로 가능한 것이다. 따라서 경험의 가능성을 고려하는 가운데 칸트는 체계성을 어디까지나 인간을 중심으로 삼아서 구조적으로 논설하는 관계로 상당히 고정된 필연성과 보편성을 띠는 체계성을 확립

---

[44] 만약 이러한 조건들이 없다면 결국 경험이 우리에게 표상될 가능성 자체가 사라지기 때문에 항상 (경험이 현존하는 한에서) 그것들은 필연적이고 보편적으로 존재하는 것으로 간주되어야만 하겠다. 바로 이 이유 때문에 경험의 가능성 개념이 칸트의 비판철학에서 핵심에 위치하는 것이다.

함과 동시에 계산주의가 지니는 독단주의에 함몰될 위험성은, 경험의 가능성이 비판철학적으로 살펴지는 한에서, 사라진다. 또한 체계성에 대한 칸트의 논설은 경험의 가능성을 실제로 고려할 뿐이지, 전적으로 감각적 수용에 의존하는 상황을 꺼리기 때문에, 연결주의가 체계성을 유연하게 일단 규정하는 과정에서 맞닥뜨리는, 서서히 회의주의에 함몰될 위험성도 자연스레 제거된다. 경험의 가능성이 따져지는 한에서, 체계성이 커피 한 컵의 사례에서 이미 보인 유닛들의 배열 구조로든, 텐서곱 기술에 따르는 유닛들의 배열 구조로든, 연결주의 기조를 존중하는 다른 여러 방법론적 성찰에 의해서든, 자유롭게 규정될 수 있음을 허용하는 한편 표상들이 순전히 통계적 연합을 이루는 상태에서 마침내 벗어나서 오히려 그것들의 관계에 법칙성이 스밀 수 있게 구조가 부여되니 말이다. 칸트의 체계성은 이렇게 계산주의의 독단주의와 연결주의의 회의주의를 피할 수 있다.

비판기 칸트의 사유를 구현하는 건축술에 입각해서 둘째로 규칙성인 조합성을 부여하면, 그것은 체계성을 지니는 문장들에서 구성소들로 표면화되는 a[두치]와 b[뿌꾸]와 R[돕다]이 구별되는 문장들인 〈두치는 뿌꾸를 돕는다〉와 〈뿌꾸는 두치를 돕는다〉의 의미론적 규정에서 아무 차이 없이 각각 동일하게 기여함을 뜻하는데, 이러한 상황은 모름지기 마음의 상이한 기능들인 감성과 지성과 이성의 형식들이 지니는 법칙성 탓에 주어지는 모든 질료의 통제가 성취되기 때문에 가능하다. 보다 구체적으로 말해, 이성의 형식인 이념들이 인식의 한계로 설정하는 가능한 경험 안에서 무엇보다 감성의 (공간적 및 시간적) 형식에 대한 일탈 없이 수용되는 질료가 규제되고 그다음으로 지성의 형식인 범주들에 의해 규제를 재차 받아서 유의미한 인식이 발생한다. 앞에서와 거의 유사하게 칸트의 조합성 개념의 축소된 적용에 주목하여 실제로 이러한 상황을 검토하면, 지성의 심지어 그것의 구별되는 작용들 중에서도 관계를 지배하는 세 범주들이 똑같이 가장 중요한 역할을 떠맡게 된다. 두치와 함께 뿌꾸는 주어지는 질료인 (양적으로 질적으로) 잡다한 속성들을 통해 지시되는 실체들로 규정되고, [특히 실체-속성 적용] 이러한 구별되는 두 실체들의 의미는 결국 하나가 다른 하나에 대해 인과적 영향 끼침 형태로 주고받는 관계적 도움성 때문에 고정되며, [특히 원인-결과 적용] 동시에 이 흐름이 쌍방으로 (두치가 뿌꾸에 도움을 줄 때 뿌꾸가 두치를 돕도록) 작동하면 결국 두치가 도움을 주는 대상인 뿌꾸와 동일하게 뿌꾸가 도움을 주는 대상인 두치도 역시 동시에 의미가 고정되는 상황에 이른다. [특히 상호 (원인결과) 작용 적용] 물론 일정 정도 이러한 모든 노력은 통사론을 통제해서 의미론을 구축하는 계산주의적 통찰을 존중하지만[45] 칸트가 경험의 가능성을 고려하는 상황은 그것이 차츰 빠져드는 독단주의를 경계하게 한다. 게다가 칸트는 실제로 표상들을 의미를 전적으로 결여한 구성소로 내버려 두지 않기 때문에 그의 방법론이 이내 연결주의가 봉착하는 회의주의에 시달릴 우려는 없을 것으로 보인다. 적어도 그가 경험의 한계 안에서 인식능력들의 형식에 어긋남 없도록 질료를 통제함으로써 실제로 표상들이 구조에 부합하는 한에서 구성소들로서 내용을 결국 지니게 하니 말이다. 칸트의 조합성은 이렇게 계산주의의 독단주의와 연결주의의 회의주의를 피할 수 있다.

혹자는 지금까지 필자가 표준화된 계산주의와 연결주의를 절충하

---

45   윤보석(2009), pp. 92-94 참조.

는 방안을 찾았던 노력이 본래 양자는 취하는 방법론이 다르니 실효성 없고,[46] 비판기 칸트의 사유를 양자의 화해를 위한 기초에 두는 시도 자체가 너무 무모하고 사소하며 억지스럽다고 말할지도 모르겠다. 하지만 극단화된 계산주의와 연결주의가 교착에서 여전히 빠져나오지 못하는 상황이라면, 그리고 양자가 각각 뿌리를 내리는 이성주의와 경험주의가 칸트의 비판철학적 방법론으로 이미 한 차례 성공적으로 지양된 큰 결실이 철학사에서 실제로 목격되어 회자되고 있다면, 필자가 감행한 시도는 사실상 그것의 성패에 관계 없이 충분히 숙고해 볼 만하지 않을까? 그리고 필자의 이 제안은 해석의 다양성을 더하는 면에서도 여전히 가치 있는 것이 아닐까?

5. 의의 및 한계

필자는 본고에서 계산주의와 연결주의의 상반되는 기조를 살피면서 그것에서 파생되는 다양한 이분적 (이성주의/연역주의/독단주의 대 경험주의/귀납주의/회의주의) 갈등의 양상에 우선 주목한 후에, 비판기 칸트의 사유에 토대해서 그러한 상반성을 지양할 마땅한 방법을 모색하기 위해 노력했다. 제3의 칸트적 길은 철학에서 겸손함을 보이는 태도에서 찾아졌다. 다시 말해, 인간의 주제를 넘어서는 것들에 대해서는 탐구를 삼가고 [모든 전자 노선 반대], 현상에서 드러나는 것들이 사실상 전부는 아님을 자각함이 중요했다 [모든 후자 노선 반대]. 그리고 이와 같은 태도가 견지되는 한에서만 모름지기 사태를 구조화

---

46   극단화된 계산주의나 연결주의를 고집하면 이러한 편견에 쉽게 빠져들 것이다.

할 울타리가 짜여지기 때문에 표준화된 계산주의 대 연결주의 논의에서 필요한 철두철미함을 더할 목적에서라도 칸트적 겸손함은 결코 간과되기 어렵다. 하지만 중요한 문제는 이제 그러한 태도를 실제로 근원에서부터 떠받치는 비판기 칸트의 사유가 계속해서 독일관념론적 색채를 띠는 쪽으로, 즉, 철학에서 겸손함의 기조가 결국 서서히 무뎌지는 방향으로, 변모하게 된다는 사실이다. 그러므로 칸트의 비판철학 체계의 역동성이 본격적으로 주제화되어 다루어지는 상황이라면, 필자가 비판기 칸트의 사유를 본고에 끌어들여 표준화된 계산주의 대 연결주의 논의에서 칸트의 건축술적 의의가 무엇인지 살피고자 줄곧 기울였던 노력에도 한계는 있을 것이다. 필자는 이 주제에 대한 상세한 탐구는 추후의 과제로 남긴다. 지금까지 본고에서 이루어진 작업이 그 과제에 착수하기 위한 하나의 좋은 출발점이 되기를 바라면서 말이다.

참고문헌

김영정, 『심리철학과 인지과학』, 철학과현실사, 1996,

김준성, 「인공지능의 이론으로서 연결주의에 대한 재평가: 체계성 문제에 대한 연결주의의 인과적 설명의 가능성」, 『예술인문사회 융합 멀티미디어 논문지』 9권/8호, 2019, pp. 783-790.

_____, 『삶의 안내자, 인과 철학: 4차 산업혁명과 인과 모형 이론』, 나남출판, 2022.

백승환, 「비판기 칸트의 사유와 철학의 현실성」, 『해람인문』 51집, 2023, pp. 205-220.

윤보석, 『컴퓨터와 마음』, 아카넷, 2009.

칸트, 임마누엘, 『순수이성비판』, 백종현 역, 아카넷, 2006.

Fodor, Jerry A. & Pylyshyn, Zenon W., "Connectionism and Cognitive Architecture: A Critical Analysis", *Cognition*, vol.18/no.1-2, 1988, pp. 3-71.

Fodor, Jerry A. & McLaughlin, Brian P., "Connectionism and the Problem of Systematicity: Why Smolensky's Solution Doesn't Work", *Cognition*, vol.35/no.2, 1990, pp. 183-204.

Gardner, Sebastian, "Kant's Third Critique: The Project of Unification", *Royal Institute of Philosophy Supplement*, vol.78, 2016, pp. 161-185.

Kant, Immanuel, *Kants Gesammelte Schriften* (Akademie Ausgabe), hrsg. von der Königlich Preussischen [Deutschen] Academie der Wissenschaften, Bde. 3 & 4. Berlin: Georg Reimer [Walter de Gruyter], 1911.

Smolensky, Paul, "The Constituent Structure of Connectionist Mental States: A Reply to Fodor and Pylyshyn", *Southern Journal of Philosophy*, vol.26 Supplement, 1987, pp. 137-161.

_____, "Connectionism, Constituency, and the Language of Thought", in *Meaning in Mind: Fodor and His Critics*, eds. Barry Loewer & Georges Rey, Oxford & Cambridge: Blackwell, 1991.

3장

휴머니즘과 포스트휴머니즘

칸트적 인간중심주의와 요나스적 생태중심주의

김양현

1. 들어가는 말

2023년 12월, 아랍에미리트에서 열린 제28차 유엔기후변화협약 당사국총회에 맞춰 지구온난화 관련 연례보고서가 발표되었다. 이 보고서에 따르면 지구 온도가 기후위기의 마지노선으로 정한 1.5도 상승 폭을 7년 내에 넘어설 것이라고 한다. 이는 2015년 유엔기후변화협약 총회 참가국들이 합의하여 세운 목표 값 — 2100년까지 지구 평균온도 상승폭을 산업화 이전 시기에 대비하여 1.5도 이내로 제한한다 — 에 비춰 볼 때, 매우 비관적인 전망이다.[1] 그 몇 달 전에 세계 기상기구는 2023년 7월이 역사상 가장 뜨거운 달이 될 것이라는 관측 결과를 내놓았다. 이러한 결과를 접한 구테흐스 유엔 사무총장은 급기야 이렇게 경고하기에 이르렀다. "지구온난화 시대The era of global warming는 끝났다. 끓는 지구의 시대The era of global boiling가 시작된 것이다."[2]

---

[1] https://www.yna.co.kr/view/AKR20231205081500009?input=1195m 지구 온도 상승 '1.5도' 마지노선, 7년 내로 깨질 것.

[2] https://www.joongang.co.kr/article/25180982 "온난화 끝…지구는 이제 끓고 있다" 유엔 사

끓는 지구의 시대가 시작되었다. 지구인 누구라도 동의할 수 있는 말이다. 전지구적 차원의 기후위기는 이제 인류가 해결해야 할 가장 시급하고 심각한 문제가 되었다. 그것이 얼마나 심각한 문제인지를 우리는 관련 용어 사용의 변화에서 금방 짐작할 수 있다. 최근까지는 기후변화, 기상이변, 이상기후라는 비교적 가치중립적인 용어가 사용되다가, 급기야 기후위기, 기후재난, 기후재앙이란 매우 첨예화된 용어가 사용되고 있다.[3] 문제의 심각성에도 불구하고 온실가스 배출량은 전혀 감소하지 않고 있으며 오히려 계속 증가추세에 있다. 기후위기를 극복하는 데 필요한 획기적인 변화는 구체적으로 일어나지 않고 있다. 마치 문제해결은 하지 않으면서도, 초래될 미래의 위험에 대한 이런저런 논란만 잔뜩 늘어가는 형국처럼 보인다. 이러한 문제 상황에서 오래전부터 철학자들은 의식의 혁명적 전환을 문제해결의 대안으로 제시해왔다. 그것을 한마디로 요약, 정리하면 의식의 혁명적 전환을 통해서 해답을 찾을 수 있다는 것이다. 말하자면 우리의 의식과 생각, 그리고 삶의 태도를 바꿔야 문제를 해결할 수 있다는 것이다.

이 글은 철학자들이 요구한 의식의 혁명적 전환에 대한 내용이 무엇인가를 분석하고, 그 귀결점들이 무엇인가를 논의하는 데 목적을 두고 있다. 이를 위해서 필자는 고전적인 사유혁명에 해당하는 칸트적 사유혁명과 새로운 사유혁명으로 평가되는 요나스적 사유혁명의

무총장의 경고.

3   강희숙, 「기후변화 관련 어휘사용 및 기후위기 담론의 전개양상」, 『한국언어문학』 제125집, 2023, pp. 35~57 참조.

내용과 함의를 비교, 분석해 보려고 한다.[4] 의식의 혁명적 전환에 대한 요구는 다름 아닌 생태계의 파괴와 기후위기에 대한 반성과 대안의 모색에서 비롯된 것이다. 사실 이러한 요구는 그 어느 때보다도 문명사적 대전환기를 관통하면서 더 큰 반향과 설득력을 얻고 있다.

이진우는 새로운 사유혁명과 과거의 사유혁명을 대비시킴으로써 문제의 핵심이 무엇인지를 정확하게 지적해주었다. 신 중심적 사고 체계로부터 인간 중심적 사유로 전환하여 "우리는 무엇을 알 수 있는가?"라는 질문을 던진 사고방식의 혁명을 '제1의 코페르니쿠스적 전회'라고 한다면, 인간과 지구의 유한성을 몸으로 의식하고 인간 중심적 사고방식으로부터 인간의 삶의 의미를 부여하는 생태적 관계로 시각을 돌려 "우리는 무엇을 해서는 안 되는가?"라는 질문을 던지는 사고방식의 전환은 '제2의 코페르니쿠스적 혁명'이라고 일컬어질 수 있다.[5] 이러한 분석과 진단을 우리는 논의의 틀로 원용할 수도 있다. 즉 제1의 코페르니쿠스적 전회로 불리는 칸트적 사고방식의 혁명과 제2의 코페르니쿠스적 전회라 평가할 수 있는 요나스적 사고방식의 혁명을 비교, 검토해 볼 수 있겠다.

물론 새로운 사유혁명은 요나스만의 요구는 아닐 것이다. 그런데 여기서 요나스를 특정하여 지목한 이유는 그의 철학적인 작업이 선구적일 뿐만 아니라, 그 영향력이 여전히 지대하다는 점이다. 또한 요나스가 칸트적 사유혁명의 귀결들을 비판하고 극복 대상으로 삼고 있다는 점이 덧붙일 또 다른 이유가 되겠다. 물론 양자를 비교하는 데 분

---

4   이 글은 『大同哲學』 제11집에 수록된 「칸트적 사유혁명에서 요나스적 사유혁명으로?」라는 필자의 논문을 새롭게 수정 보완한 것이다.

5   이진우, 『녹색 사유와 에코토피아』(문예출판사, 1998), p. 20 이하.

명히 한계가 있을 것이다. 칸트와 요나스를 동일 선상에서 논의하는 것이 가능한가, 즉 양자의 문제의식과 내용이 동일한 맥락과 차원에서 비교될 수 있는 것인가에 대해 의문을 제기할 수 있을 것이기 때문이다. 이러한 한계를 의식하면서 필자는 양 사유혁명의 내용과 함의를 오늘의 문맥에서 음미해 보고, 그 귀결점을 찾아보려고 한다.

새로운 사유혁명은 한마디로 인간중심주의를 포기하고 생태중심주의로의 전환을 요구한다. 문제는 인간중심주의 혹은 인간중심주의적 윤리학의 토대에 대한 이해가 중요하다. 인류가 직면한 생태계의 위기 혹은 기후위기를 구체적인 행위와 실천을 통해, 말하자면 도덕적 책임과 의무를 통해 인간의 행위를 조절하고 통제하려고 한다면, 인간중심주의는 한편으로는 딛고 넘어야 할 문제이지만, 다른 한편으로는 문제해결을 위한 원리로써 작용한다는 점을 놓쳐서는 안 된다. 달리 말해서 인간중심주의는 극복 대상이지만 동시에 문제해결의 원리라는 점을 놓쳐서는 안 될 것이다.

2. 칸트적 사유혁명과 요나스적 사유혁명

칸트적 사유혁명은 그 발단에서 보면 형이상학의 학문적 정초에 초점을 두고 있다. 반면에 요나스적 사유혁명은 기술문명 시대에 적합한 새로운 윤리의 정립을 염두에 둔 것이다. 위에서 언급한 것처럼, 이진우는 양 사유혁명의 핵심 질문을 각각 "우리는 무엇을 알 수 있는가?"라는 인식론적 차원과 "우리는 무엇을 해서는 안 되는가?"라는 윤리 도덕의 차원으로 읽어내고 있다. 이러한 질문 방향을 염두

에 두면서 칸트와 요나스의 사유혁명을 구체적으로 살펴보자.[6]

사고방식의 혁명에 대해 칸트가 언급한『순수이성비판』[7]의 재판再版 서언을 읽어보면, 칸트의 문제의식이 무엇인지를 곧바로 알 수 있다. 왜 전통적인 형이상학이 여전히 학문으로서 제 자리를 잡지 못하고 갈팡질팡하고 있는가? 어떻게 하면 형이상학은 학문의 탄탄한 길에 들어설 수 있는가? 이러한 질문이 어쩌면 칸트가 새로운 사유를 위해 가졌던 일차적이며 독자적인 문제의식일 것이다. 칸트는 당시 무엇보다도 수학과 자연과학을 탄탄한 학문의 모범으로 이해했다. 그리고 수학과 자연과학을 학문으로 가능케 한 사고방식의 혁명에 주목했다.

> 단 한 번에 성취된 혁명에 의해 현재와 같은 것이 된 수학과 자연과학의 실례는, 생각하건대 그것들을 그토록 유리하게 만든 사고방식의 변혁의 본질적인 요소를 성찰하기 위해, 그리고 이성 인식으로서 그것들의 형이상학과의 유비가 허용하는 한에서, 여기에서 최소한 그것들을 모방하기 위해서라도, 충분히 주목할 만하다. 이제까지의 사람들은 모든 우리의 인식은 대상들을 따라야 한다고 가정하였다. 그러나 대상들에 관하여 그것들을 통해 우리의 인식이 확장될 무엇인가를 개념들에 의거해 선험적으로 이루려는 모든 시도는 이 전제 아래에서 무너지고 말았다. 그래서 사람들은 한 번, 대상들이 우리의 인식에 따라야 한다고 가정함으로써 우리가 형이상학의

---

6   김종국,「責任과 自律 – 요나스의 批判에 대한 칸트의 應答을 중심으로 –」(고려대학교 박사학위논문, 1996); 김진,『칸트와 생태주의적 사유』(울산대학교 출판부, 1998) 참조.

7   I. 칸트,『순수이성비판』, 백종현 역(아카넷 2006).

과제에 더 잘 진입할 수 있겠는가를 시도해 봄 직하다.[8]

칸트의 생각이 무엇인지는 매우 분명하다. 수학과 자연과학은 사유방식의 혁명을 통해 학문의 안전한 길을 걷게 되었다. 그런데 형이상학의 형편은 편을 갈라 싸움질을 하거나 아니면 단순히 길을 찾아 헤매고 있다. 사고방식의 혁명을 이룩한 수학과 자연과학의 실례를 따라 한번 시도해 본다면, 형이상학도 학문으로 성공할 수 있지 않을까. 칸트적 사고방식의 혁명은 이렇듯 형이상학 혹은 철학을 안전한 학문으로 정초하려는 노력에서 비롯된 것이다. 그 변혁의 요체는 우리의 인식이 대상을 따를 것이 아니라, 거꾸로 대상이 우리의 인식을 따라야 한다는 점이다.

칸트적 사유혁명이 형이상학의 학문성을 확보하기 위한 시도라고 한다면, 요나스적 사유혁명은 기술문명 시대에 적합한 새로운 윤리학의 근거를 찾는 작업으로 이해될 수 있다. 요나스는 『책임의 원칙』[9]에서 우리 시대의 철학적 사유가 혁명적으로 전환되어야 함을 다음과 같이 역설한다.

새로운 종류의 인간 행위가 "인간"의 관심만이 아닌 그 이상의 것을 고려해야 한다는 것을 의미한다면, 어째서 우리의 의무는 더욱 확장되고 모든 전통 윤리의 인간 중심적 제한은 더 이상 타당하지 않은 것인가? 인간 외적인 자연의 상태, 즉 우리의 권력에 예속되어

---

8   『순수이성비판』, BXVI.
9   H. 요나스, 『책임의 원칙: 기술 시대의 생태학적 윤리』, 이진우 역(서광사, 1994).

있는 전체로서의 생명 영역과 그 부분에 있어서의 생명 영역이 인간의 일종의 신탁 재산이 되어 버린 것은 아닌지, 그래서 우리를 위해서뿐만 아니라 자기 자신을 위해서 자신의 독자적 권리에 따라 우리에 대해 도덕적 청구권을 가지고 있는 것은 아닌가 하는 물음은 이제 더 이상 무의미하지 않다. 만약 그렇다면, 윤리의 토대에 있어서 적지 않은 사고의 전환이 요청된다. [10]

요나스의 문제의식은 앞뒤의 문맥으로 보아 이렇게 해석 가능하다. 과학기술문명에 힘입어 우리는 자연을 우리의 손아귀에 통째로 넣고 있다. 자연이 인간의 과학기술문명에 의해 심각하게 훼손되고 있다는 사실은 자연이 윤리학의 새로운 고려의 대상이 되었음을 의미한다. 달리 표현하면, 인간의 책임과 의무의 영역은 이제 인간 이외의 자연 전체와 미래세대를 포함하는 것으로 확장되어야 한다. 이러한 의미에서 자연과 미래 인류의 실존을 도덕적인 고려의 대상으로 삼지 않았던 전통 윤리의 근본 토대는 더는 타당하지 않다. 즉 전통 윤리학의 틀 내에서는 현대의 과학기술 문명이 산출한 행위의 규모와 결과를 더는 포착할 수 없다. 따라서 인간의 책임과 의무는 우리가 직면한 전혀 새로운 차원에서, 새로운 사고 틀에 따라 다루어져야 한다. 여기서 관건은 자연의 도덕적 고유 권한의 문제를 검토하는 것이다. 그런데 자연의 도덕적 권리를 인정한다는 것은 전통 윤리학의 근본 토대에 있어서 적지 않은 사고의 전환을 동반할 수밖에 없다.

전통 윤리학은 왜 한계를 가질 수밖에 없는가? 요나스에 따르면

---

10 『책임의 원칙』, p. 35 이하.

전통 윤리학에서는 자연에 대한 인간의 과학 기술적 행위가 가치중
립적인 것으로 간주되었다. 그리고 인간 상호 간의 행위만이 도덕적
판단의 중요한 문제였다. 그러한 이유로 인해 자연에 대한 침해 문제
는 인간의 고려대상이 될 수 없었다. 그리고 지금과 여기의 현재 중
심적인 관심이 전통 윤리학의 통용범위였기 때문에, 행위의 장기적
인 결과나 그에 따른 미래의 책임은 문제가 될 수 없었다.[11] 전통 윤
리학은 인간 중심적이고 현재 중심적인 토대로 말미암아 과학기술문
명의 시대가 몰고 온 수많은 문제에 맞서 아무런 대안을 마련할 도리
가 없게 되었다. 한마디로 윤리적 진공 상태에 빠져 버린 것이다. 따
라서 전통 윤리학은 인간 삶의 전지구적 조건과 미래 인류의 생존조
건을 전혀 고려하지 않았다. 이렇게 보면 전통 윤리학의 토대와 원리
는 더는 유효하지도 적절하지도 않다. 따라서 전통 윤리의 근본 토대
를 버리고, 이제 새로운 사고방식을 토대로 자연과 미래에 대한 책임
의 윤리학을 정립해야 한다. 바로 여기에 요나스의 새로운 사유에 대
한 요청이 자리하고 있다.

3. 칸트의 인간학적 혁명과 요나스의 자연을 위한 반란

칸트적 사유혁명이 인식 주체로의 방향을 전환한 인간학적 혁명이
라면, 요나스적 사유혁명은 인간이 아닌 자연존재를 위한 반란으로
해석될 수 있다. 근세철학에서 인간은 주체로서 세계의 중심에 서게
된다. 이는 자연과학, 즉 천문학에 의해서 탈중심화된 인간의 위치가

---

11 『책임의 원칙』, p. 29 이하 참조.

철학적으로 새롭게 규정된 결과인 셈이다. 세계에 대한 인간의 새로운 위치는 무엇보다도 코페르니쿠스의 행위에 대한 칸트의 철학적인 해석을 통해 그 근거가 정립되었다. 달리 말해서 칸트는 코페르니쿠스적 행위를 사고방식의 혁명으로 해석함으로써 인간의 위치를 철학적으로 새롭게 근거 지운다.

칸트의 새로운 사유방식은 대상 세계에 대한 인식 주체의 새로운 위치 정립을 의미하는데, 이는 인간을 인식의 표준적인 원리로서 우주의 중심에 둔 것이다.[12] 말하자면 인간의 새로운 위상은 다른 데서가 아니라, 직관·이해·사유하는 인간 주체의 인식론적 행위를 통해서 체계적으로 정립된다. 즉 경험 대상들의 가능 조건의 창안자로서 인간의 위상이 그 출발점이다.[13] 이러한 의미에서 칸트가 행한 철학적인 관점의 변화는 한마디로 인간으로의 방향전환이며, 이는 또한 인간을 인식과 행위의 기준으로 등장시킨 인간학적 혁명이라 부를 수 있다.

다른 한편 인간과 자연의 관계라는 차원으로 눈을 돌리면, 칸트적 사유혁명의 귀결은 인간중심주의를 지향하고 있다. 대상 세계인 자연에 대한 인간의 관계는 인식 주체의 객관에 대한 창조적인 관계에서 확인된다.[14] 그것은 자연에 대한 관계에서 주체이고, 또 최종 심급인 인간을 중심에 세운다는 의미에서의 인간중심주의이다. 위에서

---

12 F. Kaulbach, *Philosophie als Wissenschaft. Eine Anleitung zum Studium von Kants Kritik der reinen Vernunft in Vorlesungen*, Hildesheim 1981. S. 27.

13 D. Henrich, *Identität und Objektivität. Eine Untersuchung über Kants transzendentale Deduktion*, Heidelberg, 1976, S. 60.

14 O. 회페, 『임마누엘 칸트』, 이상헌 역(문예출판사, 1997), p. 64.

이미 지적한 것처럼, 그것은 인식 행위의 더는 물러날 수 없는 권위가 사물 속에 있는 것이 아니라, 인간의 마음속에 선험적으로 존재한다는 인식론적인 관점으로부터 체계적으로 전개된다. 이러한 의미에서 칸트가 말한 자연의 재판관, 자연법칙의 제정자로서의 인간의 위상을 되짚어 볼 수 있다.

칸트가 자연과학의 연구방법론에서 통찰한 것처럼, 인간은 한 손에는 이성의 원리를, 다른 손에는 그 원리에 의해 고안된 실험으로 자연을 탐구한다. 물론 인간은 자연의 필연적 법칙을 발견하고 배우기 위해 자연을 탐구하지만, 선생이 원하는 모든 것을 곧이곧대로 말하는 학생의 입장에서가 아니라, 증인에게 자신이 제출한 질문에 답하기를 강요하는 임명된 재판관의 자격으로 그렇게 한다.[15] 자연의 질서나 규칙성 혹은 합법칙성과 같은 개념은 사실 우리의 지성이 자연 속에 집어넣어 생각한 것이고, 또 자연의 통일성도 우리가 생각해 낸 결과이다. 자연법칙의 제정자로서 인간의 위상은 칸트의 저 유명한 언급에서 극명하게 드러난다. "지성은 (선험적으로) 자신의 법칙들을 자연에서 얻는 것이 아니고, 오히려 자연에 자신의 법칙들을 지시한다."[16]

사실 처음엔 낯설게 들리나 그렇다고 확실하지 않은 것이 아닌 이러한 언급은 오늘날 칸트를 자연환경에 적대적인 철학자로 몰아세우는 전거로 사용되기도 한다.[17] 달리 말해서 칸트가 자연법칙을 부여

---

15 『순수이성비판』, BXIIIf 참조.
16 I. Kant, *Prolegomena zu einer jeden künftigen Metaphysik die als Wissenschaft wird auftreten können*, Werke in 6 Bde. hrsg. von W. Weischedel, Darmstadt, 1983, A113.
17 같은 곳.

하는 지위를 인간에게 둠으로써 베이컨적인 자연지배 사상을 이론적으로 정당화했고 또 첨예화시켰다는 비판이 그것이다. [18] 이러한 종류의 비판이 칸트의 의도를 적절하게 고려한 정당한 것인가라는 의문을 가질 수밖에 없다. 왜냐하면 인식 주체로서 인간이 일반적인 자연법칙의 최종 심급이고, 가능한 경험 조건의 창안자일 수밖에 없다는 사실, 자연 대상들의 객관적인 인식과 자연의 통일성을 위한 근거를 자연 속에서가 아니라 우리 자신 속에 두고 있다는 점은 칸트 인식론의 근본적인 전제를 고려했을 때만이 이해 가능한 이야기이기 때문이다. 정리해 보면 칸트적 사유혁명은 인간의 이성적인 능력을 새롭게 자각하고 규정하는 인간학적인 혁명이다. 또한 인간과 자연의 관계에서 인간을 중심에 둔 인간중심주의로 이해될 수 있다.

이에 반해서 요나스의 사유혁명은 자연으로 관심의 방향을 전환한 자연을 위한 반란으로 이해된다. [19] 말하자면 그것의 궁극적인 지향점은 인간이 아닌 자연존재를 아우르는 생명중심주의 혹은 생태중심주의이다. 요나스에게 자연은 윤리학이 심사숙고해야 할 새로운 대상이다. 자연은 더는 이용과 조작 혹은 유용성의 수단으로써만 취급되어서는 안 된다. 따라서 이제까지 인간에게만 배타적으로 인정한 목적 자체라는 위상을 자연에게 부여해야 하고, 나아가 자연을 도덕적인 고려와 책임의 대상에 포함시켜야 한다.

그것(사고의 전환)은 인간 선뿐만 아니라, 인간 외적인 사물의 선(善)

---

18   B. Kilga, "Ökosophie", *Conceptus. Zeitschrift für Philosophie* 18, 1984, S. 47.
19   K. M. Meyer-Abich, *Aufstand für die Natur. Von der Umwelt zur Mitwelt*, München, 1990.

을 탐구해야 하며, 즉 "목적 자체"의 인정을 인간의 영역을 넘어서까지 확장해야 하며, 이에 대한 염려를 인간 선의 개념 속에 포함시켜야 한다는 것을 의미한다.[20]

얼른 보기에도 그렇지만 곰곰이 따져보더라도, 목적 자체란 말이 어떤 무엇의 목적을 위한 단순한 수단이 될 수 없음을 뜻한다고 할 때, 인간 이외의 자연을 그런 존재의 반열에 올려야 한다는 요나스의 주장은 쉽게 납득되지 않는다. 그것이 어떤 이론적인 정당성과 실천적인 귀결을 가질 것인가라는 관점에서 본다면 더더욱 그렇다. 물론 요나스의 이러한 주장을, 자연을 "필연과 우연의 무차별"의 대상으로 축소시킨 인간중심적인 자연실천이나 자연과학의 지배적인 견해를 포기하라는 경고성 메시지로 이해하거나, 아니면 자연이 우리에게 외치는 "자신의 불가침성을 보호하라는 무언의 요구"[21]에 귀 기울여야 한다는 식의 일종의 호소 정도로 약화시켜 이해한다면, 문제의 소지는 다소간 축소될 수 있다. 말하자면 그것이 현재 우리가 안고 있는 생태계의 위기 문제를 심각하게 고려하여, 전통 윤리학의 의무와 책임의 개념을 약간 수정하여 그 범위를 자연의 영역으로 확장해 보자는 정도의 주장이라면, 그러한 주장이 불러올 이론적 타당성과 실천적 효용성이라는 저항을 어느 정도는 피할 수도 있을 것이다.

그것(사고의 전환)이 가지고 있는 이론적 함의를 진지하게 받아들인다

---

20 『책임의 원칙』, p. 36.
21 같은 곳.

면, 첫째 대안은 언급한 사유의 전환을 더 넓게 확장시켜서, 우리가 그것을 행위의 이론뿐만 아니라 존재의 이론, 즉 모든 윤리학이 궁극적으로 근거를 두고 있는 형이상학에까지 추진하도록 강요한다.[22]

그러나 이 인용문이 명시적으로 보여주는 것처럼, 요나스의 요구는 그렇게 간단하지 않다. 그것이 근본을 뒤흔드는 혁명적인 요구이고, 또 쉽게 풀 수 없는 난문인 까닭은, 무엇보다도 그것이 윤리학적 정초 작업을 "존재론적인 전환"[23]으로 밑바닥까지 밀치고 나가는 데에 있다. 요나스는 윤리학을 존재론적으로 새롭게 정초하기 위해 존재와 당위, 존재론과 윤리학의 통일을 시도한다.[24] 요나스의 이러한 입각점은 1973년에 나온 『유기체와 자유』라는 책의 에필로그에서 이미 예고되었는데, 그 내용은 대강 이렇다. 윤리학의 토대로서 존재론은 철학의 본래적 관점이었는데, 존재론과 윤리학이 객관적인 왕국과 주관적인 왕국으로 분리된 것은 근대의 운명이다. 그것들의 재통일은 자연의 이념을 수정함으로써만 가능하다. 객관적 자연의 이념으로부터 윤리학의 원리가 도출되어야 한다. 달리 말해서 이 원리는 전체 자연에 객관적으로 부여된 존재의 목적을 통해 그 근거가 확보된다.[25]

그런데 "존재에서 당위로!"라는 요나스의 이러한 구호는 『책임의 원칙』에서 본격적으로 전개되고 있다. 요나스는 자연 속에 객관적으

---

22 같은 곳.

23 김종국, 「責任과 自律」, p. 30.

24 요나스 윤리학의 존재론적 정초에 대한 자세한 논의로 김종국, 「責任과 自律」, pp. 20–44 참조.

25 Vgl. H. Jonas, *Organismus und Freiheit. Ansätze zu einer philosophischen Biologie*, Götingen, 1973, S. 341f.

로 존재하는 목적의 실존을, 요나스의 말 그대로 옮기자면, 곧 "존재 내의 목적의 내재성"[26]을 증명함으로써, 자연의 내재적인 가치와 도덕적인 위상의 문제를 한 묶음으로 해결하려고 한다. 이러한 도출 과정이 단적으로 드러난 주장이 아마도 "자연이 목적을 가지고 있으므로 자연은 가치를 갖는다"는 진술일 것이다.[27] 요나스 스스로도 밝히고 있듯이, 사실 이러한 모험적 시도는 두 가지 의미에서 전통 윤리학과 결별을 선언하고 있다. 그 하나는 존재의 의미로부터 당위를 끌어내는 것이고, 다른 하나는 그리스적 · 유태적 · 기독교적 전통 윤리의 가차 없는 인간중심주의와 손을 끊는 것이다.[28]

이상의 논의에서 분명히 드러나듯이, 요나스의 새로운 사유가 갖는 혁명성은 윤리학의 중심축을 인간중심주의로부터 생명중심주의 혹은 생태중심주의로 이동시키는 데에 있다. 우리는 그것의 도덕적인 귀결점을 이렇게 해석해 볼 수도 있을 것이다. 상호 협력할 수 있는 능력도 없고 의사소통의 능력도 없는 자연 존재들, 이를테면 식물이나 동물을 목적 자체인 존재로, 내재적인 가치와 도덕적인 위상을 갖는 존재로 인정하고, 그것들을 거의 귀족적이라 할 수 있는 도덕의 주체 영역에 포함하는 것이다. 이러한 주장의 귀결은 어쩌면 이론적인 타당성은 차지하더라도, 그것의 실천적 효용성의 차원에서 심각한 어려움에 직면할 것으로 판단된다.

---

26 『책임의 원칙』, p. 146.
27 『책임의 원칙』, p. 145. 필자의 생각에 따르면, 『책임의 원칙』 우리말 번역서에는 이 문장(daß die Natur Werte hegt, da sie Zwecke hegt)이 "자연이 가치를 가지고 있으므로 자연이 목적을 갖는다"라고 주술관계가 잘못되어 있다.
28 『책임의 원칙』, p. 93.

4. 칸트의 도덕적 유토피아와 요나스의 에코토피아

칸트적 사유혁명은 베이컨적인 유토피아의 정신을 도덕적으로 순화시켜 계승한 인간중심적 도덕적 유토피아를 지향한다. 반면에 요나스적 사유혁명은 베이컨적 유토피아에 대립된 에코토피아를 그 이념으로 삼는다. 흥미롭게도 칸트는『순수이성비판』의 첫머리에서 베이컨의『대혁신 *Instauratio Magna*』의 선언 일부를 따와 자기 기획의 모토로 삼고 있다. 그것을 여기에 그대로 옮겨보자.

> 우리 自身에 對해서는 沈默한다. 그러나 다루어지는 것에 對해서는 사람들이 그것을 意見이 아니라 作品으로 생각하기를 청한다. 여기서는 어떤 宗派나 學說이 아니라 人類의 福祉와 尊嚴을 위한 土臺를 마련하는 것이 問題임을 確信하게 될 것이다. 그래서 모든 사람은 各自 自己 自身의 利益과 …… 共同의 安寧을 생각하고 …… 이런 일에 參與하게 될 것이라고 믿는다. 끝으로 사람들은 우리의 이『革新』에 對해, 그것이 어떤 無限하고 不滅的인 것을 提示할 것이라 생각하지는 않을 것으로 본다. 왜냐하면, 眞實에 있어 이『革新』은 끝없는 錯誤를 終結짓고, 그것의 合當한 限界를 指示하는 것이기 때문이다(생략은 칸트가 한 것임). 29

어쩌면 강한 첫인상을 심어줄 책머리에서 베이컨의 말을 인용한 점을 두고, '그것 봐! 칸트도 베이컨과 한통속이 아니었더냐'라고

---

29 『순수이성비판』, BII.

둘러칠 수도 있을 것이다. 사실 이렇게 되면 지식을 자연지배라는 목표에 맞추고 그것을 인간 운명의 개선을 위해 사용할 수 있도록 만든 베이컨 프로젝트와 그 과도한 성공이 현대의 기술 문명의 위기에 대한 원인으로 진단되는 판에서 칸트도 도매금으로 떠넘겨질 수밖에 없을 것이다.[30] 이 대목과 관련하여 필자는 베이컨과 칸트를 일직선상에 놓고 양자를 한통속으로 묶는 것은 문제가 있다고 생각한다. 그러나 칸트가 베이컨 프로젝트의 시초의 이상이 담고 있는 천박성과 급진성은 아니더라도 최소한 그 정신을 암묵적으로 이어받고 있다는 점을 인정할 수 있다. 이는 대혁신이 인류의 복지와 존엄의 토대를 확보하기 위한 것이고, 또 학문의 혁신이 끝없는 착오를 종결짓고 그 합당한 한계를 지시한다는 점에서 그렇다.

베이컨의 대혁신과 그것의 유토피아 정신이 칸트에게서 일정하게 순화되고 있다면, 그 통로는 한마디로 도덕성이라고 말해야 할 것이다. 칸트 저서의 여기저기에 단편적으로 나타난 생각들을 종합해 보면, 칸트가 추구한 유토피아는 사실 오늘날 많은 비판자들이 보는 것과 같은 전제적이고 가차 없는 인간중심주의가 아니다. 칸트가 염두에 둔 이상사회는 공동체에 속한 개개인의 도덕성을 밑바탕으로 실현되어야 할 인간 사회의 실천적 이념으로 제시되고 있다. 이러한 이념에 비추어 인간은 도덕성의 주체로서 세계와 전체 자연 체계의 중심에 위치한다. 따라서 인간의 자연 이용은 무차별적인 것이 되어서는 안 되며, 그것의 정당성은 인간의 도덕성에 토대를 두어야 한다.

---

30 『책임의 원칙』, p. 211. 베이컨의 기획을 현재의 맥락에서 다루고 있는 책으로 L. Schäfer, *Das Bacon- Projekt. Von der Erkenntnis, Nutzung und Schonung der Natur*, Frankfurt am Main, 1993 참조.

이렇게 보면 자연의 주인 칭호를 갖는 인간의 우월성과 특권은 특별권이 아니다. 오히려 인간과 인간이 아닌 자연 존재에 대한 특별한 의무와 책임의 강조라고 이해할 수 있다.[31]

그럼 인간의 현재적인 자연이용의 관점에서 볼 때, 칸트의 인간중심주의가 도덕성에 뿌리를 두고 있다는 말은 무엇을 뜻하는가? 그것은 자신이나 집단의 이익과 종족의 이익을 위해서 자의적이고 무차별적인 자연이용을 정당화하는 것이 아니라, 비록 그것들이 합리적으로 계산된 것일지라도 상대화시킬 수 있음을 의미한다. 이렇게 보면 칸트적 인간중심주의는 인간중심주의를 도덕성을 통해 내재적으로 극복한 것으로 해석해 볼 수도 있다.[32] 만약 칸트의 인간중심적 유토피아가 요나스가 그토록 비판한 베이컨의 그것과 달리 인간의 자연지배의 부정성을 도덕적인 차원에서 순화시키는 장치를 갖는 것이라면, 그것들을 한 묶음으로 싸잡아 비난하는 것은 분명 올바른 태도가 아닐 것이다.

다시 요나스에게 시선을 돌려보자. 요나스적 사유혁명을 추동한 현실인식은 이대로 가면 곧 들이닥칠지도 모를 총체적 재난인 요한 묵시록적 상황이다.[33] 요나스가 내린 진단에 따르면 인류가 안고 있는 재앙은 베이컨적 이상에서 시작하여 그것의 과도한 성공에서 폭발적으로 파급되고 있다. 베이컨적 이상은 그것이 자본주의와 결탁

---

31   I. Kant, *Kritik der Urteilskraft*, Werke in 6 Bde., hrsg. von W. Weischedel, Darmstadt, 1983, B390.

32   O. Höffe, *Moral als Preis der Moderne. Ein Versuch über Wissenschaft, Technik und Umwelt*, Frankfurt am Main, 1993, S. 214 참조.

33   『책임의 원칙』, p. 241.

하면서 경제적인 성공은 물론이고, 인구의 폭발적 증가라는 생물학적인 성공을 거뒀다. 그러나 이러한 성공을 가능케 한 과학 기술적 권력은 자연에 대한 무차별적인 지배를 대가로 자신을 완전히 예속시키는 결과를 낳았다. "권력은 스스로 막강하게 되었으며, 권력의 달콤한 약속은 협박으로, 구원의 전망은 묵시록적 전망으로 탈바꿈한 것이다."[34]

이러한 문제의식을 바탕으로 요나스는, 다소간 극화시켜 표현하자면, 과학적 지식과 기술에 의한 자연지배 사상을 정식화한 베이컨은 말할 것도 없고, "베이컨적 이상의 집행자로서의 마르크스주의"[35]를 포함해서 모든 낙관적 진보사상과 유토피아주의에 대해 파산선고를 내린다. 달리 말해서 요나스는 근대적 과학기술주의를 기초로 한 다양한 종류의 유토피아에 대한 맹목적 지향을 거부한 데에서 당면한 위기의 탈출구를 찾는 것이다.[36]

그렇다면 문제는 현실적인 의미에서든 칸트식의 규제적인 의미에서든 유토피아적 이상을 설정하지 않고서 어떻게 미래의 인류를 구원하기 위한 현재 인간의 책임을 요구할 수 있는가? 이다. 요나스는 이에 대한 적절한 답을 주고 있지는 않다. 한마디로 말해서 미래지향적인 책임원리 속에 미래적 행위를 지도할 수 있는 이념이 없다는 점이 문제이다.[37] 물론 우리는 우리를 미래로 이끄는 지도이념에 대한 요나스의 명시적인 언급은 없지만, 이진우가 요나스를 읽고 있는 것

---

34   『책임의 원칙』, p. 243.
35   『책임의 원칙』, p. 245.
36   요나스의 진보사상과 유토피아주의에 대한 상세한 논의로 『책임의 원칙』, 5~6장 참조.
37   김진, 『칸트와 생태주의적 사유』, p. 303.

처럼, "인간과 인간이 더불어 살고, 인간과 자연이 진정으로 화해할 수 있는 약한 유토피아"인 "에코토피아Ecotopia"가 요나스가 추구한 이념일 것이라고 추측할 수도 있다.[38]

5. 칸트적 인간중심주의와 요나스적 생태중심주의

칸트적 사유혁명과 요나스적 사유혁명은 도덕성의 형식에 있어서도 각기 다른 길을 제시한 것으로 이해된다. 요나스의 책임윤리는 칸트적 도덕성의 내적인 구조를 역전시키려고 한다. 칸트에게서는 이성에 의해 형식적으로 정초된 도덕은 내용적으로 항상 도덕의 주체인 인간에게 다시 결합된다. 즉 이성적임을 원하는 인간이 도덕의 실제적인 바탕을 이룬다는 점에서 그렇다. 달리 표현하자면, 도덕적인 구속력은 형식적으로 순수한 실천 이성의 개념 속에, 곧 이성의 사실에 근거를 두지만, 내용적으로는 의지의 자율에, 인간의 자기 법칙부여에 그 기초를 둔 것이다. 칸트에게 의욕은 당위를 위해 각 개인에게 주어진 것이며, 또 그 당위에 종속되어야 할 것으로 전제되어 있다. 이와 같은 전제하에서 "너는 해야만 하기 때문에 할 수 있다"는 도덕적 명제가 도출되며, 또 이는 "너의 의지의 격률이 일반적인 법칙이 되기를 원할 수 있도록 행위하라"는 정언명령으로 정식화된다.

요나스는 칸트의 이러한 기본적인 문제설정에 대해 매우 회의적인 입장을 취한다. 인간의 본성을 불변하는 것으로 전제하고서 도덕적 당위에서 도덕적 실천 능력을 도출하는 점이나, 설령 그런 능력을 모

---

38 이진우, 「녹색 사유와 에코토피아」, p. 136.

든 사람이 가지고 있다고 하더라도 그것이 의무로 종속되는가 하는 점이 의문시된다는 것이다. 이러한 문제의식을 바탕으로 요나스는 칸트의 저 명제를 "네가 할 수 있기 때문에 너는 해야만 한다"[39]로 전도시킨다. 이는 인간이 획득한 기술권력이 당위적 책임의 원천으로 변화됨을 뜻한다.[40] 요나스는 이러한 전도의 현실적인 필요성을 이렇게 표현한다.

> 현존재의 조건 자체가 위험에 처해 있다면, 완전함, 최고의 삶의 추구, "선의지"(칸트)에 대한 보다 고차적인 추구는 윤리학에서 얼마 동안만이라도 속물적 의무들 뒤로 돌려야 한다.[41]

아펠이 지적한 것처럼, 칸트의 당위와 의욕과의 관계 문제에 대한 요나스의 이해는 문제가 있는 것 같다. 이 변형된 명제는 과학기술 시대의 새로운 수단에서 비롯된 상황 연관의 관점에서 일면 타당하게 보이지만, 구성원 상호 간의 연대 책임의 구속력을 가진 구체적인 규범의 도출을 위해서는 무엇보다도 형식적인 원리, 즉 "심층적인 원칙의 내용으로서 당위"를 전제해야 한다. 이 점에서 요나스의 명제가 성립하기 위해서는 먼저 칸트의 명제가 타당하다고 인정해야 한다.[42]

이제 요나스가 생태학적으로 변형한 정언명령에 대한 논의를 간단

---

39   『책임의 원칙』, p. 223.
40   김진, 『칸트와 생태주의적 사유』, p. 304 참조.
41   『책임의 원칙』, p. 224.
42   김진, 『칸트와 생태주의적 사유』, p. 305; K.–O. Apel, *Diskurs und Verantwortung*, Frankfurt am Main, 1990, S. 197f.

하게 덧붙여 보자. 요나스는 칸트의 정언명령을 다음과 같이 변형시키고 있다. "너의 행위 효과가 지상에서의 진정한 인간적 삶의 지속과 조화될 수 있도록 행위하라." "너의 행위의 효과가 인간 생명의 미래의 가능성에 대해 파괴적이지 않도록 행위하라." "지상에서 인류의 무한한 존속을 가능하게 하는 제 조건을 위협하지 말라." "미래의 인간의 불가침성을 너의 의욕의 동반 대상으로서 현재의 선택에 포함하라."[43] 사실 이러한 명령은 형식에 있어서는 칸트의 정언명령을 답습하나 그 내용에 있어서는 전혀 새로운 면모를 갖는 것으로 읽힌다. 물론 이를 "칸트의 형식주의와 동기주의가 행위 결과와 효과에 대하여 실질적으로 책임을 부과하는 방향으로의 내용수정이 이루어지고 있지만, 규범윤리학의 근본 틀은 그대로 유지되고 있다"고 하면서, 그래도 전통의 한 가닥을 살려 해석해 볼 수도 있을 것이다.[44]

그러나 만약 요나스의 새로운 명령이 "현재 세대의 존재를 위해 미래 세대의 비존재를 선택하거나, 또는 감히 위태롭게 할 권리를 가지고 있지 않다"[45]는 점을 도덕적인 맥락에서 분석해 보면, 그 스스로 자인하고 있는 것처럼, 요나스는 상당한 이론적인 입증의 부담과 아울러 실천적인 어려움을 떠안게 된다. "왜 우리가 이러한 권리를 가지고 있지 않은지, 왜 우리는 반대로 아직 존재하지 않은 것에 대한 의무를 가지며, 왜 우리는 '그 자체로' 존재할 필요도 없는 것, 어쨌든 실존하지 않으면서 실존에 대한 어떤 청구권도 가지지 않은 것에 대해서도 의무를 가지는가에 대해서는 이론적으로 그렇게 쉽게 정당

---

43 『책임의 원칙』, p. 40 이하.
44 김진, 『칸트와 생태주의적 사유』, p. 306.
45 『책임의 원칙』, p. 41.

화될 수 있는 것이 아니다."[46] 비록 요나스가 한편으로는 전통윤리학
의 인간중심주의를 비판하고, 다른 한편으로는 새로운 차원에서 자
연목적론을 정초하고, 이를 바탕으로 인간 이외의 자연존재와 미래
세대에 대한 책임과 의무의 근거를 찾는 시도를 했지만, 이에 대한
현대윤리학자들의 대체적인 평가는 성공적이지 않다는 것이다.[47]

6. 맺는말

이상에서 우리는 칸트적 사유혁명과 요나스적 사유혁명을 몇 가지
점에서 비교, 검토해 보았다. 양 사유혁명의 핵심 고리 중의 하나는
무엇보다도 인간중심주의 혹은 윤리학의 인간중심주의적 토대에 대
한 이해 문제다. 인간중심주의는 극복해야 할 대상이지만 동시에 문
제해결의 원리라는 점이 필자의 생각이다.

필자가 보기에 전통 윤리학의 인간중심주의에 대한 요나스의 비판
은 한편으로 철저하고 근본적이다. 그렇지만 동시에 사실 많은 부분
에서 편협한 것으로 여겨진다. 인간중심주의를 요나스처럼 협소하게
이해하면, 자연에 대한 책임과 의무의 토대를 찾는 일은 전통 윤리학
의 틀 내에서 불가능하다. 아니 그럴 여지 자체가 좀처럼 주어지지

---

46   같은 곳.

47   K. Bayertz, "Naturphilosophie als Ethik. Zur Vereinigung von Natur- und Moralphilosophie
     im Zeichen der ökologischen Krise, in: *Philosophia Naturalis* 24 (1987), S. 157-185; D.
     Birnbacher, "Natur als Maßstab menschlichen Handelns", *Zeitschrift für Philosophische
     Forschung* 45, 1991, S. 60-76; L. Honnefelder, "Welche Natur sollen wir schützen?", *Gaia* 2,
     1993, S. 253-264; L. Schäfer, *Das Bacon-Projekt. Von der Erkenntnis, Nutzung und Schonung der
     Natur*, Frankfurt am Main, 1993, S. 152-173.

않는다. 칸트의 인간중심적 윤리학을 예로 살펴보자. 그것은 인간에게만 도덕적 가치와 위상을 인정하는 가차 없는 인간중심주의로 충분히 이해될 수 있다. 그런데 만약 칸트적 인간중심주의를 인간만이 도덕적인 의무와 권리를 소유한다는 식으로 협소한 것으로 이해한다면, 이성 능력을 지닌 인간만이 도덕의 유일한 주체이며 객체가 됨으로써, 유아와 지능이 낮은 인간은 물론이고, 여타의 동물, 식물, 생명이 없는 자연 존재들은 도덕적인 고려의 대상에서 당연히 제외될 것이다. 이러한 해석과 이해는 도덕 주체, 의무의 주체, 책임의 주체라는 관점에서 보면 분명 일리가 있다. 그러나 그것은 오늘날 새롭게 대두한 생태계 위기, 특히 기후위기의 도덕적 해결이라는 관점에서 보면, 거의 도움이 되지 않는다. 따라서 우리는 그것을 다소간 달리 생각하고 해석해 볼 수도 있을 것이다.

사실 칸트의 도덕공동체 속에는 어린아이처럼 이성적 능력을 아직 획득하지 못했거나, 정신장애자처럼 그 능력을 완전히 상실한 인간 존재, 그리고 아예 이성적 능력이 없는 자연 존재는 도덕공동체의 주체의 원에서 당연히 배제된다. 왜냐하면 스스로를 도덕법칙에 종속시킬 수 있는 자만이, 곧 의무를 질 수 있고, 자신의 행위에 대한 책임을 질 수 있는 자만이 도덕적 권리의 주체이기 때문이다. 그러나 이러한 사실 때문에 곧바로 도덕적인 객체의 원도 주체의 원과 똑같이 그렇게 협소하게 재단되어 있다거나, 또 그래야 된다는 사실이 도출되지는 않는다. 우리는 도덕공동체에 대한 확장된 개념에 대하여 생각해 볼 필요가 있다. 확장된 도덕공동체 내에는 도덕의 주체이면서 동시에 객체인 이성적인 능력을 소유한 존재들은 말할 것도 없고, 인간의 도덕적 책임과 의무의 대상일 뿐인 이성 능력이 없는 존재도 포함되는 것이다. 말하자면 도덕적으로 의무를 행해야 할 주체는 인간뿐이지만, 도덕의 객체는 인간을 넘어서 인간이 아닌 자연 존재에까지 그 범위를 확장해서 생각할 수 있다. 이렇게 보면 칸트 윤리학의 인간중심주의는 인간중심적이 아니라, 오히려 전체론적인 색채를 갖는다고도 해석할 수 있다.[48]

사실 인간중심주의가 문제의 근원이라는 총체적인 비난은 강한 호소력을 갖는다. 또한 경고의 메시지를 전달하는 데에도 충분히 성공적이다. 마치 그린피스의 극단적이고 돌출적인 환경운동이 사람들의 주목과 아울러 적지 않은 반향을 일으킨 것처럼! 그러나 그것은 문제를 해결하기 위한 지속적이고도 적절한 방법이 될 수는 없다.

인간중심주의는 현실적인 부정성과 이론적인 긍정성, 곧 그것의 문제해결 능력이라는 이중성을 동시에 갖고 있다 — 결국 인간의 책임과 의무가 문제해결의 열쇠라고 하겠다. 이러한 의미에서 인간중심주의에서 어떤 부분이 수정되고 포기되어야 하는가? 또 그것의 더는 물러날 수 없는 지점은 어디인가? 문제에 대한 차분한 문제의식, 균형 잡힌 시각이 필요하다. 인간중심주의는 한 묶음으로 싸잡아 폐기 처분해야 할 장애물이 아니다. 오히려 그것은 우리가 현재 직면한 문제 상황에서 문제해결의 원리임을 직시할 필요가 있다.

---

48 이러한 생각은 칸트의 의무론을 오늘의 관점에서 폭넓게 해석한 결과다. 김양현, 「자연의 도덕적 위상과 도덕 공동체의 확장 문제-칸트 의무론의 환경윤리적 해석」, 대한철학회 편, 『哲學研究』 68집, 1998, pp. 37-58 참조.

강희숙, 「기후변화 관련 어휘사용 및 기후위기 담론의 전개양상」, 『한국언어문학』 제125집, 2023.

김양현, 「자연의 도덕적 위상과 도덕 공동체의 확장 문제―칸트 의무론의 환경윤리적 해석」, 대한
철학회 편, 『哲學研究』 68집, 1998.

_____, 「칸트적 사유혁명에서 요나스적 사유혁명으로?」, 『大同哲學』 제11집, 2000.

김종국, 「責任과 自律―요나스의 批判에 대한 칸트의 應答을 중심으로」, 고려대학교 박사학위논문,
1996.

김진, 『칸트와 생태주의적 사유』, 울산대학교출판부, 1998.

요나스, 한스, 『책임의 원칙: 기술 시대의 생태학적 윤리』, 이진우 역, 서광사 1994.

이진우, 『녹색 사유와 에코토피아』, 문예출판사, 1998.

칸트, 임마누엘, 『순수이성비판』, 백종현 역, 아카넷, 2006.

회페, 오트프리트, 『임마누엘 칸트』, 이상헌 역, 문예출판사, 1997.

Apel, K.-O., *Diskurs und Verantwortung*, Frankfurt am Main, 1990.

Bayertz, K., "Naturphilosophie als Ethik. Zur Vereinigung von Natur- und Moralphilosophie
im Zeichen der ökologischen Krise", *Philosophia Naturalis* 24, 1987.

Birnbacher, D., "Natur als Maßstab menschlichen Handelns", *Zeitschrift für Philosophische
Forschung* 45, 1991.

Henrich, D., *Identität und Objektivität. Eine Untersuchung über Kants transzendentale Deduktion*,
Heidelberg, 1976.

Honnefelder, L., "Welche Natur sollen wir schützen?", *Gaia* 2, 1993.

Höffe, O., Moral als Preis der Moderne. *Ein Versuch über Wissenschaft, Technik und Umwelt*,
Frankfurt am Main, 1993.

Jonas, H., *Organismus und Freiheit. Ansätze zu einer philosophischen Biologie*, Götingen, 1973.

Kant, I., *Prolegomena zu einer jeden künftigen Metaphysik die als Wissenschaft wird auftreten können*, Werke in 6 Bde. hrsg. von W. Weischedel, Darmstadt, 1983.

_____, *Kritik der Urteilskraft*, Werke in 6 Bde., hrsg. von W. Weischedel, Darmstadt, 1983.

Kaulbach, F., *Philosophie als Wissenschaft. Eine Anleitung zum Studium von Kants Kritik der reinen Vernunft in Vorlesungen*, Hildesheim, 1981.

Kilga, B., "Ökosophie", *Conceptus. Zeitschrift für Philosophie* 18, 1984.

K. M. Meyer-Abich, *Aufstand für die Natur. Von der Umwelt zur Mitwelt*, München 1990.

Schäfer, L., *Das Bacon- Projekt. Von der Erkentnis, Nutzung und Schonung der Natur*, Frankfurt am Main, 1993.

포스트휴먼 칸트의 단초:
들뢰즈-푸코의 인간 없는 칸트주의[1]

윤영광

1. 들어가는 말
— 칸트를 넘어선 칸트주의와 포스트휴먼 칸트라는 괴물의 필요성

들뢰즈Gilles Deleuze의 말대로 철학의 거인들 앞에서 일반적으로 우리에겐 두 가지 선택지가 주어진다. 그들이 해놓은 것을 영원히 다시 시작한다는 의미의 '철학사'를 할 것인가, 아니면 더는 플라톤적이지 않은 문제들, 칸트적이지 않은 문제들에 플라톤을, 칸트를 접목할 것인가. 이런 구도에서 우리가 플라톤을, 칸트를 반복할 이유가 없는 것은, 그들을 이미 넘어섰기 때문이 아니라 그들과 같은 방식의 철학함을 통해 도달할 수 있는 최대치가 이미 그들에게 있기 때문, 즉 원리상 반복을 통해서는 그들을 넘어서는 것이 불가능하기 때문이다.(『대담』162)

플라톤을, 칸트를 넘어서는 일이 가능하다면, 그것은 오직 그들의

---

1 『비평과이론』제29권 1호(한국비평이론학회, 2024)에 수록된 같은 제목의 논문을 본서 형식에 맞춰 다듬은 글이다.

철학을 그 고유한 지평과 논리를 교란하는 문제들에 개방함으로써일 뿐이다. 이는 우열의 관점에서의 넘어섬이 아니라 한계 밖으로 나간다는 의미에서의 넘어섬이다. 푸코^{Michel Foucault}와 들뢰즈는 이런 의미에서 칸트를 넘어선 칸트주의를 자신들의 사유의 중요한 계기로 삼았던 철학자들이다. 이들은 칸트에게서 전면에 두드러지지 않았던 선線, 칸트 자신은 의식하지 못했던 선, 더 정확히 말하면 그들을 만나기 전에는 존재하지 않았다고 해야 할 선을 칸트 안에서 식별 혹은 창조하고 그것을 끄집어내서 푸코의 칸트, 들뢰즈의 칸트를 제시한다. 이것은 칸트를 칸트이게 하는 한계 외부로 이어지는 사유의 선이라는 의미에서 칸트를 넘어선 것이되, 그 선의 출발점과 선을 그리는 도구 모두 칸트에게서 구한 것이라는 점에서는 여전히 하나의 칸트주의, 그러나 칸트를 넘어선 칸트주의라고 할 수 있다.

부르디외^{Pierre Bourdieu}는 한 사상가와 더불어 바로 그 사상가에 맞서 사유하는 일이 가능할 뿐 아니라 바로 그것이 학學이 작동하는 방식이라고 말한 바 있다.(Words 49) 들뢰즈와 푸코가 칸트와 맺었던 관계는 정확히 이 '함께'와 '맞서'의 공존, 수용과 비판의 동시성으로 규정된다. 본고의 목적은 이들의 칸트 독해 속에 존재하는 이 '함께−맞서'의 벡터, 칸트와 더불어 칸트에 맞서 사유하기의 기획이 포스트휴먼적 조건 속에서 칸트를 다시 사유하기, 또 역으로 칸트를 통해 포스트휴먼적 세계를 사유하기라는 과제 ─ 오늘날 칸트 연구의 시급하면서도 지난한 과제 중 하나 ─ 의 단초로 기능할 수 있는 가능성을 타진하는 것이다. 그러므로 많은 포스트휴머니즘 이론들이 명시적으로든 암묵적으로든 당연한 것으로 전제하는 칸트의 휴머니즘을 겨냥한 비판에 대한 적극적 동조도, 본격적 반反비판도 이 글의 관심사는 아니다.[2] 오히려 이 대립 구도 자체의 단순성을 문제화하는 것, 즉 칸트의 철학적 인간학 자체에서 인간을 문제화하거나 인간 너머를 가리키는 요소와 선을 발굴하고 그것을 재료로 전통적 인간학을 넘어서는 새로운 주체론과 능력론doctrine des facultés을 전개했던 푸코와 들뢰즈의 작업을 통해 저 대립 구도가 포착하지 못하는 포스트휴머니티와 칸트 철학의 복합적 관계를 부각하는 것이 본고의 목적이라 하겠다.[3]

잘 알려져 있듯 들뢰즈는 철학사를 통한 철학하기를 저자와 해석자의 결합을 통한 괴물의 잉태와 출산으로 설명한다.(『대담』 29) "인간이란 무엇인가?" 대신 "인간을 벗어난 주체는 무엇이 될 수 있는가?", "인간-형식의 한계를 넘어선 마음의 능력들Vermögen des Gemüts

---

2 일반적으로 포스트휴머니즘 문헌에서 칸트와 그의 시대는 적극적 참조점이 아닌 비판 대상으로 소환되며 "포스트휴머니즘 사유의 안전한 타자"로 여겨진다.(Landgraf, Trop, and Weatherby, p. 3)

3 '포스트' 이론들이 누리는 인기의 많은 부분은 극복 대상으로 거론되는 시대와 담론의 복잡성을 충분히 소화하지 않고도 그것 너머로 나아가도록 해주는 듯한 '효능감'에 기인하는 것으로 보인다. 통속화된 포스트휴머니즘 담론들은 칸트와 휴머니즘 전통에 대한 단순하고 관습적인 관념에 만족하고 그것을 스스로를 규정하기 위한 부정적 배경으로 활용하는 경향이 있다. 그러나 휴머니즘과의 외적 대립 관계에 만족하는 포스트휴머니즘은 휴머니즘을 단순화하는 대가로 스스로 단순화되는 위험을 피하지 못한다. 포스트모더니즘이 근대성의 복합적 유산에 대한 복합적 진단과 평가를 수반할 수밖에 없듯 포스트휴머니즘과 휴머니즘의 관계 역시 외적일 수도, 단선적일 수도 없다. 물론 이런 관점이 이 글만의 것은 아니다. Carsten Strathausen은 자기 비판적 휴머니즘을 비판적 포스트휴머니즘의 본질적 부분으로 보고 그런 맥락에서 포스트휴머니즘이 칸트를 넘어서려 하기보다 그의 철학과 다시 관계해야 한다고 주장한다.(pp. 105-125) Neil Badmington 역시 포스트휴머니즘은 휴머니즘 유산과의 절대적 단절을 수립할 수 없으며 오히려 그 전통과 관계하고 그것을 통해 작업하지 않을 수 없다는 입장을 취한다.(p. 7) Karl Steel은 포스트휴머니즘이 그 이름이 함축하는 바와 달리 휴머니즘 이후에 오는 것이 아니라 휴머니즘의 주장들 속에 내재해 있다고 진단한다.(p. 3) 이런 맥락에서 "휴머니즘의 포스트휴머니즘적 자취들"을 탐구할 필요성에 주목하는 논문집으로는 Landgraf, Trop, Weatherby이 함께 편집한 *Posthumanism in the age of Humanism* 참조.

은 무엇을 할 수 있는가?"를 묻는 칸트가 가능하다면 그것을 포스트휴먼 칸트라 할 수 있을 것이다. 칸트는 많은 물음을 통해 결국 "인간이란 무엇인가?"라는 단 하나의 문제만을 숙고했던 철학자라는 점에서 포스트휴먼 칸트는 (특히 '순수한' 칸트에 대한 '정확한' 해석이 중요한 이들에게는) 분명 철학적 괴물일 수밖에 없다. 그러나 포스트휴먼 자체가 하나의 괴물인 한에서, 그에 대한 사유 모델이 괴물의 형상을 띠는 것은 차라리 자연스럽다 하겠다. 이념과 이론으로서의 포스트휴머니즘에 대한 찬반을 떠나, 그것의 발생과 유행을 가능케 한 역사적 조건이 어떤 식으로든 전통적인 주체 형상으로서의 인간 이후 혹은 너머에 대한 사유를 요청하는 상황에서 칸트 철학을 여전히 살아 있도록 하는 유망한 길은, 칸트를 인간 · 인간학 · 휴머니즘이라는 틀 내에 온전히 보존하기보다 포스트휴먼적 조건에서 작동하고 포스트휴먼적 문제와 접목된 괴물로서의 칸트의 가능성을 타진하고 모색하는 것이다. 들뢰즈와 푸코의 사유 속에 소화되어 있는 칸트의 흔적들을 포스트휴먼 칸트의 단초로 독해하는 이 연구는 그러한 방향의 집단적인 이론적 노력의 일부이고자 한다.

본격적인 논의에 앞서 연구 방법과 범위에 대한 간단한 언급이 필요하겠다. 첫째, 본 연구는 인간의 죽음과 초인*Übermensch*이라는 니체적 테마가 칸트의 인간학적 사유에 대한 비판으로 연결되는 60년대 고고학 시기의 푸코, 이 비판을 칸트 계몽 개념에 대한 긍정적 재해석으로 뒤집는 70년 후반 이후 소위 윤리학 시기의 푸코, 그리고 인간의 죽음–초인–계몽/주체화라는 푸코 이론의 계열을 자신의 언어로 재해석하고 이를 다시 '사유의 이미지*l'Image de la pensée*'에 대한 철학사적 비판과 연결하는 『푸코*Foucault*』와 『차이와 반복*Différence et Répétition*』의 들뢰즈로 이어지는 선을 따라간다. 여기서 칸트, 푸코, 들뢰즈는 동일한 해석학적 위상과 비중을 갖지 않는다. 이 글의 논의는 칸트를 푸코의 관점에서 독해하고 다시 그 칸트와 푸코를 들뢰즈의 관점에서 읽는다는 점에서, '들뢰즈 속으로 소화된 푸코 속으로 소화된 칸트'라는 마트료시카Matryoshka적 구조를 갖는다. 제목에서 들뢰즈와 푸코를 하나로 묶은 것은 그 때문이며, 같은 맥락에서 이 글이 말하는 포스트휴먼 칸트는 (들뢰즈-푸코-)칸트라고 할 수 있다.[4] 둘째, 본 연구는 들뢰즈-푸코와 칸트 사이에 존재하는 문제들 전체가 아니라 단지 인간 혹은 그것의 다른 이름인 주체와 관련한 논의들에 초점을 맞춘다. 따라서 역사적 선험historical a priori이라는 푸코-칸트적 문제나 이념, 강도, 초월론 같은 들뢰즈-칸트적 문제는 이 글에서 다루지 않는다.

논의 순서는 다음과 같다. 2절은 푸코와 들뢰즈의 칸트 독해가 인간이라는 초월적 주체 형상을 비판하고 극복하려는 기획에서 수렴하는 양상을 살핀다. 인간-주체 비판은 들뢰즈-푸코에게서 포스트휴먼적 칸트의 단초를 찾으려는 본 연구의 모티프로 기능하는 테마로

---

4   들뢰즈-푸코의 칸트 해석에 대한 서론의 서술들은 그대로 들뢰즈의 푸코 해석에도 적용될 수 있다. 들뢰즈가 『푸코』에서 수행한 작업은 역사적 푸코, 푸코가 말한 바에 충실한 주석 달기가 아니라 자신과 푸코 사이에서 들뢰즈도, 푸코도 아닌 '들뢰즈의 푸코'라는 괴물을 만드는 것이었다. 프레데리크 그로(Frédéric Gros)의 「들뢰즈의 푸코: 형이상학적 픽션」("Le Foucault de Deleuze: Une Fiction Métaphysique")이 말하는 바가 이것이다. 유의할 것은, 여기서 '형이상학'도 '픽션'도 폄하의 뉘앙스를 담고 있지 않다는 사실이다. 푸코 사유에 내재해 있는 '형이상학'을 드러내려는 들뢰즈의 기획을 긍정적으로 평가하는 글의 제목에 그로가 픽션이라는 표현을 사용한 것은, 1)글의 서두에서 고백하듯 오랫동안 들뢰즈의 푸코 독해를 실제 푸코와 전혀 무관한 '픽션'에 지나지 않는다고 생각했던 자신의 과거에 대한 일종의 반성인 동시에, 2)과거 자신이 그랬듯 한 철학자에 대한 해석이 아카데믹한 의미의 '충실함'을 벗어났을 때 사람들이 종종 '픽션'을 비난의 표현으로 동원하곤 하는 관행을 뒤집어 들뢰즈의 것과 같은 말 그대로 창조적인 해석이 갖는 가치를 부각하기 위해서인 것으로 보인다.

서, 언뜻 무관해 보이는 칸트, 푸코, 들뢰즈의 상이한 개념과 맥락들 간의 잠재적 연결선을 가시화하는 3-4절 논의에 중심과 초점을 부여한다. 3절은『푸코』를 중심으로 들뢰즈의 푸코 해석을 검토한다. 들뢰즈는 인간의 죽음 및 그와 결부된 주체 형상으로서의 초인이라는 테마와 후기 푸코의 주체화 연구를 '바깥le dehors'이라는 개념을 중심으로 한데 엮는바, 이 주제들은 공히 미리 주어진 주체 형식에 갇히지 않는 자유로운 주체의 자기 자신과의 관계로 재해석된 칸트적 계몽과 연결된다는 것이 중심 논지다. 4절은 인간을 구성하는 힘들이 인간-형식으로 귀결되는 것은 필연이 아니라는『푸코』의 논지가 칸트 초월철학 능력론의 비판적 변형으로서의 차이론적 능력론Théorie différentielle des facultés으로 이어지는『차이와 반복』의 논의를 검토한다. "주체는 인간을 벗어나 무엇이 될 수 있는가?"가 3절을 인도하는 물음이라면 4절은 "인간-형식의 한계를 넘어선 능력들은 무엇을 할 수 있는가?"라는 물음을 중심으로 한다.

2. 칸트 독해에서 푸코와 들뢰즈의 교차점
— 인간이라는 이름의 초월적 주체 비판

푸코는 "인간이란 무엇인가?"와 "계몽이란 무엇인가?"라는 칸트 철학의 두 근본 물음을 중심으로 칸트를 비판하고 전유한다.『칸트의『인간학』에 대한 서설Introduction à l'anthropologie de Kant』과『말과 사물Les mots et les choses: Une archéologie des sciences humaines』에 나타난 1960년대 고고학 시기 푸코의 칸트 읽기가 칸트 철학의 기저에 놓인 인간이라는 주체 형상과 인간학적 사고에 비판적이라면, 1970년대 후반 이후 이른바 윤리학 시기의 푸코는 「"계몽이란 무엇인가?"라는 물음에 대한 답변Beantwortung der Frage: Was ist Aufklärung?」을 긍정적으로 재해석하며 '우리 자신의 비판적 존재론l'ontologie critique de nous-mêmes'으로 정식화된 칸트주의 전통에 스스로를 귀속시킨다.(『혁명』 174–75)[5]

푸코는 "인간이란 무엇인가?"를 근본 물음으로 하는 칸트 인간학이 그의 철학 전체에서 점하는 위치를 분석하는 가운데 그 안에서 '계몽'이라는 문제가 발아發芽할 수 있는 철학적 지평과 그 지평을 구성하는 요소들을 식별해내면서도, 근대 인간학이 인간이라는 역사적 주체 형식을 초월적이고 기원적인 주체성으로 고정하는 한에서 가질 수밖에 없는 한계를 지적하면서 '인간의 죽음'을 선언함과 동시에 요청한다.(『인간학』 24, 144; 『말과 사물』 21, 468–469, 525–526; Han 3, 21, 35; Allen 30) 인간의 죽음, 즉 인간이라는 이름하에 우리의 주체성에 부과되는 역사적 한계들로부터의 해방이 중요한 것은 푸코가 보는 칸트적 계몽의 핵심이 우리가 어떻게 현재의 우리가 되었는지를 탐구하고 그러한 탐구를 통해 그 현재의 우리와 달라지는 것(『계몽』 194–95), 들뢰즈의 표현으로 하면 "우리의 다른 것–되기notre devenir-autre"이기 때문이다.(『장치』 481) 앞서 언급한 우리 자신의 비판적 존재론이 의미하는 바가 바로 이것이다. 죽기 전 마지막 몇 해 동안 푸코는 이렇게 재해석한 의미의 계몽을 고대철학의 테마인 파레시아παρρησία와 자기돌봄ἐπιμέλεια ἑαυτοῦ으로 연결하는바, 주지하듯 파레시아와 자기돌봄이 목표로 하는 실존의 미학esthétique de l'existence 혹은 실존의 양식론

---

5   푸코적 의미의 칸트주의가 그리는 궤적에 대한 상세한 연구로는 윤영광, 「푸코적 칸트주의의 궤적: 비판적 존재론의 전화(轉化)」 참조.

stylistique de l'existence은 자신의 삶을 하나의 작품으로, 이전과는 '다른 삶 une vie autre'으로 만드는 것을 핵심으로 한다.(『파레시아』 125, 127-128, 134, 259, 263; Government 350; Courage 144, 162-163)[6]

푸코는 이처럼 계몽을 우리 자신의 비판적 존재론으로 재해석함으로써 비판과 계몽이라는 칸트 철학의 두 중심 개념을 한데 엮는다. 그리고 이 결합은 계몽의 재해석뿐 아니라 비판 개념의 재정식화 또한 요청한다. 단적으로 말해 푸코의 칸트 해석은 비판을 이원화한다. 한편에는 푸코가 계몽과 동일시하는 수행과 실천으로서의 비판, 태도-에토스로서의 비판이 있고, 다른 한편에는 그러한 수행과 실천으로서의 비판의 결과로 정립되는 비판철학의 이론, 즉 담론으로서의 비판 혹은 비판의 담론이 있다.(『비판』 50; Djaballah 265-266) 1983년 이후 푸코가 비판철학과 계몽의 연속성을 거론하면서도(Government 31-32) 결국 자신이 수행한 계몽의 재개념화를 비판철학에 대한 본격적인 분석과 결합하지 않은 것은 단순히 때 이른 죽음으로 인한 시간 부족 때문만은 아니었을 것이다. 푸코가 볼 때 비판철학을 낳은 철학적 에토스로서의 계몽을 존중하는 것과 담론으로서의 비판철학, 즉 비판철학의 내용을 존중하는 것은 다른 문제이기 때문이다. 자신은 역사 이외에 아무것도 하지 않았다고 말하는 푸코(『맑스』 125)의 관점에서 인간을 구성하는 힘들이 초월적 지평을 넘어 역사적 지평에 개방되지 않는 한 비판철학적 구도와 계몽의 결합은 불완전할 수밖에 없다. 60년대 푸코의 인간학적 사유 비판, 인간의 죽음 테제와 동궤

---

6 이 단락은 필자의 박사학위논문 「칸트 철학에서 주체 구성의 문제: 푸코적 칸트주의의 관점에서」, pp. 9-10의 내용을 일부 수정한 것이다.

에서 재해석된 계몽의 관점에서 칸트 철학을 재구성하는 작업은 인간이라는 초월적 주체에 근거한 칸트적 문제설정 자체의 변화를 요구하는 것이다.

들뢰즈는 푸코 사유의 일반 원리를 요약하는 『푸코』의 마지막 부분 「인간의 죽음과 초인에 대하여」에서 바로 그러한 변화에 입각한 이론 구성의 단초를 제시한다.

푸코의 일반 원리는 모든 형식이 힘들의 관계로 구성된다는 것이다. 힘들이 주어질 때 우리는 우선 그것들이 어떤 바깥의 힘들과 결합하여 관계를 맺게 되는가, 그리고 그로부터 어떤 형식이 생겨나는가를 묻게 된다. 인간 내에 존재하는 힘들이란 상상하는 힘, 기억하는 힘, 이해하는 힘, 의지하는 힘 등이다. 아마도 혹자는 그러한 힘들은 이미 인간을 전제한다고 반대할 수도 있을 것이다. 그러나 형식의 관점에서 이는 진실이 아니다. 인간 안에 존재하는 힘들은 단지 장소들, 적용점들, 실존자의 영역région de l'existant만을 전제할 뿐이다. 마찬가지로 동물 내부의 힘들(운동성, 피자극성 등) 또한 어떠한 규정된 형식도 전제하지 않는다. 문제는 인간 안의 힘들이 일정한 역사적 형성체 위에서 어떤 다른 힘들과 관계하는가, 그리고 이 힘들의 구성물로부터 결과적으로 어떠한 형식이 창출되는가를 아는 것이다. 우리는 다음과 같은 점을 이미 예견할 수 있다. 인간 안의 힘들이 필연적으로 '인간'—형식forme-Homme을 구성하는 것은 아니며, 오히려 그와 달리 다른 구성물이나 다른 형식에 다른 방식으로 투여될 수도 있다. 심지어 짧은 시기 동안조차도 '인간'이 줄곧 실존했던 것은 아니며 마찬가지로 영원히 실존하지도 않을 것이

다. (207-208)[7]

　주지하듯 『칸트의 비판철학 *La Philosophie Critique de Kant* 』과 『차이와 반복』
에서 들뢰즈 자신의 칸트 독해는 비판철학의 능력론을 중심으로 한
다. 위 인용문은 "인간 안의 힘들"이라는 표현을 통해 자신의 능력론
적 칸트 독해의 맥락을 주체성 형식에 대한 푸코의 사유에 접붙인다.
단적으로 말해 "인간 안의 힘들이 일정한 역사적 형성체 위에서 어떤
다른 힘들과 관계하는가, 그리고 이 힘들의 구성물로부터 결과적으
로 어떠한 형식이 창출되는가"라는 문제가 들뢰즈와 푸코의 칸트 해
석이 교차하는 지점에 위치하며, 또 그러한 것으로서 포스트휴먼 칸
트에 대한 구상의 실마리로 기능한다.[8]

　들뢰즈와 푸코의 철학적 관계에 대해서는 아직 많은 부분이 연구
되어야 할 것으로 남아 있지만,[9] 본고의 주제와 관련하여 적어도 두
가지 점에서 양자의 공통점을 명확히 지적할 수 있다. 첫째는 초월
적·정초적 주체에 대한 비판과 주체를 구성 혹은 생산의 관점에서
보는 이론적 태도다. 이것이 푸코 작업의 핵심이라는 것은 앞서 논의
한 바와 같으며, 들뢰즈 역시 정신의 기원이 아니라 주체의 발생을
하나의 문제로 제기했다는 점에서 경험론이 갖는 중요성을 강조하

7　외국어 문헌의 국역본 인용시 필요한 경우 원문을 참조하여 번역을 수정한다.

8　포스트휴먼 칸트의 단초라는 관점에서 위 인용문이 갖는 함축에 대한 보다 상세한 논의는 다음
　절에서 이루어진다.

9　들뢰즈와 푸코의 관계에 대한 연구는, 1985-86년에 들뢰즈가 파리 8대학에서 진행한 푸코
　에 관한 세미나 강의의 내용이 2011년 프랑스국립도서관(Bibliothèque Nationale de France)
　에 의해 온라인으로 출간되면서 더욱 활발해졌다. 2011년 이후의 주요 연구로는 Morar, Nail,
　Smith가 공동편집한 *Foucault Studies*의 2014년 특별호 "Foucault and Deleuze"와 같은 이들이
　편집한 *Between Deleuze and Foucault* 참조.

는 첫 번째 저작 『경험론과 주체성*Emprisme et subjectivité*』 이후 『차이와 반복』에 이르기까지 줄곧 주체를 모든 것의 전제이자 출발점이 아니라 하나의 효과 내지 결과로 다루는 주체성 이론을 가다듬는다.(소바냐르그 30, 42-43) 이들이 보기에 인간-주체를 인식과 실천의 가능성의 조건으로 전제해서는 안 되며 오히려 인간이라는 주체 형식의 발생이 문제화되어야 한다. 그리고 발생의 관점에서 고찰되는 것은 원리상 소멸이나 해체의 가능성에도 열려 있다.[10] 둘째는 칸트와의 이중적 관계. 앞서 논의했듯 들뢰즈와 푸코의 칸트 해석에는 수용과 비판이 공존하며, 양자 모두 칸트 자신 안에 존재하는 요소를 활용하여 칸트를 변형하고 비판한다. 말하자면 이들의 칸트주의는 칸트 철학을 계승하되 그것을 비튼다. 그리고 이 '비틂'은 궁극적으로 첫 번째 공통점, 즉 초월적 주체에 대한 비판과 관련되어 있다. 한마디로 들뢰즈와 푸코는 모두 초월적 주체 혹은 '인간'이 제거된 칸트주의를 모색하고 실험한다.

그러나 양자는 비판적 변형의 전략과 방법에 있어서는 차이를 보인다. 푸코가 초월적 주체의 역사성을 드러냄으로써 그것을 비판하고 해체한다면, 들뢰즈는 초월적 주체 내부에 존재하는 균열의 선을 부각하고 확대함으로써 그것을 내파內破한다. 다시 말해, 푸코가 결과적으로 초월적 주체의 능력들에 관한 이론으로서의 비판철학의 지형과 거리를 두는 전략을 취하는 데 반해, 들뢰즈는 그 지형 내에서,

---

10 칸트가 발생적 방법의 요구를 무시했다는 것이 칸트 당대에 마이몬(Salomon Maimon)이 제기한 주된 비판적 논점이었으며, 들뢰즈는 칸트 독해뿐 아니라 『차이와 반복』에 이르기까지 자신의 모든 작업에서 발생에 관한 이 마이몬의 문제의식을 자신만의 방식으로 변주한다.(스미스, pp. 278-91) 칸트 이후 독일 철학사에서 마이몬이 갖는 중요성에 대해서는 바이저(p. 286) 참조.

즉 능력론의 지평 위에서 새로운 능력론을 고안하며 그것을 "차이론적 능력 이론"(『차이』 309)으로 명명한다.

칸트 해석에서 들뢰즈와 푸코 사이에 존재하는 이 같은 합류와 분기의 운동은, 물론 한편으로는 양자의 철학적 차이를 드러내는 것이지만, 다른 한편으로는 들뢰즈적 칸트주의와 푸코적 칸트주의를 연결하는 모종의 해석적 보완을 시도할 수 있는 여지를 제공하기도 한다. 비판철학의 능력론이 들뢰즈를 통해 초월적 폐쇄성을 극복한 주체성 모델을 향해 개방될 수 있고 이것이 다시 들뢰즈의 푸코 해석속에서 푸코의 주체 구성 이론과 연결될 수 있다면, 푸코 자신의 논의에서는 주변화되었던 비판철학의 능력론이 들뢰즈를 경유해 후기 푸코의 문제설정과 접속되는 해석을 구상해볼 수 있는 것이다.

실제로 들뢰즈는 『차이와 반복』과 『프루스트와 기호들』$^{Proust\ et\ les\ signes}$에서 가장 선명하게 이루어지는 '사유의 이미지'에 대한 자신의 비판 작업과 인간학적 사유에 대한 푸코의 비판이 궁극적으로 같은 지점을 겨냥하고 있다고 보았다. 『차이와 반복』보다 2년 앞서 발표된 『말과 사물』에 대한 서평에서 들뢰즈는, 인간의 죽음 테제가 사유의 새로운 이미지를 세우는 일에 대한 권유로 이해되어야 한다고 주장한다. 들뢰즈에 따르면 이 새로운 사유란 "사유의 성립을 위해 반드시 필연적 균열에 의해 이론적으로 가로질러지게 되는 사유"인바, 이때 인간은 균열을 메우지도 접합하지도 못하며 반대로 이 균열이 인간 안에서 사유가 발생하는 지점을 나타낸다.(『인간』 432, 434) 새로운 사유의 이미지에서 동일성으로서의 "자아를 위한 코기토"(『인간』 432)는 더 유지되지 못하며 "분열된 자아를 위한 코기토"(『차이』 149)가 그 자리를 대신한다. 그런데 일치나 종합이 아니라 균열/분열로부터 발생하는 사유−코기토라는 테마는 들뢰즈가 『차이와 반복』에서 수행하는 칸트 비판철학에 대한 비판적 재구성의 중심에 놓여 있는 문제다. 이처럼 푸코가 인간의 죽음 테제로 사유하고자 했던 사태와 들뢰즈가 사유의 이미지 비판을 통해 말하고자 했던 바가 본질적으로 상응한다면, 그리고 푸코가 인간의 죽음을 통해 궁극적으로 말하고자 했던 바가 계몽의 문제, 즉 주체의 끊임없는 자기생산과 변화라면, 이제 우리는 사유의 이미지 비판과 칸트 능력론의 혁신을 연결하는 들뢰즈의 작업(『차이』 319−320, 324−325)을 후기 푸코의 중심 테마인 대안적 주체성 생산의 문제와 연결할 수 있을 것이다. 그리고 그런 한에서 들뢰즈의 변형된 칸트주의는 주체 생산에 대한 푸코의 문제의식을 공유하면서도 그와 달리 내용으로서의 비판철학을 도외시하지 않는다는 점에서, 인간의 죽음−초인−계몽으로 이어지는 푸코적 칸트주의의 문제의식이 비판철학의 지형과 만날 수 있는 경로를 마련한다고 할 수 있다.

단적으로 말해, 들뢰즈−푸코의 해석을 통과한 칸트 비판철학에서 인간을 구성하는 힘 혹은 능력들은 그 자체로는 고유하게 인간적이지 않으며, 그것들을 인간적인 것으로 만드는 것은 인간이라는 주체성 형식 혹은 배치다.[11] 이러한 사정이 함축하는 이론적 가능성, 그러

---

11 통상적인 칸트 이해의 관점에서는 매우 낯설게 들리겠지만, 사실 이는 들뢰즈−푸코의 해석 이전에 칸트 철학 자체로부터 도출 가능한 논리다. 가령 인간은 이성이라는 능력을 천사와 같은 비(非)인간 존재자와 공유하며 감성 능력은 다른 동물들과 공유한다. 칸트 실천철학에서 고유하게 인간적인 문제로서의 윤리는 이처럼 이질적 원천을 갖는 두 능력의 결합이 인간을 규정한다는 사실을 전제로 한다.(GMS IV449 참조) 보다 일반적으로 말해 칸트 철학에서 가상(초월적 변증학), 명령(의무론적 윤리학), 폭력(숭고의 분석학) 등 주체가 자신과의 관계에서 필연적으로 감수해야 하는 '부정적' 경험들은 모두 이성이 인간을 구성하되 고유하게 인간적인 능력은 아니라는 사정에서 비롯한다.(KrV, A339=B397, A669=B697; KpV V32 참조) 비판철학에

나 칸트 철학의 체계 안에서는 탐구되지 않았으며 탐구될 수 없었던 가능성은 다음과 같다. 1) 인간을 구성하는 힘들은 인간이 아닌 다른 형식을 구성할 수 있다. 즉 현재 인간을 구성하는 힘들이 인간이라는 배치를 이루는 것은 필연이 아니다. 2) 현재와 같은 배치, 인간이라는 형식 속에 있지 않은 힘들은 현재와 다른 역량 혹은 기능을 가질 수 있다. 가령 인간-형식 속에서 감성, 욕구능력 등 다른 힘들과 관계하는 지성이 할 수 있는 일과 그러한 배치와 제약을 벗어난 (예컨대 기계적 형식 속에서 작동하는) 지성이 할 수 있는 일은 다르다. 들뢰즈는 한편으로는『푸코』에서 수행한 고유한 푸코 해석을 통해, 다른 한편으로는『차이와 반복』을 중심으로 하는 칸트 능력 이론의 재전유를 통해 칸트 철학에 잠재해 있는 저 두 가지 철학적 가능성을 전개한다. 3절과 4절은 이를 차례로 검토한다.

3. 인간의 죽음 이후의 주체로서의 초인과 '바깥'

들뢰즈의 푸코 해석의 중심에는 힘은 언제나 '바깥'에 속하며 '바깥'으로부터 온다는 테제가 있다.[12] 이 테제는 힘들의 상호관계로서의 권력의 항구적 불안정성 및 자유와 저항의 원리적 우선성이라는 푸

서 인간 마음의 능력들의 비인간성과 그것이 주체의 비동일성으로 이어지는 경로와 논리에 상세한 논의로는 윤영광의「칸트 비판철학에서 주체의 비동일성 문제」, 같은 맥락에서 칸트 비판철학을 인간주의적 관점에서 이해하려는 경향의 문제점을 지적하는 논의로는 Ameriks(13) 참조. 칸트 저작 인용·참고시 관례에 따라 제목 약호와 함께 베를린학술원판 전집의 권수와 면수를 각각 로마 숫자와 아라비아 숫자로 표기한다. 다만『순수이성비판』의 경우 역시 관례에 따라 초판(A)과 재판(B)의 면수를 표기한다. 칸트 저작의 약호와 참고한 국역본은 인용문헌에 기재한다.

12   주지하듯 푸코는 바깥이라는 테마를 블랑쇼(Maurice Blanchot)에게서 가져온다.("La pensée du dehors")

코 정치철학의 근본 문제설정("Subject" 221–222;『권력이론』114–15; 들뢰즈,『푸코』152; 네그리·하트,『공통체』331)의 바탕을 이룰 뿐 아니라, 능력들의 본유적 내재성을 전제하는 칸트 초월철학에 대한 비판과 변형의 출발점으로 복무한다.

인간의 죽음 테제에 대한 들뢰즈식 해설이며 본 연구의 주제인 인간 없는 칸트주의의 문제설정이 집약되어 있는 앞서『푸코』인용문의 논의는 이 같은 힘과 바깥의 관계를 기반으로 한다. 힘은 어떠한 규정된 형식도 전제하지 않는다. 힘은 늘 바깥으로부터 오는 요소이며 바깥은 본성상 형식을 갖지 않기 때문이다.(『푸코』147) "상상하는 힘, 기억하는 힘, 이해하는 힘, 의지하는 힘" — 여기서 들뢰즈는 칸트 능력 이론이 제시하는 능력들의 목록을 의식하는 동시에 변형한다 — 은 그 자체로 이미 인간–형식을 전제한다는 통상적 사고와 달리, 들뢰즈–푸코 즉 들뢰즈가 읽는 푸코 혹은 푸코를 읽는 들뢰즈에 따르면 인간 내부의 힘들은 인간을 구성하지만 그것을 전제하지는 않는다. 힘과 형식의 전제 관계의 이러한 역전, 그리고 그로부터 따라 나오는 "인간 내부의 힘들이 필연적으로 인간–형식을 구성하는 것은 아니며, 오히려 그와 달리 다른 구성물이나 다른 형식에 다른 방식으로 투여될 수 있"다는 진단이 자주 오해되어 온 인간의 죽음이라는 도발적 테제의 본의다. 들뢰즈–푸코는 이때 인간을 구성하는 힘들이 "다른 방식"으로 관계하여 만들게 될 "다른 구성물이나 다른 형식"에 니체로부터 가져온 '초인'이라는 이름을 부여한다.[13] 그리고 이

---

13 "만약 인간 안의 힘들이 오직 바깥의 힘들과 관계맺음에 의해서만 하나의 형식을 구성한다면, 이제 그것들은 어떤 새로운 힘들과의 관계로 진입하며 또 그로부터 더 이상 신도, 인간도 아닌 어떤 새로운 형식들이 나타날 것인가? 이것이 바로 니체가 '초인'이라 불렀던 문제를 위한 정확

처럼 인간이라는 주체성 형식의 소멸 내지 해체를 뜻하는 인간의 죽음-초인 계열에 마지막으로 추가되는 항[順]이 바로 푸코-칸트적 의미의 계몽이다. "모든 형식은 힘들의 관계로 구성된다"는 푸코 사유의 일반 원리가 주체화의 문제계에 접목되었던 70년대 후반 이후 계몽이 그의 중심적 관심사로 떠오른 것은 이러한 맥락에서였다. 인간의 죽음-초인-계몽으로 이어지는 개념들의 계열이 가리키는 핵심은 주체성 형식의 변화 가능성과 그에 입각한 자유이며, 이때 주체 형식의 변화, 나아가 모든 형식의 해체와 재구성을 생각할 수 있는 것은 형식을 구성하는 힘들이 본질적으로 바깥에 속하기 때문이다.

바깥이란 무엇인가? 들뢰즈는 바깥의 의미를 일차적으로 '다르게 사유하기penser autrement'와의 관련 속에서 설명한다. 푸코에게 사유하기란 "어떤 능력에 본유적인 실천"이 아니라 적극적으로 도달해야만 하는 어떤 것이다. 사유하기는 이미 주어진 기능 내지 능력의 자동적 실행이 아니며, 그런 한에서 언제나 '다르게 사유하기'의 형태로만 가능하다(그러므로 다르게 사유하지 않을 때 우리는 아예 사유하고 있지 않다). 그리고 이처럼 어떤 본유성에 의존하는 것이 아닌 한에서의 사유하기, 즉 다르게 사유하기는 "내부성l'intériorité에 의존해 있는 것이 아니라, 사이를 파고들며 내부적인 것을 파괴하고 절단하는 바깥의 침입

한 자리이다."(『푸코』, pp. 219-220) 들뢰즈는 초인 혹은 인간의 죽음 테제에 대한 숱한 오해를 의식한 듯 다음과 같은 '친절한' 설명을 덧붙인다. "초인은 실존하는 인간들의 사라짐이라기보다는 개념의 변화에 가까운 것이다. 그것은 신도 인간도 아니면서 이 이전의 두 형식보다 못한 것이 아니기를 희망해볼 수 있는 어떤 새로운 형식의 도래인 것이다."(『푸코』, p. 223) 이런 맥락에서 분명히 드러나듯 들뢰즈-푸코는 칸트를 칸트 자신의 인간학적 사유로부터 '해방'시키기 위해 니체에 기대며 그런 점에서 이들의 칸트주의는 니체와 칸트의 결합, 니체적 칸트주의라 할 수 있다.

아래에서 생겨나는 것"이다. 이때 바깥의 침입으로 생겨나는 사유하기란 "지층화되지 않은 것에 도달하는 것"으로 정의된다. 달라진다는 것, 새로워진다는 것은 이미 만들어져 굳어진 지층이 아닌 '어떤 것'과 관계한다는 것이며 그 어떤 것의 이름이 바깥인 것이다. 다르게 사유하기가 바깥의 사유^{la pensée du dehors}에 도달하기인 것은 그 때문이다.(『푸코』 165–166) [14]

일반화하면, 바깥은 이미 형성되어 있는 지층에서 벗어나 새로운 것, 다른 것의 구성을 가능케 하는 계기다. 그것은 기존의 것 안에 있지 않으며 안에 있을 수 없다는 바로 그 의미에서 '바깥'이다. 그러나 기존의 것 안에 있지 않으며 안에 있을 수 없다는 사실 자체가 곧바로 그 기존의 것을 흔들고 새로운 구성을 가능케 하는 힘을 설명해주지는 않는다. 그러한 설명을 가능케 하는 바깥에 대한 보다 적극적인 규정은 '인간의 바깥'이라 할 초인을 언급하는 대목에서 주어진다.

초인은 결코 다음과 같은 것 이외의 어떤 것도 의미하지 않는다. 인간 자신이 삶을 구속하는 하나의 방식이기 때문에 삶을 해방해야 하는 것은 바로 인간 자체로부터이다. 권력이 삶을 자신의 대상으로 삼을 때 삶은 권력에 대한 저항이 된다. … 권력이 삶-권력^{bio-pouvoir}이 될 때, 저항은 이러저러한 다이어그램의 특정한 종류·

---

14 내부성, 내부적인 것이란 "'모든 것'을 만들어내고 일치시킬 수 있는 기원과 목표, 시작과 끝을 전제"한다.(『푸코』, pp. 148–49) 우리는 이런 의미의 내부성에 입각한 주체 형상, 역으로 내부성을 가능케 하는 주체 형상이 들뢰즈–푸코가 시종일관 비판하는 초월적 주체임을 쉽게 알 수 있다. 바깥은 내부성을 깨뜨리는, 즉 초월적 주체의 작동을 가로막는 요소다. 이러한 의미의 바깥의 사유는 미리 전제된 본성적 능력의 자동적 실행을 의미하는 '사유의 이미지'에 대한 들뢰즈의 비판과 상통한다. 이에 대한 논의는 다음 절에서 다시 상세히 이루어진다.

환경·궤적에 한정될 수 없는 삶의 힘$^{pouvoir\ de\ la\ vie}$, 생동하는 힘 $^{pouvoir-vital}$이 된다. 바깥에서 오는 이 힘은 푸코 사유의 정점을 이루는 '삶$^{la\ Vie}$'의 어떤 이념, 어떤 생기론^{vitalisme}이 아닐까? 삶은 힘으로부터 나오는 이런 저항의 능력이 아닐까? … 스피노자는 이렇게 말했다. 우리는 인간의 신체가 인간의 규율로부터 해방될 때, 그것이 무엇을 할 수 있을지 알지 못한다. 그리고 푸코는 이렇게 말한다. 우리는 '살아있는 것으로서' '저항하는 힘들의' 집합으로서의 인간이 무엇을 할 수 있는지 알지 못한다.(『푸코』156-158)

여기서 바깥, 정확히 말해 바깥에서 오는 힘은 삶 혹은 삶의 힘으로 이해된다. 삶의 힘은 "이러저러한 다이어그램의 특정한 종류·환경·궤적에 한정될 수 없"으며 그러한 의미에서 바깥의 힘이다. 푸코에게 권력은 주체를 일정한 방식으로 생산하는 힘이고, 그렇게 권력적으로 지층화된 주체성 형식은 바깥의 힘으로서의 삶을 구속하는 하나의 방식이다. 그리고 바로 그런 한에서 현재의 자신으로부터 벗어나는 일, 즉 자기 자신을 해방하는 것이 아니라 자신이 구속하고 있는 삶을 해방하는 일("인간 자신이 삶을 구속하는 하나의 방식이기 때문에 삶을 해방해야 하는 것은 바로 인간 자체로부터이다")로서의 계몽 — 푸코-칸트적 의미의 계몽 — 은 삶을 구속하는 권력, 곧 삶-권력에 맞선 저항이다. 우리는 현재 인간을 이루는 삶의 힘들이 저 저항 속에서 혹은 저항을 통해 인간이라는 구속복을 벗을 때 무엇을 할 수 있는지 알지 못한다. 다시 말해 인간이 자신의 '바깥'에서 무엇을 하고 무엇이 될 수 있는지는 미리 결정되어 알려져 있지 않다. 들뢰즈는 이것을 스피노자-니체-푸코로 이어지는 초인 사상의 내용으로 정식화한

다.[15]

　삶의 힘으로서의 바깥은 기존의 것, 확립된 것, 지층화된 것과 다른 층위 혹은 차원에 속하며 후자의 전사^{傳寫}나 투사^{投射}를 통해 사유될 수 없다는 바로 그 의미에서 바깥이다. 그러므로 바깥은 단순히 내부성 혹은 내부적인 것의 반대가 아니다. 내부성에 대립하는 것은 외부성^{l'extériorité}인데, 외부성은 지층화된 것의 차원에 속한다는 의미에서 내부성만큼이나 바깥과 거리가 있다. 내부성(그리고 또한 외부성)과 바깥의 거리는 동일한 층위에서 측정되는 양적 거리가 아니라 차원의 차이에서 비롯하는 원리적 거리라는 점에서 바깥은 "어떤 외부적 세계보다 더 멀리" 있다. 들뢰즈가 "푸코는 내부성에 대한 급진적인 비판을 멈춘 적이 없다"고 말할 때, 이 비판은 외부가 아니라 어떤 외부적 세계보다 더 멀리 있는 바깥으로부터 온다.(『푸코』163)

　바깥과 구분되어야 하는 것으로 제시되는 외부성과 외부성의 형식에 대한 이해는 푸코의 일반적 방법론을 이해함에 있어서 그리고 바깥의 개념을 명확히 하는 데 있어서 필수적이다. 푸코는 겉으로 드

15　들뢰즈-푸코의 개념으로서의 '삶'은 지층과 권력의 구속을 받으면서도 그것들과 결코 동일화되지 않는 이질적인 것으로서 그것들에 저항하며 이를 통해 지층과 권력을 새로운 차원에 개방하는 힘이다. 들뢰즈의 개념화에서 '새롭다'는 것은 시간이 지남에 따라 확립된 것이 되는 방식으로 소진되거나 낡아버리지 않는다는 것이다. 즉 새로운 것은 사실상(de facto) 새로운 것이 아니라 권리상(de jure) 새로우며 바로 이런 의미에서 확립된 것의 '바깥'이다.(『차이』, p. 304) 들뢰즈의 삶 개념에 대해서는 「내재성 : 생명…」 참조. 발리바르(Etienne Balibar)는 이 같은 들뢰즈의 생기론적 푸코 해석이 관계의 사유를 힘의 사유 아래로 포섭한다고 비판한다.("Pensée du dehors?" 33) 이 비판은 '사건의 철학'(la philosophie de l'événement)과 '구조로서의 현실태의 철학'(la philosophie de l'actualité comme structure)의 구분(Avant-propos 28; 배세진, pp. 349-354 참조) 위에서 푸코 철학을 어디에, 어떻게 위치시킬 것인가라는 보다 확장된 논점과 관련되어 있다. 단순히 푸코 해석의 정확성을 가늠하는 문제를 넘어 현대 프랑스 철학 전체의 구도와 그 정치적 함축이 걸려 있는 한에서 이 글의 목적과 범위를 넘어서는 이 문제에 대한 본격적인 논의는 다른 자리를 기약한다.

러나 있다는 의미의 어떤 외부성을 파고들어 본질적이라고 가정되는 '내부성의 핵核'을 찾는 대신, 말과 사물의 외부성의 형식들 자체가 갖는 구성적 성격을 탐구한다. 요컨대 푸코가 보기에 우리의 경험을 구성하는 것은 본질적 내부성 — 앞서 언급했듯 이것의 대표적 형식이 초월적 주체다 — 이 아니라 외부성의 형식들이다. 들뢰즈에 따르면 이와 관련하여 세 가지 상관적 심급을 구분할 필요가 있는바, 첫째 힘들이 발생하고 의존하는 원천으로서의 바깥이 있고, 둘째 "힘관계들이 현실화되는 구체적 배치들의 환경으로서의 외부"가 있으며, 셋째 그러한 힘관계들의 현실화를 규정하는 외부성의 형식들이 있다.(『푸코』 80)

힘관계들의 역사적 현실화는 푸코가 실증성 또는 경험성이라 부르는 지층을 형성하는데, 각각의 역사적 지층들은 말하는 방식과 보는 방식, 담론성discursivité과 명증성évidence, 즉 언표가능한 것의 형식과 가시적인 것의 형식이라는 두 요소의 조합으로 형성된다. 여기서 들뢰즈는 언표가능한 것과 가시적인 것이라는 두 외부성 형식의 관계에서 푸코의 '신칸트주의'라 할 만한 것을 읽어낸다. 언표와 가시성은 사유나 행위가 나타날 수 있는 초월적 조건들인바, 칸트의 구도로 환원하면 전자는 자발성Spontaneität에, 후자는 수용성Empfänglichkeit에 해당한다. 말하자면 푸코는 규정하는 것으로서의 언표와 규정가능한 것으로서의 가시성의 조합을 통해 실증성 혹은 경험성의 발생을 설명한다.(『푸코』 105-107) 칸트에게 있어서 자발성의 형식과 수용성의 형식, 지성과 감성이 상호 환원불가능하면서도 결합하여 경험을 가능케 하듯, 푸코의 이론에서도 언표와 가시성은 상호 이질적이면서도 종합되어야 하는 관계에 있다.

푸코의 신칸트주의를 구성하는 이 유비의 선이 완결되려면, 칸트 철학에서 도식Schema에 해당하는 무언가가 언표와 가시성 사이에 있어야 할 것이다. 푸코 이론에서 도식의 역할을 하는 것은 바로 권력이다. 언표와 가시성이라는 두 외부성 형식 사이에는 "어떤 공통의 형식 또는 상응성도 존재하지 않으며, 다만 양자 모두를 에워싸고 있는 힘들의 비형식적 요소만이 존재할 뿐이다." 그리고 바로 이 형식으로 환원되지 않은 힘들 혹은 권력들이 두 형식의 통합을 통한 현실화actualisation-intégration를 가능케 한다. 이때 힘-권력의 작용과 관계를 설명하기 위한 푸코의 개념이 다이어그램이며, 다이어그램의 기능diagrammatisme은, 자발성과 수용성이라는 환원 불가능한 두 형식으로부터 경험의 도출을 보증하는 칸트의 도식기능Schematismus의 유비로 이해될 수 있다. 말하자면 푸코에게 있어서 "권력은 스스로는 보지도 말하지도 못하지만, 보고 말하게 만드는 것이다."(『푸코』 141)

이상이 들뢰즈가 요약하는 푸코적 신칸트주의의 개요다. 그런데 앞서 보았듯 바깥은 외부성의 형식과 다르며, 그 형식들의 '사이' 혹은 '환경'에서 그것들의 통합과 변화를 가능케 하는 다이어그램과도 다르다. 푸코적 칸트주의에 대한 지금까지의 설명은 형식과 다이어그램, (보다 일반적으로 알려진 용어로 하면) 지식과 권력에 대한 푸코의 이론을 정식화하지만 후기 푸코의 주체화 이론과는 연결되지 않는다. 주체화의 힘은 형식도 다이어그램도 아닌 바깥에서 온다. 푸코에게 지식과 권력에 관한 칸트주의와 구분되는 윤리적 칸트주의, 즉 계몽의 칸트주의가 있다면 그것은 무엇보다 바깥과 관련하여 규정되어야 한다. 그러나 주체성의 형식이 힘들의 관계이며 이 관계의 변화가 가장 먼 것보다 더 먼 바깥으로부터만 올 수 있다면, '자기와의 관계'라는 계몽의 문제(『계몽』 190, 196, 200), 푸코의 마지막 테마는 어떻게 설명되어야 하는가?

앞서 살펴본 대로 들뢰즈-푸코에 따르면 힘이 힘인 것, 즉 서로 영향을 주고받으며 자신들의 관계와 형식에 변화를 가져올 수 있는 것은 오직 그것이 '바깥의 힘'이기 때문이다.[16] 그러므로 주체가 자신과 맺는 관계가 기존 주체성 형식의 변형을 낳으려면 이 관계 자체가 곧 바깥과의 관계이지 않으면 안 된다. 즉, 들뢰즈가 보기에 후기 주체화 이론이 바깥이라는 푸코 자신의 지속적 테마와 융합하려면, "자기와의 관계가 바깥에 대한 관계에 상응"해야 하며, 이러한 조건 위에서 "바깥과의 관계는 기존의 힘들을 끊임없이 다시금 문제화하며 결국에는 자기와의 관계가 주체화의 새로운 양식들을 불러내고 생산"하도록 만든다.(『푸코』 201-202)

자기와의 관계가 곧 바깥과의 관계이기 위해서는 바깥이 주체 안에 있어야 하기 때문에, 자기변형에 도달하는 자신과의 관계는 결국 바깥을 안으로 들이는 문제가 된다. 들뢰즈는 이것을 "바깥을 구부려서" '안쪽le dedans'을 만드는 일로 설명한다. 바깥이 내부성과 대립하는 것이 아니었듯 안쪽은 외부성과 대립하지 않는다. 바깥이 내부성-외부성 짝과 다른 질서에 속한다면, 바깥을 구부려서 생겨나는 안쪽도 저것들과는 다른 층위에 속해야 할 것이다. 안쪽은 바깥과도 대립하지 않는데, 이는 그것이 "바깥이 아닌 무언가가 아니라 정확히 바깥의 안쪽le dedans du dehors"이기 때문이다. 바깥의 안쪽은 안쪽이 된 바

---

16   이로부터 도출되는 결론 가운데 하나는, 일정한 형식의 구성에 참여하는 힘은 더는 바깥과 관계하지 못함으로써 힘의 본질을 상실한다는 것이 아니라, 모든 형식은 그것을 구성하고 있는 힘의 본질로 인해 언제나 바깥에 노출되어 있으며, 따라서 필연적인 불안정성과 변화 가능성을 갖는다는 것이다.

깥, 즉 주체 안쪽에 있는 바깥이다. 바깥이 언제나 새롭게 시작할 수 있도록 해주는 삶의 힘이라면 주체의 자기구성은 자신 안에 있는 이 삶의 힘과 관계하는 것이다. 바깥의 안쪽 혹은 안쪽으로서의 바깥은 주체의 자기변형을 가능케 하는 근본적 계기지만 주체 자신의 것, 즉 주체에게 내부적인 것은 아니다. 그것은 "바깥이 어떤 외부적 세계보다 더 멀리 있는 것이듯이, 어떤 내부적 세계보다도 더 깊이 놓여 있는" 것이다.(『푸코』 163)

주체화가 이처럼 주체를 구성하지만 고유하게 주체의 것은 아닌 바깥과 관계하는 일인 한, 들뢰즈-푸코가 말하는 자기와의 관계는 역설적으로 자신 안으로 구부려진 타자성 혹은 이질성과의 관계를 의미한다. 푸코 사유의 일반적 구도에 대한 들뢰즈의 또 다른 요약인 다음 대목은 이런 맥락에 삽입된다.

> 언제나 푸코를 뒤쫓고 있는 주제는 분신分身, le double이라고 할 수 있다. 그러나 분신은 결코 내부적인 것의 투사가 아니다. 그것은 정반대로 바깥의 내부화다. … 그것은 어떤 '나'의 발현이 아니라 언제나 다른 어떤 것 혹은 어떤 '비非-자아'를 내재화하기다. … 나는 내 안에서 타자를 발견한다.(『푸코』 165-166)

다시 말해 푸코가 말하는 주체의 자기구성은 끝없이 외부의 타자를 동일화해가는 '나'의 운동, 타자 안에서도 자신만을 보는 '나-주체'의 확장이 아니다. 그것은 "바깥의 내부화"인바, 바깥은 내 안에 들어와도 결코 내가 되지 않는 것, "언제나 다른 어떤 것"이다. 그러므로 나는 내 안에서 타자를 발견할 뿐 아니라 이 타자가 영원히 나와 동일화되지 않을 것이라는 사실 또한 발견한다. 내 안의 제거불가능한 타자는 안쪽이 된 바깥이며, 바깥이기 때문에 나를 구성하는 현재의 형식과 원리상 동일화되지 않는다.

이처럼 들뢰즈–푸코는 주체를 "바깥의 파생물로 정의"함으로써 "주체의 의미를 확장하는 동시에 그것에 하나의 환원 불가능한 차원을 부여한다."(『푸코』 179) 주체를 주체화의 결과물로 이해한다는 것은 주체를 바깥과의 구성적 관계 속에서 사유한다는 것이며 이렇게 이해되는 주체는 본유적 내부성, 즉 인간의 본성, 인간이라는 이름의 초월적 주체로 환원되지 않는다는 의미에서 그러하다. 그리고 비판철학의 초월적 주체로서의 인간을 구성하는 힘–능력들이 지금까지의 논의 맥락에 따라 재규정될 수 있다면, 그리하여 바깥에 개방될 수 있다면 우리는 본래적 칸트의 것과는 다른 능력 이론을 갖게 될 것이다. 들뢰즈는 『차이와 반복』을 중심으로 바로 이러한 방향의 작업을 수행한다.

4. 차이론적 능력 이론
― 인간을 벗어난 능력은 무엇을 할 수 있는가?

들뢰즈의 푸코가 인간을 구성하는 힘들이 바깥이라는 계기를 통해 인간과 다른 배치 혹은 형식으로서의 초인으로 재구성될 수 있는 가능성을 타진한다면, 들뢰즈 자신은 이처럼 인간과 다른 배치 속으로 진입하는 능력들에게 일어나는 변화를 묻는 방식으로 인간 이후 혹은 너머를 사유한다. 『차이와 반복』의 들뢰즈는 칸트가 개방함과 동시에 봉쇄하려 했던 이 같은 사유의 가능성을 식별하고 그것을 칸트가 설정했던 한계 밖으로 전개하려 하며, 이 같은 비판철학의 비판적 재구성은 공통감, 마음의 능력, 초월/초험, 이념과 같은 칸트의 주요 개념들을 자신의 방식으로 전유하고 재정의하는 일을 수반한다.

무엇보다 문제적인 것은 공통감$^{\text{sensus communis}}$이다. 들뢰즈는 칸트 철학에서 공통감의 의미를 "능력들 간에 이루어지는 모든 일치", "능력 집단의 선험적인 일치"로 정의한다. 들뢰즈가 보기에 공통감이야말로 칸트 철학 전체를 하나로 꿰는 실인바, 이는 "칸트 철학이 가진 가장 독창적인 요소 가운데 하나가 '우리가 가진 능력들의 본성이 서로 다르다'는 이념"이기 때문이다.(『칸트』 46) 능력들의 본성이 서로 다르기 때문에 그것들의 일치를 설명하는 일이 필수적인 과제로 제기되는 것이다.[17] 칸트 연구사에서 들뢰즈가 갖는 변별점은 이처럼 능력들의 일치의 문제적 성격을 칸트 철학 전체의 중심 문제로 부각했다는 데 있다. 그리고 능력들의 일치가 하나의 문제로 부각된다는 것은 역으로 그것을 더는 당연하게 전제할 수 없음을, 바꿔 말해 언제나 불일치의 가능성을 사유하지 않을 수 없음을 뜻한다.

공통감이라는 철학적 문제에 대한 들뢰즈의 태도는 『칸트의 비판철학』과 「칸트 미학에서의 발생의 이념L'idée de genése dans l'esthétique de Kant」을 발표한 1963년과 『차이와 반복』을 내놓은 1968년 사이에 미묘한 변화를 겪는다. 칸트 연구자로서의 면모가 더 강하게 느껴지는 1963

---

[17] 능력들을 비롯하여 이질적인 것들의 관계맺음을 사유하기 위한 칸트의 대표적 개념이 바로 '종합'(Synthese)이며 "종합의 개념은 칸트주의의 중심에 있는 것이자 칸트주의의 고유한 발견이다."(Deleuze, *Nietzsche*, p. 58) 칸트는 능력들의 일치를 뜻하는 것으로 Synthese 외에 Zusammenstimmung, Einstimmung, Übereinstimmung, Proportion, Harmonie 등과 같은 다양한 표현들을 사용한다.(서동욱, 「선험적 종합에서 경험적 종합으로」, p. 164 참조)

년의 들뢰즈가 『판단력비판』을 중심으로 능력들의 발생적 일치 혹은 자유로운 일치를 부각함으로써 칸트 철학의 아킬레스건이 될 수 있는 능력들의 일치의 '임의성'이라는 문제를 해결하려 했다면, 본격적으로 자신의 철학을 전개하는 1968년의 들뢰즈는 공통감 자체를 철학사를 지배해 온 '사유의 이미지'와 결부된 부당전제로 비판하고 칸트 자신의 숭고론이 그 일면을 보여준 능력들의 불일치라는 문제가 갖는 폭발적 잠재력의 크기와 성격을 검토한다.(서동욱, 『들뢰즈의 철학』 44; 「종합」 172)

여기서 우리가 주목하는 것은 후자의 해석 노선, 즉 『차이와 반복』의 작업으로, 그것은 능력들의 일치를 가정하는 미리 전제된 주체성 형식을 벗어난 능력이 무엇을 할 수 있는지를 묻는다. 능력들의 불일치는 공통감을 통해 형성되는 안정적인 주체 형상으로서의 인간의 해체를 뜻한다. 인간이라는 형상, 형식, 배치가 해체되면 그것을 전제로 비판철학이 각 능력들에 할당했던 고유한 한계도 철폐된다. 요컨대 주체의 구성이 달라지면 주체가 할 수 있는 일뿐 아니라 주체를 구성하는 각각의 능력이 할 수 있는 일도 달라진다. 능력의 기능과 역할을 제한하고 규정하는 배치가 달라지기 때문이다. 이처럼 미리 전제된 형식, (칸트 자신의 용어로 하면) 한계를 벗어난 능력이 무엇을 할 수 있는가라는 문제를 들뢰즈는 "능력의 초험적 실행"이라는 개념으로 정식화한다. 이것은 한계를 벗어난 실행이기 때문에 초월적transcendantal이지 않고 초험적transcendant이다. 칸트 철학의 대부분의 맥락에서 능력의 초험적 사용은 곧 부당한 사용이지만, 예외적으로 숭고론(과 천재론)은 자신의 한계를 넘어선 능력이 이전까지 하지 못했던 일을 할 수 있게 될 가능성, 능력들의 불일치가 비단 주체의 동일성뿐 아니라 능력들 자체의 동일성까지도 불안정하게 할 가능성을 보여주며, (이후 논의에서 보겠지만) 이 때문에 들뢰즈에게 숭고론은 각별한 중요성을 갖는다.

공통감에 대한 들뢰즈의 이 같은 전복적 독해는 사유의 이미지 비판이라는 더 넓은 맥락에 위치해 있다. 사유의 이미지란 무엇이며, 그것의 어떤 점이 왜 비판되어야 하는가? 들뢰즈에 따르면, 지금까지 거의 모든 철학은 선先−철학적이고 자연적인 어떤 사유의 이미지를 전제해왔다. 이것은 "철학들에 따라 바뀌게 되는 이러저러한 사유의 이미지가 아니라 철학 전체의 주관적 전제를 구성하는 하나의 단일한 이미지"다. 사유의 이미지는 모든 이들이 사유가 무엇인지를 알고 있을 뿐 아니라 실제로 사유할 수 있고 사유하고 있음을 당연시한다. 이는 사유의 이미지가 전제하는 사유가 "자연적 사유" 혹은 "보편적 본성의 사유"기 때문이다. 이에 따르면 사유는 "어떤 능력의 자연적 실행"이다. 자연에 속하고 일정한 본성(=내적 자연)을 가진 이 — 인간이라면 모두 이러한 존재로 여겨지거니와 — 라면 누구나 자연적으로 사유의 능력을 실행할 수 있는 것으로 간주된다. 그리고 이처럼 사유가 능력의 자연적 실행인 한 사유 주체와 진리의 관계도 자연적으로 전제된다. "자연적 사유는 사유 주체의 선한 의지와 사유의 올바른 본성이라는 이중적 측면에서 참에 대한 자질을 지니고 있고 참과 친근한 관계에 있다"(『차이』 291−295)는 것이다. 요컨대 사유는 자연적으로 실행되는 한에서 본성의 표현이고 그 본성은 선하고 올바른 것으로서 진리와 미리 결정된 관계 속으로 진입한다는 것이 철학 전체를 떠받쳐온 사유의 이미지의 내용이다.

바로 이런 의미에서 사유의 이미지는 푸코가 비판하는 인간학적 사유와 근본적으로 상통한다. 사유의 이미지는 "주체가 주체로서 갖는 주체 자신의 구조를 통해 주체에게 열려 있는 진리/진실에 접근하기 위해서 주체는 그저 있는 그대로의 자신이기만 하면 된다"고 전제한다는 점에서, 진리/진실을 "단 한 번도 되어 본 적이 없는 자기"가 되려는 주체의 자기변형 의지와 연결하는 푸코의 주체관, 진리관과 정확히 반대편에 있다.(『주체』 222; 132) 사유의 이미지는 인간–주체가 그 자체로서 진리의 능력을 갖는다고 상정한다는 점에서 일정한 '주체의 이미지'인 동시에 그러한 주체의 사유에 상응하는 '진리의 이미지'다.[18] 여기서 사유–주체–진리의 본성은 부당하게 미리 전제되며 고정된다.

들뢰즈의 관점에서 "사유가 사유하기 시작할 수 있고 또 언제나 다시 시작할 수 있는 것은 오로지 그 선–철학적 이미지와 공준들에서 벗어나 자유를 구가할 때뿐"이다.(『차이』 296) 들뢰즈는 '사유pensée'와 '사유하기penser'를 구분하고 후자가 전자 속에서 발생해야 한다고 말한다. 본성의 자동적 실행으로 정립된 사유의 이미지는 사유하기의 발생과 그 발생의 역량을 봉쇄한다. 이는 미리 규정되어 주어지는 주체의 이미지가 주체화의 역량, 주체의 자기구성의 자유를 가로막는 것과 마찬가지다. 사유하기가 사유 속에서 발생해야 하고 주체화가 주체 속에서 작동해야 한다. 이런 맥락에서 들뢰즈는 아르토Antonin Artaud로부터 가져온 사유의 '생식성génitalité' 개념을 사유의 이미

---

18 『안티 오이디푸스(L'anti-Œdipe: Capitalisme et schizophrénie)』의 논의는 이 계열에 '신체의 이미지'를 추가한다. 『차이와 반복』에서 수행되는 사유의 교조적 이미지에 대한 비판은 『안티 오이디푸스』에 등장하는 신체의 교조적 이미지—신체를 '유기체'라는 방식의 종합으로 이해하는 이미지—에 대한 비판에 상응한다.(빌라니·싸소, 『들뢰즈 개념어 사전』, p. 48 참조)

지가 내세우는 본유성에 맞세운다. 사유의 생식성은 "사유하기가 본유적으로 타고난 것이라기보다 사유 속에서 분만되어야 하는 것"이라는 사실, 다시 말해 "문제가 본성상 그리고 권리상 선재先在하는 어떤 사유를 방법적으로 지도하거나 응용하는 데 있는 것이 아니라 다만 아직 현존하지 않는 것을 낳는 데 있다"는 사실을 가리킨다. "사유한다는 것은 창조한다는 것"이고 "창조한다는 것은 무엇보다 사유 속에 '사유하기'를 낳는 것"이다. 들뢰즈는 "이와 다른 작업은 없고 여타의 모든 것은 임의적이며 또 장식에 불과하다"고 단언한다.(『차이』 328) 그리고 이 단언은, 우리는 다르게 사유할 때만 진정으로 사유하며, 다르게 사유하기 외에 다른 사유하기의 가능성은 없다는 푸코의 테제와 공명한다. 들뢰즈가 푸코에게 있어서 사유하기를 본유적 능력의 자동적 실행이 아니라, 즉 "내부성에 의존하는 것이 아니라, 사이를 파고들며 내부적인 것을 파괴하고 절단하는 바깥의 침입 아래에서 생겨나는 것"(『푸코』 148)으로 설명할 때, 그는 '사유의 생식성'과 같은 맥락의 무언가를 이야기하고 있는 것이다.(『푸코』 198) 그리고 이처럼 사유하기가 주체의 본성을 통해 미리 전제된 일치 — 주체를 구성하는 능력들 간의 일치 그리고 그에 상응하는 주체와 진리의 일치 —에 도달하는 일과 다른 무엇인 한에서, 진리 역시 생산의 문제이지 본유성이나 자연적 사유의 문제는 아니게 된다.(『차이』 340) 그러므로 사유 · 주체 · 진리에 관해 들뢰즈와 푸코가 지속적으로 강조하는 바는 동일하다. 그것들은 모두 발생 혹은 생산되는 것이다. 이 사실을 가려 보이지 않게 만드는 사유의 이미지, 주체의 이미지, 진리의 이미지는 정확히 우리를 우리가 할 수 있는 바 — 새로운 사유, 새로운 주체, 새로운 진리의 생산 — 로부터 분리한다는 니체적 의미에서의 예속에 기여한다. 후기 푸코가 인간의 죽음과 초인에 대한 사유의 연장선에서 재규정한 계몽의 일차적 의미는 바로 그러한 예속에 맞선 투쟁이다. 들뢰즈가 주체의 힘의 고정된 본성과 자연적 실행을 전제하고 그로부터 그것의 '올바른' 사용을 연역하는 식의 사유에 반대할 때, 그는 푸코가 정립한 우리 자신의 비판적 존재론과 계몽의 계보에 합류한다.

사유의 이미지가 무엇보다 능력들의 일치를 전제한다면, 능력론의 관점에서 바깥의 침입이 깨뜨리는 내부성은 다름 아닌 공통감의 이념일 것이다. 칸트 자신의 사유 내에서 숭고와 천재의 분석학이 보여준 것이 바로 이 공통감의 균열이다. 비판철학의 지도地圖 위에 주의 깊게 설정되었던 능력들의 경계와 조화로운 관계는 거기서 새로운 작도를 요구할 정도의 동요와 변화를 겪는다.(Deleuze and Guattari, philosophie 8) "그리하여 숭고[와 천재] 속에서는 … 공통감의 형식이 실패를 겪는 가운데 사유를 전혀 새로운 방식으로 생각할 기회가 주어진다."(『차이』 320) 공통감, 즉 능력들의 일치와 조화는 각 능력이 자신에게 주어지는 한계를 준수함을 뜻한다. 공통감의 형식 아래서 능력들의 역량은 일치의 관점에서 평가되고 제한되며, 역할 수행의 규범 또한 일치의 관점에서 주어진다. 그러므로 공통감이 실패한다는 것은 능력들이 일치라는 형식 속에서 자신에게 주어지는 역할과 기능을 벗어나서 활동하기 시작한다는 것 — 가령 상상력이 미감적 이념ästhetische Idee을 현시하는 능력이 되는 경우(KU V313-316) — 이다. 이러한 능력의 활동 혹은 실행은 한계를 벗어남이라는 고유하게 칸트적인 의미에서 초험적이다. 비판철학의 '공식적' 입장은 능력의 초험적 실행 혹은 사용을 엄격히 금한다. 다수적 칸트major Kant는 공통감의 모델을 결코 포기하지 않을 것이며 능력들의 올바른 사용은 능력들의 조화로운 일치로부터 연역될 것이다. 그러나 들뢰즈의 소수적 칸트minor Kant는 "능력들의 불화적 사용"(『차이』 311)과 초험적 실행을 통해 사유하기가 발생하는 장면을 선구적으로 제시한 철학자로 나타난다.[19] 사유의 이미지가 공통감의 지평에서 능력들에게 미리 할당된 역할과 기능을 뜻하며 사유하기의 발생이 그러한 "사유의 이미지의 파괴"(『차이』 311)를 수반할 수밖에 없다면, 능력들의 불화적 혹은 초험적 실행이 사유하기를 촉발한다는 결론은 필연적이라 할 것이다.

그러나 사유의 이미지와 공통감의 파괴가 곧 능력들의 절연絶緣이나 관계의 부재를 뜻하지는 않는다. 만약 그렇다면 우리는 들뢰즈의 능력론을 주체화 혹은 새로운 주체의 구성이라는 후기 푸코의 테마 — 푸코가 칸트의 계몽에 대한 재해석의 초점으로 삼는 테마 — 와 연결할 수 없을 것이다. 들뢰즈에 따르면 능력들 사이에는 부조화의 조화 혹은 불일치의 일치가 존재한다.

부조화는 여전히 어떤 조화를 함축하고 있으며, 이 조화에 따라 각각의 능력은 도화선을 통해 자신의 폭력을 다른 능력에 전달한다. 그것은 말 그대로 '부조화의 조화'로서, 공통감이 지닌 동일성, 수렴, 협력 등의 형식을 배제한다.(『차이』 420)[20]

---

19 다수적 칸트와 소수적 칸트를 구분하는 아이디어는 안토니오 네그리(Antonio Negri)와 마이클 하트(Michael Hardt)의 『공통체(*Commonwealth*)』, pp. 45~53을 참조한 것이다.

20 더 자세한 설명으로는 다음 대목을 참조. "[능력들의 초험적 사용에서도] 물론 능력들 간에는 어떤 연쇄가 있기 마련이고, 이 연쇄 안에는 어떤 질서가 현존한다. 하지만 이런 질서와 연쇄는 똑같은 것으로 가정된 하나의 대상 형식에 바탕을 둔 어떤 협력을 함축하는 것이 아니다. 그렇다고 '나는 생각한다'의 본성 안에서 성립하는 어떤 주관적 통일성을 함축하는 것도 아니다. 균열된 나의 가장자리들을 스쳐가고 또 분열된 자아의 조각들을 이러저리 스쳐가는 것은 어떤 강요되고 깨져버린 연쇄이다. 능력들의 초험적 사용은 정확히 말해서 어떤 역설적 사용이고, 이

부조화의 조화를 정립하는 것은 '폭력'의 전달이다. 능력은 자신의 한계를 넘어갈 것을 강요받을 때 폭력을 경험한다.(KU V245, V265) 능력의 초험적 실행은 그 능력의 안전지대를 떠나는 월경越境을 요구한다는 점에서 폭력과 강제이며, 사유하기가 '비자발성의 모험'일 수밖에 없는 것은 이 때문이다.[21] 그러나 숭고와 천재의 분석학이 제시하는 상상력의 사례에서처럼 한계를 넘어서는 것은 각각의 능력에게 자유와 "n승의 역량"(『차이』 314) 또한 가져다준다. 그리고 이처럼 '단 한 번도 되어 본 적이 없는 자기'가 된 능력은 한계를 넘어서는 자신의 자유와 역량을, 즉 '폭력'을 다른 능력에게 전달한다.(KU V249, V269, V274; 『칸트 미학』 197; 『칸트 철학』 175) 이것이 초험적으로 실행되는 능력들이 부조화의 조화를 이루는 방식이다. 들뢰즈는 능력들의 초험적 실행과 발산적 관계를 '모든 감각의 착란'이라는 랭보Arthur Rimbaud의 시구로 요약하고, 랭보에게 있어 이 모든 감각의 착란이 미래의 시를 정의하는 것이었듯 이제 모든 능력의 탈구적 실행, 즉 비-

---

역설적 사용은 어떤 공통감의 규칙 아래에서 이루어지는 능력들의 실행과 대립한다. 또한 능력들 간의 조화는 단지 부조화의 조화로서만 산출될 수 있다. 왜냐하면 각각의 능력이 다른 능력으로 전달하거나 소통시키는 것은 오로지 폭력밖에 없기 때문이고, 이런 폭력과 마주할 때 각각의 능력은 여타의 모든 능력들에 대해 차이를 드러내는 동시에 그 모든 능력들과 더불어 발산 관계에 놓이게 되기 때문이다. 칸트는 숭고 속에서 상상력과 사유가 이루어내는 관계의 경우를 통해 역사상 처음으로 이런 부조화에 의한 조화의 사례를 제시했다. 그러므로 하나의 능력에서 다른 능력으로 소통되는 어떤 것이 있다. 하지만 이것은 소통되면서 변신하되 결코 어떤 공통감을 형성하지는 않는다."(『차이』, pp. 324-25)

21 들뢰즈에 따르면 "사유는 물론이고 각각의 능력이 빠져들 수 있는 모험은 오로지 비자발성의 모험밖에 없다"(『차이』, p. 323). 이는 "사유하도록 강요하고 사유에 폭력을 행사하는 어떤 것이 없다면 사유란 아무것도 아니"라는 것을 의미한다. 사유보다 더 중요한 것은 "사유 바깥에, 사유하도록 강요하는 것 속에" 있다.(『프루스트』, p. 143) 푸코의 구도로 말하자면, 내부성—능력들의 자연적 실행과 예정된 일치, 보편적 본성의 사유—이 바깥의 침입에 의해 깨질 때 사유하기가 시작된다. 들뢰즈의 '비자발성의 모험'은 푸코의 '바깥의 사유'와 같은 궤에 있는 것이다.

공통감적 실행이 미래의 철학을 정의하게 될 것이라고 말한다(『칸트철학』176). 필시 인간의 죽음을 요구하고 그 죽음과 더불어서만 도래할 이 미래의 철학이 여전히 칸트와 결부될 수 있다면, 그것은 인간이라는 주체 형식과 그 형식에 결박된 능력들의 관계를 전제하지 않는 포스트휴먼 칸트, 인간 없는 칸트주의의 칸트일 수밖에 없을 것이다.

5. 맺는말
— 포스트휴먼 칸트(주의)의 물음들

지금까지 논의에서 드러나듯 푸코와 들뢰즈는 단순히 칸트와 결별하기보다 칸트로부터 출발하되 칸트 자신이 설정한 한계 외부로 이어지는 사유의 선을 그려보고자 했던 철학자들이다. "인간이란 무엇인가?"라는 칸트 철학의 근본 물음을 대체하는 두 가지 물음이 이 칸트 내부에서 외부로 이어지는 운동을 추동하는바, 그것은 "인간-형식을 벗어난 주체는 무엇이 될 수 있는가?"와 "인간-형식의 한계를 넘어선 능력은 무엇을 할 수 있는가?"이다. 두 물음은 각각 인간은 스스로를 무엇으로 만들어야 하는가라는 계몽의 문제의식과 인간 마음의 능력들의 본성·역량·한계를 물었던 비판철학의 문제의식을 이어받아 그것을 칸트 자신보다 멀리까지 밀고 나간다. 이러한 칸트를 넘어선 칸트주의는 꽤 직접적인 의미에서 현대적 함축을 갖는바, 가령 들뢰즈는 『푸코』의 마지막 단락에서 인간 안의 힘들이 "탄소를 대체하는 실리콘, 유기체를 대체하는 유전자적 요소들"과 같은 바깥의 힘들과 관계하는 현대의 상황을 언급한다. 이런 맥락에서 초인이란 어떤 신비화와도 무관하며 단지 "인간 안의 힘들과 이 새로운 힘들의 형식적 구성물", 즉 "새로운 힘관계에서 생겨나는 형식"을 뜻한다.(『푸코』 222-223) 들뢰즈-푸코가 말하는 미래의 철학은 저 새로운 형식의 도래에 관한 숙고이자 모색이며, 인간 없는 칸트주의는 칸트를 이런 의미의 미래의 철학의 재료로 삼으려는 시도다.

푸코와 들뢰즈는 인간중심적 사유의 극복을 주장하는 많은 이론가 및 연구자에게 직간접적으로 영감의 원천으로 여겨지고 있다는 점에서, 이들의 칸트 해석에서 포스트휴먼 칸트의 단초가 발견되는 것은 어쩌면 자연스러운 일이다. 그러나 실마리는 실마리일 뿐이며, 칸트와 포스트휴먼적 맥락의 접목과 그에 따른 칸트 철학의 본격적인 재구성, 또 그러한 재구성을 통해 탄생할 새로운 칸트(주의)가 인간 이후/너머의 시공간을 사유하려는 집단적 노력에 기여할 수 있는 바에 대한 구체적 숙고는 아직 수행되어야 할 작업으로 남아 있다. 이 작업은 가령 다음과 같은 물음들을 제기하고 다룰 수 있을 것이다. AI를 지성이 인간-형식 외부에서 작동하는 사례로 볼 수 있는가? 인간 외부에서 작동하는 지성이 여전히 인간을 구성하는 힘들과 관계함으로써 만들어지는 주체 형식의 성격, 가능성과 위험성은 무엇인가? 지성뿐 아니라 이성까지도 기계적 형식과 접목될 수 있는가? 그것이 가능하다면 그때 이성은 인간적 이성과 어떻게 구분되며 어떤 관계를 맺어야 하는가? 인간중심주의와 다른 방식으로 동물, 기계, 물질, 지구와 관계한다는 것은 인간이라는 배치를 넘어서 작동하는 감성을 위한 감성론 혹은 감성의 교육학을 요청하지 않는가? 인간 없는 새로운 칸트주의는 사이보그(해러웨이, 「사이보그」)에 대해 무엇을 말할 수 있는가? 초인과 사이보그는 어디서 어떻게 만나고 어디서 어떻게 갈라지는가? 인간의 죽음 혹은 포스트휴먼을 불가피하게 받아들일 수밖에 없는 본질적으로 수동적인 사태가 아니라 우리가 자신과의 관계에서 수행하는 발명·구성·변형·극복이라는 의미의 윤리의 문제, 다시 말해 푸코-칸트적 의미의 계몽의 문제로 사유할 수 있는 방법과 조건은 무엇인가? 이런 문제들에 대한 숙고에 더해, 포스트휴먼 칸트(주의)의 관점에서 가능한 추가적인, 더 나은 문제의 설정·제기·검토를 이후 과제로 남겨 둔다.

참고문헌

네그리, 안토니오, 마이클 하트, 『공통체 : 자본과 국가 너머의 세상』, 정남영 · 윤영광 역, 사월의책, 2014.

들뢰즈, 질, 『대담 1972~1990』, 김종호 역, 솔, 1993.

_____, 『칸트의 비판철학: 이성 능력들에 관한 이론』, 서동욱 역, 민음사, 1995.

_____, 『차이와 반복』, 김상환 역, 민음사, 2004.

_____, 『프루스트와 기호들』, 서동욱 · 이충민 역, 민음사, 2004.

_____, 『들뢰즈가 만든 철학사』, 박정태 편역. 이학사, 2007.

_____, 「내재성 : 생명…」, 『들뢰즈가 만든 철학사』, pp. 509-517.

_____, 「인간, 그 모호한 존재」, 『들뢰즈가 만든 철학사』, pp. 421-434.

_____, 「장치란 무엇인가?」, 『들뢰즈가 만든 철학사』, pp. 470-485.

_____, 「칸트 미학에서의 발생의 이념」, 『들뢰즈가 만든 철학사』, pp. 177-217.

_____, 「칸트 철학을 요약해줄 수 있을 네 가지 시적인 경구에 대하여」, 『들뢰즈가 만든 철학사』, 161-176.

_____, 『경험주의와 주체성 : 흄에 따른 인간본성에 관한 시론』, 한정헌 · 정유경 옮김, 난장, 2012.

_____, 『푸코』, 허경 역, 그린비, 2019.

들뢰즈, 질, 펠릭스 과타리, 『안티 오이디푸스: 자본주의와 분열증』, 김재인 역, 민음사, 2014.

바이저, 프레더릭, 『이성의 운명 : 칸트에서 피히테까지의 독일 철학』, 이신철 역, 도서출판b, 2018.

빌라니, 아르노, 로베르 싸소, 『들뢰즈 개념어 사전 : 들뢰즈 철학을 이해하기 위한 핵심 키워드 87』, 신지영 역, 갈무리, 2012.

배세진, 「비판이론의 현재성: 개념의 정념들, 그리고 문화연구라는 질문의 메타과학」, 『문화과학』, 111, 2022, pp. 319-363.

서동욱, 『들뢰즈의 철학—사상과 그 원천』, 민음사, 2002.

서동욱, 「선험적 종합에서 경험적 종합으로—지킬 칸트와 하이드 들뢰즈씨」, 『포스트모던 칸트』,

한국칸트학회 편, 문학과지성사, 2006.

소바냐르그, 안, 『들뢰즈, 초월론적 경험론』, 성기현 역, 그린비, 2016.

스미스, 대니얼 W., 『질 들뢰즈의 철학 : 들뢰즈 연구의 이정표』, 박인성 역, 그린비, 2023.

윤영광, 「칸트 철학에서 주체 구성의 문제—푸코적 칸트주의의 관점에서」, 서울대학교 철학과 박사학위논문, 2020.

_____, 「칸트 비판철학에서 주체의 비동일성 문제」, 『인문과학』 118, 2020, pp. 127-187.

_____, 「칸트의 계몽과 비판에 대한 푸코의 재해석」, 『인문학연구』 59, 2020, pp. 607-638.

_____, 「푸코적 칸트주의의 궤적: 비판적 존재론의 전화(轉化)」, 『현대유럽철학연구』 61, 2021, pp. 27-66.

푸코, 미셸, 『미셸 푸코의 권력이론』, 정일준 역, 새물결, 1994.

_____, 『자유를 향한 참을 수 없는 열망: 푸코-하버마스 논쟁 재론』, 정일준 편역, 새물결, 1999.

_____, 「계몽이란 무엇인가?」, 『자유를 향한 참을 수 없는 열망』, pp. 177-200.

_____, 「혁명이란 무엇인가?」, 『자유를 향한 참을 수 없는 열망』, pp. 163-175.

_____, 『푸코의 맑스』, 이승철 역, 갈무리, 2004.

_____, 『주체의 해석학』, 심세광 역, 동문선, 2007.

_____, 『말과 사물』, 이규현 역, 민음사, 2012.

_____, 『칸트의 인간학에 관하여: 『실용적 관점에서 본 인간학』 서설』, 김광철 역, 문학과지성사, 2012

_____, 『비판이란 무엇인가?/자기수양』, 오트르망 심세광, 전혜리 역, 동녘, 2016.

_____, 『담론과 진실/파레시아』, 오트르망 심세광, 전혜리 역, 동녘, 2017.

해러웨이, 도나 J., 「사이보그 선언문: 20세기 후반의 과학, 기술, 사회주의페미니즘」, 『영장류, 사이보그 그리고 여자 : 자연의 재발명』, 황희선 · 임옥희 역, arte, 2023.

Allen, Amy, *The Politics of Our Selves: Power, Autonomy, and Gender in Contemporary Critical Theory*, New York: Columbia University Press, 2008.

Ameriks, Karl, *Kant and the fate of autonomy: problems in the appropriation of the critical philosophy*, Cambridge, U.K.; New York: Cambridge University Press, 2000.

Badmington, Neil, "Introduction: Approaching Posthumanism", *Posthumanism*, Ed. Neil Badmington, New York: Palgrave, 2000. pp. 1-10.

Balibar, Etienne, "Pensée du dehors? Foucault avec Blanchot", *Foucault(s)*, Eds. Jean-François Braunstein et al, Paris: Editions de la Sorbonne. 2017.

_____, Avant-propos. *Passions du concept: épistemologie, théeologie, politique*, Paris: La Dé couverte, 2020.

Bourdieu, Pierre, *In Other Words: Essays Towards a Reflexive Sociology*, Trans. Matthew Adamson, Stanford, Calif.: Stanford University Press, 1990.

Deleuze, Gilles, *Nietzsche et la Philosophie*, Paris: PUF, 1962.

Deleuze, Gilles, Felix Guattari, *Qu'est-ce que la philosophie?*, Paris: Éditions de Minuit, 1991.

Djaballah, Marc, "Foucault on Kant, Enlightenment, and Being Critical", *A Companion to Foucault*, Eds. Christopher Falzon, Timothy O'Leary, and Jana Sawicki. Malden, Mass.: Wiley-Blackwell, 2013.

Foucault, Michel, "Afterword: The Subject and Power", *Michel Foucault: Beyond Structuralism and Hermeneutics*. By Hubert L. Dreyfus and Paul Rabinow, Chicago: University of Chicago Press, 1982, pp. 208-226.

_____, "La pensée du dehors", *Dits et érits I*, Paris: Gallimard, 1994, pp. 518-539.

_____, *Government of Self and Others*, Trans. Graham Burchell, New York: Palgrave Macmillan, 2010.

_____, *The Courage of Truth: The Government of Self and Others II*, Trans. Graham Burchell, New York: Palgrave Macmillan, 2011.

Gros, Frédéric, "Le Foucault de Deleuze: Une Fiction Métaphysique", *Philosophie* 47. 1995, pp. 53-63.

Han, Béatrice, *Foucault's critical project: between the transcendental and the historical*, Trans. Edward Pile, Stanford, Calif.: Stanford University Press, 2002.

Kant, Immanuel, "Beantwortung der Frage: Was ist Aufkläung[WA]", Akademie-Ausgabe VIII/「계몽이란 무엇인가에 관한 답변」,『비판기 저작 1―1784~1794』, 김미영 · 홍우람 · 이남원 · 오은택 · 정성관 · 배정호 역, 한길사, 2019.

_____, *Grundlegung zur Metaphysik der Sitten* [GMS], Akademie-Ausgabe IV/『윤리형이상학 정초』(개정판), 백종현 역, 아카넷, 2014.

_____, *Kritik der praktischen Vernunft* [KpV], Akademie-Ausgabe IV/『실천이성비판』(개정판), 백종현 역, 아카넷, 2009.

_____, *Kritik der reinen Vernunft* [KrV], Akademie-Ausgabe III-IV/『순수이성비판』, 백종현 역, 아카넷, 2006.

_____, *Kritik der Urteilskraft* [KU], Akademie-Ausgabe V/『판단력비판』. 백종현 역, 아카넷, 2009.

Landgraf, Edgar, Gabriel Trop, and Leif Weatherby, eds., *Posthumanism in the Age of Humanism:*

mind, matter, and the life sciences after Kant, New York; London: Bloomsbury Academic, 2020.

Morar, Nicolae, Thomas Nail, and Daniel W. Smith, eds., *Between Deleuze and Foucault*, Edinburgh: Edinburgh University Press, 2016.

Steel, Karl, "Medieval", *The Cambridge Companion to Literature and the Posthuman*, Ed. Bruce Clarke and Manuela Rossini, New York, NY: Cambridge University Press, 2017. pp. 3-15.

Strathausen, Carsten, "Kant and Posthumanism", Landgraf, et al., pp. 105-125.

칸트『판단력비판』에 나타난 자연관自然觀 및 자연과 인간의 상호작용: 포스트휴머니즘의 칸트 비판에 대하여[1]

이혜진

1. 들어가는 말

포스트휴머니즘의 주요 갈래 중 하나인 사변적 실재론Speculative Realism은 매우 다양한 입장을 포괄하고 있어서 한마디로 정의하기엔 무리가 따른다. 그리하여 보통 이들이 공통적으로 반대하는 입장을 통해 설명되는데, 이 입장은 메이야수Q. Meillassoux에 의해 '상관주의correlationism'라고 명명되었다. 이때 상관주의란 "주체와의 관계를 떠나서 객체 그 자체는 파악할 수 없다"는 학설을 의미하는데, 칸트의 초월철학으로 거슬러 올라간다고 여겨진다.[2] 익히 알려진 대로 칸트는 『순수이성비판』에서 인식의 초월적이고 구성적인 조건들을 탐구하면서 인간이 객체를 파악하는 인식이 이 조건들 밖에서는 이루어질 수 없다는 것을 논구하였다. 그리하여 칸트가 '물 자체'라고 부르는 것은 인간의 인식조건에 의해 파악된 현상으로서의 대상과 같은 것이 아니며(KrV A108 이하), 인식조건의 외부에 있으므로 인간이 인식할 수

---

1   본고는 『미학』 제90권 1호(한국미학회, 2024)에 수록된, 「칸트 『판단력비판』에 나타난 자연관과 포스트휴머니즘」이란 제목의 논문을 본서 형식에 맞춰 다듬은 글이다.
2   메이야수, 『유한성 이후. 우연성의 필연성에 관한 시론』, 정지은 역(도서출판b, 2010), p. 17 이하.

있는 것이 아니다.(KrV A46=B63)

칸트의 철학은 이런 측면에서 포스트휴머니즘의 여러 가지 비판을 받고 있다. 메이야수는 상관주의가 인간과 무관하게 독립적으로 존재하는 외부세계를 삭제하여 철학의 중요한 대상을 놓치게 한다고 보았다.[3] 상관주의 비판에 사변적 실재론과 기본 입장을 같이하는 샤비로[S. Shaviro]는 이러한 철학이 인간중심주의[anthropocentrism]를 강화하여 환경 파괴 등 세계 전반에 악영향을 미쳤다고 생각한다.[4] 인간중심주의란 세계에 존재하는 것 중에 인간이 가장 우월하고 가치 있다고 생각하는 입장이다. 인간중심주의라는 개념이 현재 인류가 겪고 있는 기후위기나 환경위기를 초래한 근본이라는 주장은 철학자들 외에도 미즈와 시바[Mies and Shiva]와 같은 환경주의자들에 의해 제시되고 있다.[5] 포스트휴머니즘의 중요한 갈래인 신유물론주의[Neo Materialism]에 속하며 생기적 유물론[Vital Materialism]을 주창한 베넷[J. Bennett]은 칸트 및 인간중심적 철학이 "인간의 고통을 막거나 인간의 행복을 증진시키는 것에 실패해 왔다"[6]면서, 자신의 핵심개념인 '생기[vitality]'라는 말을 "인간의 의지와 설계를 흩뜨리거나 차단할 뿐 아니라 자신만의 궤적, 성향 또는 경향을 지닌 유사 행위자나 힘으로서 작용할 수 있는, 먹을 수 있는 것, 상품, 폭풍, 금속 같은 사물들의 역량이라는 의미"로 사용하며 탈

---

3   메이야수, p. 22.
4   "인간중심적 사고는 적어도 달콤해 보이는 문화적 환경과 알리바이를 제공함으로써 이러한 파괴가 진행될 수 있도록 그 기반을 닦고 그 파괴를 허용하였습니다." 샤비로, 『사물들의 우주』, 안호성 역(갈무리, 2021), p. 8.
5   브라이도티, 『포스트휴먼』, 이경란 역(아카넷, 2015) p. 66.
6   베넷, 『생동하는 물질. 사물에 대한 정치생태학』, 문성재 역(현실문화, 2020), p. 57.

인간중심주의를 시도한다.[7]

　이렇게 인간 외부의 세계를 함부로 삭제하는 우를 범하고, 현대의 인류 위기를 초래한 인간중심주의를 강화해왔다는, 칸트 철학을 향한 포스트휴머니즘의 비난에 칸트를 옹호하는 학자들은 다양한 반응을 보여왔다. 랜드그라프는 (칸트가 그 핵심에 자리한) 계몽주의와 휴머니즘의 차이를 인지해야만 휴머니즘에 대한 포스트휴머니즘의 공격을 제대로 비판할 수 있다는 주장을 펼친다. 실제로 계몽주의는 휴머니즘 사상이 보존하고자 하는 가치와 규범에 비판적 태도를 보인 운동이라는 점을 강조하며, 칸트 직후에 나타난 생기론과 포스트휴머니즘의 중요 개념인 '체현embodiment'과의 관련성 등 현대 포스트휴머니즘의 비인간적, 물질적 영토를 미리 개척한 계몽주의자들에 관해서 논한다.[8]

　칸트 철학을 비판하는 포스트휴머니스트들이 칸트를 지나치게 단순화하고 있을 뿐, 칸트 철학은 원래 그런 것이 아니라는 반응도 있다. 스트라트하우센은 칸트의 철학을 비판하는 포스트휴머니즘 주창자들이 칸트의 초월적 인식론을 선천적이고 고정되어 있으며 외부세계로부터 고립된 인간 주관의 능력이 외부세계에 일방적으로 법칙을 부여하는 체계로 이해한다고 보고, 『순수이성비판』의 구절들을 근거로 칸트의 인식론이 실은 외부세계의 경험을 가능하게 하는 동시에 경험에 의해 비로소 발휘되는 인식능력의 조건들을 설명하고 있는 것이라고 주장한다. 즉 칸트의 주관은 외부세계와 상호작용하며 자

7　베넷, p. 9.
8　Landgraf, E., "Posthumanism and the Enlightenment", *Palgrave Handbook of Critical Posthumanism*, Springer, 2022, pp. 123–144.

신을 형성해 나가는 과정에 있다는 것이다.[9]

이외에 칸트 철학이 포스트휴머니즘이 비판하는 측면으로 단순화되지 않음을 지적하는 경우로는 『판단력비판』의 '숭고론'이나 30절에 나오는 "인간이 볼 수 없는 곳에 존재하는 그토록 많은 자연의 아름다움"(KU 5:279)[10]이라는 구절에 주목하는 사람들이 있다. 둘 다 인간 주관을 통해서 일방적으로 틀 지워진 자연이 아니라, 인간 주관과 무관하게 인간의 외부에 존재하는 자연에 대해 칸트가 논하는 부분으로, "상관주의가 외부 세계를 철학에서 삭제했다"라는 주장을 반박할 수 있는 칸트 철학의 측면이라 할 수 있다.

본고 역시 유사한 입장에서 포스트휴머니즘의 비판에 대해 칸트를 옹호하고자 한다. 이 글의 구상은 (랜드그라프가 계몽주의를 보는 시선과 마찬가지로) 칸트의 비판철학이 계몽주의의 정신을 따라 기존의 사상에 대한 비판과 혁신일 뿐만 아니라, 칸트 비판철학 내에서도 변화와 혁신이 나타나고 있다는 시각에서 출발하였다. 제3의 비판서인 『판단력비판』이 제1, 제2비판서와는 또 다른, 새로운 면모를 보이고 있다고 주장할 것인데, 그 새로움은 바로 인간 외부에 존재하고 있는 자연에 관한 시각에서 드러난다. 이러한 논의가 포스트휴머니즘의 칸트 비판에 관한 하나의 반응으로 제시될 수 있는 까닭은, 포스트휴머니즘 특히 사변적 실재론이 제기하는, "칸트 철학이 상관주의를 통

---

9   Strathausen, C., "Kant and Posthumanism", *Posthumanism in the Age of Humanism: Mind, Matter, and the Life Sciences after Kant*, 2018, pp. 105-126.

10   칸트를 인용할 때에는 『순수이성비판』은 "KrV", 『실천이성비판』은 "KpV", 『판단력비판』은 "KU"로 각각 약어를 사용하고, 『순수이성비판』의 경우에만 A판과 B판의 면수를, 다른 경우에는 Akademie-Ausgabe의 권 수와 페이지 수를 표기한다. 문맥과 부분 인용의 상황에 따라 필자 자신의 번역도 있으나, 기본적으로 아카넷 출판사의 백종현 번역을 사용한다.

해 외부세계를 삭제했다"는 주장에 대해서 『판단력비판』의 자연관이 좋은 반증이 될 수 있기 때문이다.

즉 본고는 포스트휴머니즘이 칸트의 철학을 지나치게 단순화했다는 점에서 스트라트하우센과 같은 입장이되 스트라트하우센과 달리 『순수이성비판』이 아니라 『판단력비판』에 집중할 것이다. 『판단력비판』 중에서도 '숭고론'이나 그 밖의 지엽적인 부분이 아닌 '서론'과 제1부인 '미감적 판단력 비판'의 취미판단 이론을 살펴보며, 『판단력비판』이 그 기획의도에서부터 인간에 대해 외부적 타자인 자연의 존재에 관한 실존적 인식에서 출발하였다는 점과, 칸트의 취미판단 이론에 이 자연관이 드러나 있다는 점을 논구하고자 한다.[11]

2. 『판단력비판』의 기획의도

1) 철학의 두 영역과 최고선의 문제

칸트의 『판단력비판』은 칸트의 세 번째 비판서로, 이론철학을 다루는 『순수이성비판』과 실천철학을 다루는 『실천이성비판』에 이어, 이론과 실천으로 나누어져 있는 철학의 두 영역 사이에 "다리를 놓아" (KU 5:195) 철학의 체계를 완성하는 기획을 담고 있다. 그럼 칸트는

---

11 칸트의 유기체론 또한 '자연의 타자성'을 잘 드러내줌에도 불구하고 본 연구의 대상에서 목적론을 다루고 있는 『판단력비판』 제2부가 제외된 까닭은, 본 연구가 자연에 발을 딛고 살면서 자유의 목적을 실현해야 하는 인간의 특수한 상황과 이로부터 발생하는 필요의 문제를 중심으로 칸트의 자연관을 논하기 때문이다. 이 필요 때문에 자연 속에서 우연히 마주친 사건으로부터 궁극목적의 실현 가능성을 반성하는 '자연으로부터 자유로의 이행'이 목적론에서는 직접적으로 드러나지 않는다.

왜 이론과 실천 둘로 철학의 영역을 나누었으며, 나눈 후에 왜 그 사이의 연결을 모색하는지 알아보자.

칸트는 『순수이성비판』에서 인간의 경험을 가능하게 하는 선험적인 인식조건 및 그것들이 작동하는 법칙을 탐구한다. 이 인식의 조건과 법칙들은 인간이 경험할 수 있는 것을 비로소 경험하게 하는, 인간이 그것의 밖에서 무엇을 경험하는 것이 불가능한, 경험을 하기 위해서 어쩔 수 없이 의존해야 하는 것이기에, 인간과 관계없이 존재하는 타자, 즉 칸트가 '물 자체'라고 부르는 것은 경험의 대상에서 제외된다. 바로 이 부분이 사변적 실재론자들에 의해 '상관주의'의 효시라고 간주되는 내용이다.

『실천이성비판』에서는 이와 다른 법칙들이 주제가 되는데, 그것은 바로 행위를 위한 도덕 법칙이다. 칸트는 『실천이성비판』에서 오직 이 법칙만이 도덕적이라고 인정될 수 있는 의지의 규정근거가 된다는 것에 가장 많은 지면을 할애한다. 똑같은 행위가 결과로 나왔다고 해도 그 행위를 하겠다는 마음먹음(의지의 규정)이 오직 도덕법칙을 근거로 이루어졌을 때에만 도덕적인 경우가 된다는 것이다. 그런데 이 도덕법칙은 행위 주체의 외부로부터 부여된 것이 아니다. 바로 주체 자신이 스스로에게 부여하는 법칙이다. 이 점에서 또한 칸트의 주체는 외부와 타자로부터 철저하게 고립된 주체라고 (포스트휴머니즘이 등장하기 훨씬 전부터) 비난받아 왔다.

도덕법칙은 그 입법에 있어서 경험과 무관하고, 행위의 규정근거가 도덕법칙인지 아닌지만을 따지는 시각으로 보면 실제로 도덕적 행위를 경험에서 성공시켰는지는 중요하지 않다.(KpV 5:68) 이 점에서 도덕법칙은 경험을 가능하게 하는 인식의 법칙과는 완전히 다른 맥락에 있다.

그런데 『실천이성비판』의 처음부터 중후반까지 계속 이러한 입장을 견지하던 칸트는, 갑자기 '변증론'에 이르러 경험세계를 논의에 끌어들인다. 이전까지는 형식과 질료의 명확한 구분하에 일체의 목적을 질료로 규정하고 오직 의지 규정의 형식에만 집중했는데, '변증론'에 와서는 실천이성의 궁극 목적이라는 '최고선'을 전면에 내세우고 그것의 실현가능성을 탐구한다. 실현가능성이라 함은, 순수한 실천이성이 경험과 전혀 관계없이 목적으로 삼은 '최고선'이 경험세계에서 실제 결과로 나타날 수 있는 가능성이다.

이러한 전환은 주관 중심적인 선험성에 갇혀 있는 것으로 보였던 칸트 철학의 새로운 면을 보여준다. 이 전환을 이해하기 위해 두 가지 물음을 중심으로 논의해보자. 첫째, 도덕성과 비도덕성의 구분 기준이 행위의 성공적 실행 여부와 무관하게 의지규정의 형식이라고 주장했던 칸트가 왜 변증론에 이르러서는 목적이 중요하다고 하는 것인가? 둘째, 이성의 궁극 목적(최고선)의 실현 가능성이 문제가 되는 이유는 무엇인가?

첫 번째 물음에 관하여 생각해 보자. 형식과 질료에 관한 칸트의 이러한 태도 변화는 순수한 형식에 존립했던 도덕의 자율성을 해치는 것으로, 도덕을 행복추구와 동일한 것으로 간주하는 오류로 간주되어 왔다. 이 비판을 이해하려면 칸트의 최고선 개념을 알아야 한다. 최고선은 윤리성과 "정확하게 윤리적 가치에 부합하는 행복"(KpV 5:145), 즉 윤리성에 "정확히 비례하는" 행복(KpV 5:119), 이렇게 두 가지 요소로 구성되어 있다. 물론 이 중에서 더 본질적인 것은 윤리성이다. 왜냐하면 행복은 윤리성의 "결과"(KpV 5:119)이며, 윤리성은 그 자체로 "최상선das oberste Gut"(KpV 5:110)이기 때문이다. 그러나 칸트는 윤리성이 아직 "전체적인 완벽한 선"은 아니라고 말한다.(KpV 5:110) 그 이유는 다음과 같다. "그런 것[전체적인 완벽한 선]이기 위해서는 행복이 추가로 요구되기 때문이며, 그것도 한낱 자기 자신을 목적으로 삼는 인격의 당파적 안목에서가 아니라, 세계 내의 인격 일반을 목적 자체로 여기는 **무당파적 이성의 판단에서** 그러하기 때문이다. 왜냐하면 행복을 필요로 하고, 또한 행복할 자격이 있으나, 그럼에도 행복을 누리지 못하는 것은 이성적 존재자[…]의 완전한 의욕과는 전혀 양립할 수가 없으니 말이다."(KpV 5:110, 필자 강조) 이러한 측면에서 최고선을 강조하는 칸트의 모습이 윤리를 행복의 추구, 쾌락의 추구로 전락시킨다는 비판이 제기되어온 것이다.[12]

그렇다면 최고선은 왜 윤리성과 행복의 결합이어야 하는가? 왜 윤리성과 그에 합당한 만큼의 결과로서의 행복의 결합이 이성의 판단에 의해 타당한 것으로 판단되는가? 『실천이성비판』 전체에 대해 주석을 쓴 살라는 이를 인간 삶의 의미Sinnhaftigkeit des Lebens에 관한 칸트의 입장으로 해석한다. 행복의 실현 가능성 없이 윤리성만을 강요받는 인간이 결국엔 무無에 내맡겨진다면 그것이 과연 인격Person으로서의 인간이 갖는 존엄성에 어울리는 것인지 칸트가 반문하고 있다는 것이다.[13] 이러한 입장이 구체적으로 드러난 구절이 『판단력비판』 87

---

12 살라는 칸트 사후에 이 관점에서 제기된 슐체(E. Schulze), 쇼펜하우어(A. Schopenhauer), 아디케스(E. Adickes), 코엔(H. Cohen) 등의 최고선 이론 비판들을 정리해놓았다. Giovanni B. Sala, *Kants "Kritik der praktischen Vernunft". Ein Kommentar*, Wissenschaftliche Buchgesellschaft, 2004, pp. 248-9.

13 Sala, pp. 250-252.

절에 나오는데, 윤리성에 부합하는 행복이 전혀 보장되지 못하는 상황에서 아무런 사욕 없이 도덕법칙을 준수하기 위하여 온 힘을 다하는 어떤 성실한 사람에 관한 예화이다. 행복, 그러니까 결국 최고선이 실현될 수 없는 상황에서 그가 마주치는 현실은 매우 참혹하다.

> 그의 애씀에는 한계가 있다. 그는 자연으로부터 때때로 우연한 협조를 기대할 수는 있지만, 결코 목적에 대한 합법칙적인, 그리고 불변적인 규칙들에 따라 일어나는 부합을 기대할 수는 없다. […] 그 사람 자신은 비록 정직하고 온화하고 호의적이라 하더라도, 그의 주위에는 언제나 사기와 폭력과 질투가 가득 차 있을 것이다. 그리고 그가 자기 외에도 마주치는 성실한 이들도, 그들의 행복할 만한 모든 품격과는 상관없이, 그런 것에는 주목하지 않는 자연에 의해 지상의 여타 동물과 마찬가지로 궁핍과 질병 그리고 불시의 죽음 등 온갖 해악에 복속되고, 또 그런 상태는 언제나 지속되어, 마침내 넓은 묘혈이 그들 모두를 (정직하건 부정직하건 여기서는 아무래도 마찬가지로) 삼켜버리고, 창조의 궁극 목적이라고 믿을 수 있었던 그들을 그들이 나왔던 물질의 목적 없는 혼돈의 목구멍 안으로 되던져버릴 것이다. ─ 그러므로 이런 선량한 이는 그가 도덕법칙들을 준수하면서 염두에 두었고 두어야만 했던 목적을 물론 불가능한 것으로 포기하지 않을 수 없을 것이다. (KU 5:452)

이 구절에서 살라의 해석처럼 칸트가 이러한 참혹한 끝맺음이 결코 도덕법칙의 준수를 위해 노력하는 인간에게 합당한 것이 되어선 안 된다고 역설하는 것을 볼 수 있다. 이외에도 인용한 부분의 끝에서는 이러한 인생의 허무한 결과가 도덕법칙의 권위마저 떨어뜨린다는 생각이 암시되어 있다. 실제로 칸트는 『실천이성비판』에서 도덕법칙과 최고선 실현가능성의 관계를 밀접한 것으로 규정하고 있다.

> 이 법칙[도덕법칙]의 주관적인 효과, 곧 그 법칙에 부합하는 그리고 그 법칙에 의해서 필연적이기도 한 마음씨는 적어도 최고선이 가능하다는 것을 전제한다. 그렇지 않으면, 근본적으로 공허하고 객관이 없는 것일 개념의 객관을 추구한다는 것은 실천적으로 불가능할 터다.(KpV 5:143)

> 최고선의 촉진은 우리 의지의 선험적으로 필연적인 객관이고, 도덕법칙과 불가분리적으로 연관되어 있다.(KpV 5:114)

> 그러므로 만약 최고선이 실천 규칙들에 따라서 불가능하다면, 이를 촉진할 것을 명령하는 도덕법칙 또한 환상적이고, 공허한 상상된 목적들 위에 세워진, 그러니까 그 자체로 거짓된 것일 수밖에 없다.(KpV 5:114)

이렇게 칸트에 의해서 필연적으로 전제되어야 하는 것으로 규정된 최고선의 실현가능성은 그러나 그 자체로는 당연한 것이 아니다. 이제 두 번째 물음으로 나아가자.

두 번째 물음은 '최고선의 실현 가능성이 왜 문제가 되는가'였다. 그것은 최고선의 구성 요소 중 행복의 실현가능성 때문이다. 『실천이성비판』에서의 행복의 정의는 다음과 같다.

행복이란 이 세상의 이성적 존재자가 그 실존 전체에서 모든 것을 자기 소망과 의지대로 하는 상태이며, 그러므로 행복은 자연이 그의 전 목적에 합치하는 데에, 또한 자연이 그의 의지의 본질적인 규정근거와 합치하는 데에 의거한다. (KpV 5:124)

여기에서 알 수 있는 것은 칸트가 최고선에 '행복'을 포함시킨다고 해서 그것이 혹자가 주장하듯 쾌락주의로 빠질 염려는 없다는 사실이다. 최고선을 구성하는 행복은 윤리성에 비례하는 행복으로 윤리성의 결과이기에 사적인 쾌락 추구와는 무관할 뿐만 아니라, 이 인용 구절이 말해주듯이 그 윤리성이 근거하는 "목적"과 "의지의 본질적인 규정근거"와 자연 사이의 합치에 관한 것이기 때문이다.

그런데 바로 이 '합치'에서 문제가 생긴다. 왜냐하면 윤리적인 목적과 윤리적인 의지의 규정의 근거가 되는 도덕법칙은 (이 글의 앞에서 지적했듯이) 자연과 전적으로 무관하기 때문이다. "그런데 도덕법칙은 자유의 법칙으로서 자연 및 자연의 (동기로서의) 우리 욕구 능력과의 합치에 전적으로 독립해 있는 규정 근거들에 의해 명령한다."(KpV 5:124) 도덕법칙 및 그에 근거하는 목적과 의지규정이 자연과 합치하여 행복을 달성하려면, 이와 전적으로 이질적인 자연이 협조를 해야 한다. 그런데 인간은 "세계 및 자연 자체의 원인이 아니다."(KpV 5:124) 즉, 『실천이성비판』과 『판단력비판』에서 사용하는 표현처럼 자연의 협조는 "우리의 지배력 안에 있지 않은 nicht in unserer Gewalt 것"이다.(KpV 5:119, KU 5:455, KU 5:470)

지금까지의 논의가 보이고자 한 것은 칸트가 자신의 형식 윤리학에 '최고선'이라는 개념을 도입함으로써, "직접적으로 우리의 지배력 안에 있는 것"(즉 도덕법칙에 근거한 윤리성)(KpV 5:119)에 만족하는 듯했던 자신의 실천철학에 주관 외부의 세계를 본질적인 요소로 끌어들였다는 사실이다. 기본적으로 인간은 자신이 자신에게 스스로 부여한 도덕법칙에 따라 행위해야 하지만, 그 도덕법칙과 (자연의 협조를 필요로 하는) 최고선의 달성 사이에 뗄 수 없는 관계를 정립함으로써 칸트는 인생의 실존적 가치를 구조하는 동시에 "그렇다면 최고선의 실현가능성을 어떻게 확보해야 하는가"라는 새로운 문제에 직면한다.

2) 『실천이성비판』에서의 최고선 문제 해결의 한계

『실천이성비판』에서는 이 문제를 '신존재에 대한 요청'으로 해결한다. "행복과 윤리성 사이의 정확한 합치의 근거를 함유할, 자연과는 구별되는 전체 자연의 원인의 현존"(KpV 5:125)을 믿는 것으로 해결한다. 자연의 창시자가 윤리적이라면 그 자연은 인간 이성이 부과한 도덕법칙과 합치할 것인데, 그러한 창시자는 신이라는 것이다.

문제의식 자체가 세계(자연) 속에 살아가는 이성적 존재자인 인간이 처한 실존적 상황에서 출발했음에도 불구하고, 이러한 해결 방식은 다시금 주관 안에 갇힌 면이 있다. 칸트가 최고선 논의에서 '자연' 개념을 인간의 통제력에서 벗어난 주관의 외부세계로 규정한 것은 인간과 구별되는, 인간이 다 파악할 수 없는 타자에 관한 의식이라 할 수 있다. 또한 그러한 점에서 "사유와 존재의 상관관계를 통하지 않은 어떤 인식도 배제한다"며 메이야수 등의 사변적 실재론자들에 의해 비판받는 상관주의적 맥락에서 벗어나 있다고 할 수 있다. 그런데 '신존재에 대한 요청'론을 통해서 이 타자에 일방적으로 '윤리적이고 지성적인 창시자'라는 개념을 투영한다는 점에서, 인간과 관계없이 존재하고 있는 외부세계는 다시금 그 고유성을 잃고 만다. 이 '신'이라는 개념은 외부세계에 전혀 근거를 두지 않은, 주관이 온전히 스스로 만들어낸 것인데, 이 개념을 통해 규정되는 외부세계는 다시금 타자성을 상실하기 때문이다.

칸트 자신도 최고선 문제의 이러한 해결에 스스로 만족하지 못했던 것 같다. 마지막 비판서인『판단력비판』에서 같은 문제에 대한 다른 해결방법을 모색하기 때문이다. 물론『판단력비판』의 마지막 부분에도 신존재증명에 관한 논의가 있지만, 이는 칸트가 '부록Anhang'이라고 표기한 '방법론' 내에서 나올 뿐이다. 최고선 실현가능성의 문제에 관한『판단력비판』의 주요 해법을 찾기 위해서는 서론 및 취미판단의 이론을 다루는 제1부 '미감적 판단력 비판'을 살펴봐야 한다. 본고에서 이 부분들을 살펴볼 때 핵심이 되는 개념은 자연의 합목적성인데, 특별히 우리의 논의에서는 자연의 합목적성이라는 원리가 전제하는 '자연과 인간의 합치'가 우연적이라는 것에 주목할 것이다. 이 개념들이 서론과 제1부에서 어떻게 나타나며,『실천이성비판』과 다른『판단력비판』의 특징은 무엇인지, 사변적 실재론을 비롯한 포스트휴머니즘이 놓치고 있는 칸트 철학의 중요한 일면은 무엇인지 알아보자.

3. 『판단력비판』 서론에 나타난 자연의 합목적성 개념

1) "자연으로부터"의 이행과 자연의 합목적성

최고선의 실현가능성이라는 같은 문제를 다루고 있는 『실천이성비판』 변증론과 『판단력비판』 서론의 본질적 차이를 명확하게 드러내는 것은, 『실천이성비판』에는 없으나 『판단력비판』 서론에서 무수히 반복되는 "자연으로부터 자유로의 이행^{Übergang von der Natur zur Freiheit}"이라는 표현이다. 우선 '이행'이라는 개념에서 서로 다른 법칙(앞에서 언급한 인식의 법칙과 도덕법칙)에 의해 지배되는 두 영역(자연/이론의 영역과 자유/실천의 영역)의 독자성을 그대로 보존한 채 둘 사이의 연결을 모색함을 알 수 있다. 다음으로 중요한 것은 이 독자적인 두 영역이 '이행'에서 등장하는 순서인데, 칸트는 항상 자연'으로부터' 자유'로의' 이행을 말한다. 이 순서가 의미하는 바는 무엇인가?

그 이행이 "자연으로부터" 이루어진다고 함은 자연과 자유 사이의 매개 즉 "자연 안에서 자유의 실현"이 가능하게 여겨지는 일이(KU 5:195 이하), 『실천이성비판』의 신존재 요청처럼 당위^{Sollen}로서 일방적으로 자유에 의해 자연에 부과되는 것이 아니라는 것을 의미한다. 즉 거기서는 최고선 실현이 도덕법칙과 뗄 수 없는 명령이기에 자연의 현실적, 경험적 모습과 무관하게 당위^{Sollen}로서 최고선이 자연에서 실현되어야 했다. 그러나 "자연으로부터 자유로의 이행"은 자연과 자유 두 영역 사이의 결합이 자연의 현실성에 근거함을 의미한다. 이를 표현하는 개념이 '자연의 합목적성'이다. 우선 『판단력비판』 서론에 나타난 '자연의 합목적성' 개념에 관해 알아보자.

'합목적성Zweckmäßigkeit'은 두 항을 필요로 하는 개념이다. "A가 B에 대해 합목적적이다"라고 할 때 사용되는 개념이기 때문이다. '자연의 합목적성Zweckmäßigkeit der Natur'이라는 표현에는 A항만 표기되어 있는데, 여기에서 생략된 B는 A가 합치해야 할(적합성을 드러내야 할) 목적, 혹은 목적에 준하는 것을 의미한다. 그런데 『판단력비판』 서론에 등장하는 '자연의 합목적성' 개념에서 B항에 해당하는 것은 "우리 [=인간의] 인식능력unsere Erkenntnisvermögen"이다. 인간의 인식능력이 자연의 목적으로 기능할 수 있는가? 인식능력이 B항에 등장하는 것은 어떻게 해석해야 할까?

칸트가 "합목적성 일반에 대하여"라는 제목의 『판단력비판』 10절에서 설명하듯이 본래 '합목적성'이란, 대상의 원인(대상을 가능하게 하는 실재적 근거)으로 간주되는 개념의 대상, 즉 목적과 관련된 원인성이다.(KU 5:219 이하) 그런데 어떤 것은 "비록 그것들의 가능성이 어떤 목적 표상을 반드시 전제하고 있지 않을지라도, 우리가 하나의 원인성을 목적들에 따라서, 다시 말해 모종의 규칙의 표상에 따라서 그 행위를 그와 같이 배열했을 의지를 그 행위의 근거로 상정하는 한에서, 한낱 그것들의 가능성이 우리에 의해 단지 설명될 수 있고 파악될 수 있다는 바로 그 이유만으로도 합목적적이라고 일컬어진다." (KU 5:220) 즉 A가 B를 목적으로 하여 현재 그러한 상태를 이루고 있다고 단지 '설명'의 의도로 상정함으로써 A의 가능성을 이해할 수 있을 때 A는 B에 대해 "형식의 면에서"(KU 5:220) 합목적적이라고 할 수 있다는 것이다. 이런 경우의 합목적성은 "형식적 합목적성"이라고 불리고, 이러한 원인성을 A와 B 사이의 관계에 전제한다고 해서 그것을 객관적으로 그러하다(B가 실제로 A의 가능성의 배경에 목적으로 자리하고 있다)고 여기는 것은 아니므로 "주관적 합목적성"이라고 할 수도 있다.

『판단력비판』 서론에서 "우리 인식능력에 대한 자연의 합목적성"이라 함은 "자연이 마치 우리 인식능력의 필요^{Bedürfnis}를 위해 만들어진 것처럼 여겨질 수 있다"라는 뜻으로, 형식적이고 주관적인 합목적성의 경우에 해당한다. 인식능력은 자연에 관해 어떠한 필요를 갖는가? 이때 자연은 칸트가 "자연 일반^{Natur überhaupt}"이라고 부르는 자연과 다르다. "자연 일반"은 "보편적 자연개념(범주들)"에 따르는 법칙인 "자연의 보편 법칙들"에 의해 인간이 경험하게 되는 자연이다(KU 5:187). 인식능력에 대해 합목적적으로 간주되는 자연은 이와 다른 "자연의 특수 법칙들"을 가리킨다. 자연의 보편 법칙들이 범주(순수한 지성개념으로서 경험을 가능하게 하는 초월적 인식 조건에 속함)를 통해 필연적인 것으로 파악되는 것과 달리, 자연의 특수 법칙들은 이 법칙에서 제외된 것들로, 너무나 다양하여 우리의 지성으로 다 파악이 되지 않는다. 즉 특수 법칙들은 지성이 선험적으로 파악할 수 없는 대상이다. 그런데 이 법칙들을 파악하는 일은 자연과학 연구에서 본질적이고 필수적인 일이다. 그러면 어떻게 해야 하는가?

지성은 자신이 부여한 초월적인 인식 법칙(자연의 보편 법칙)에서 벗어난 것은 파악할 수 없으므로 '판단력'의 도움을 받는다. 이때 판단력은 반성적 판단력을 의미하는데, 주어진 특수자에 대해서 보편자를 찾는 능력이다. 지성의 법칙과 개념에 의해 선험적으로 파악되지 않는 특수자인 "자연의 다양한 특수 법칙들"에 대해, 판단력은 이 다양한 특수자들이 어떤 체계와 통일성을 갖고 있을 것으로 전제한다. 이것이 바로 "자연의 우리 인식능력에 대한 합목적성"의 내용이다.

즉 판단력은 다양성과 특수성을 보이는 자연이 우리 지성이 파악할 수 있는 일반성과 규칙성 아래에 어떻게든 포섭될 수 있을 것으로 전제한다. 즉 자연의 합목적성은 자연 연구를 위해 전제해야만 하는 원리이며 이것을 가정하지 않고서는 자연 연구를 수행할 수 없다.(KU 5:184)

자연이 우리 인식능력의 필요, 즉 자연 안에서 일반성과 규칙성을 발견하고자 하는 필요를 충족시킬 거라고 가정을 해야만 한다는 것은, 실상은 자연이 그 자체로는 일반성과 규칙성을 보여주지 않는, 인간에 대해 이질적인 타자라는 것을 말해준다. 또한 주목해야 할 것은, 여기서 가정되는 합목적성이 앞에서 언급한 형식적이고 주관적인 합목적성이라는 것이다. 인간 주관은 자연을 파악하기 위해서 합목적성을 가정할 뿐, 자연이 실제로 그렇게 만들어졌다고 주장하는 것이 아니다. 이는 『판단력비판』 서론에서 이러한 반성적 판단력의 작용을 가리켜 "자기자율성Heautonomie"(KU 5:185)이라고 부르는 것에서도 분명하게 드러난다. 판단력은 이러한 자연의 합목적성의 원리를 "단지 주관적인 관점에서, 자기 안에 가지며, 이에 의해 판단력은 (**자율**로서) 자연에게가 아니라, (**자기자율**로서) 그 자신에게 자연을 반성하기 위해 하나의 법칙으로 지정한다."(KU 5:185 이하, 필자 강조)

"자율Autonomie"은 지성과 이성이 각각 자연과 자유라는 영역을 대상으로 법칙을 부여하는 것을 말한다. 이때 지성이 부여하는 법칙은 앞서 언급한 "자연 일반"을 구성하는 초월적 인식 법칙으로, 사변적 실재론자들이 '상관주의'라고 부르는 맥락에 자리한다. 그런데 칸트는 결코 이 세계에 "자연 일반"만 있다고 주장하지 않는다. 우리가 제대로 파악할 수 없는 타자인 다른 특수하고 다양한 자연이 있으며,

그것을 우리 나름대로(주관적으로나마) 파악하기 위해서 — 그 자연 자체에 법칙을 부여하는 것이 아니라 — 단지 우리 "자신에게 자연을 반성하기 위해 하나의 법칙"을 부여하는 것이다.

『판단력비판』서론과 『실천이성비판』변증론을, 자연의 타자성을 표상하고 그 타자성에서 유래하는 문제에 대처하는 방식에 관하여 비교해 보자. 제2비판에서는 "인간은 자연의 창시자가 아니다"라는 사실로부터 사변적으로 자연의 타자성을 표상하고 그 문제를 역시 사변적인 전제(신존재 요청)로 해결하는 반면에, 제3비판에서는 자연의 다양성과 특수성을 경험함으로써 타자성을 표상하고 이 자연이 그럼에도 불구하고 지성의 필요에 따라 규칙성과 체계성을 보여줄 것이라고 상정하는 것으로 문제를 해결하고자 한다. 혹자는 두 경우 모두 주관적인 전제를 통해 문제를 해결한다는 점에선 마찬가지라고 생각할지도 모른다. 그러나 모든 자연과학 연구가 그렇듯이 어떤 주장을 하기 위해서는 주관적 가설이 경험적 데이터에 의해 뒷받침되어야 하고, 자연의 특수한 법칙들 연구에 관한 칸트의 설명에서도 그런 일이 일어난다. 그리고 이는 '우연성'의 개념으로 설명된다. 이에 대해 알아보자.

칸트의 시대나 우리의 시대나, 자연과학은 계속 연구되어 왔고 발전해왔다. 모든 성공적인 자연 연구 뒤에는 우리의 지성으로 다 파악할 수 없는 다양하고 특수한 자연이 특정 측면에서 규칙성과 체계성을 보일 것이라는 전제와 그 전제가 실증적으로 확인되는 과정이 있다. 이 실증적 확인은 "어떤 연관성 속에서 발견된 법칙적 통일성"(KU 5:184)일 텐데, 칸트에 따르면 우리는 이것을 "지성의 필연적인 의도(필요)에 부합하는 것으로 인식하면서도 동시에 그 자체로는 우연적인 것으로" 인식한다.(KU 5:184) 이 통일성은 왜 우연적인가? '우연성'이라는 개념은 『판단력비판』의 서론에서 10회 이상 등장한다. 칸트에 의해 이토록 강조되는 '우연성'은 (앞에서 논구하였듯이) 우리 인식능력으로는 이렇게 발견된 통일성을 결코 선험적으로 통찰할 수 없기 때문이다. 상관주의적인 사유–존재 사이의 관계성 — 이 관계성 밖에서는 아무것도 논할 수 없게 만드는 것이 상관주의의 패착이라고 사변적 실재론자들이 비판하는 관계성 — 바깥에 위치한 사유(인간의 인식능력)–존재(특수한 자연) 사이의 이종적異種的 관계성 때문에 선험적 통찰이 불가능하다. 따라서 경험적으로 확인된, 우리의 필요에 대한 자연의 합치는 우연히 이루어진, "운이 좋은glücklich" 경우인 것이다.(KU 5:184)

이처럼 『판단력비판』 서론은 사변적인 논의로 가득한 『실천이성비판』과 달리, 자연 속에서 살아가는 인간의 실존적 특징을 더욱 잘 반영하고 있다. 이런 점에서 자연과 자유 사이의 간극을 결합하는 방법으로서의 '이행'이 언급될 때 그것은 '자연으로부터von der Natur' 일어나는 것이다.

2) "자유로의" 이행과 자연의 합목적성

그런데 세계를 창시한 도덕적인 원인으로서의 신을 요청하는 『실천이성비판』이 '자유'와 '도덕'의 영역에 매몰되어 있을지언정, 분명하게 그 실천의 영역을 논의에 포함하고 있는 반면에, 『판단력비판』 서론에서 자연의 특수한 법칙과 자연의 합목적성 원리를 논할 때는 자유와 도덕이 실종된 모양새이다. 이를 어떻게 해석해야 '자연으로부터 자유로의 이행'을 말할 수 있는가?

판단력비판 서론의 처음과 끝은 이성의 궁극 목적(최고선 실현)의 문제를 다루고 있는데(KU 5:176, 5:195), 그 사이에서는 자연의 특수한 법칙들과 자연의 합목적성 원리에 거의 모든 지면을 할애하고 있다. 그렇다면 우리는 서론 자체를 이해하기 위해서라도 자연의 특수한 법칙들과 최고선 실현이 어떤 관계에 놓여 있는지 밝혀야 한다.

이 관계를 밝힐 때 중요한 것은 최고선 실현가능성이 '동기부여 Motivation'의 문제라는 관점이다. 앞에서 살펴보았듯이 칸트에 따르면 최고선 실현은 도덕법칙이 부과한 의무이며, 실현할 수 없는 것을 실현하라고 명령하는 것은 도덕법칙의 위상을 해하는 것이라는 점에서 그 실현은 가능한 것이어야 한다. 이러한 원칙적 측면에서도 최고선 실현이 가능한 것으로 생각되어야 하는 한편, 앞서 길게 인용한 『판단력비판』 87절의 예화에서처럼 의무를 따라 그 실현을 위해 노력하는 행위자의 관점에서도 최고선이 가능하다고 판단되지 않으면 노력을 포기하게 될 수 있는 동기부여의 문제가 생긴다. 이는 결코 쾌락주의에 굴복한 결과로 간주되어서는 안 되는데, 역시 앞서 인용한 부분의 표현처럼 "인격 일반을 목적 자체로 여기는 무당파적 이성의 판단에서" 실현불가능한 것을 실현하라고 명령해서는 안 되기 때문이다.(KU 5:110) 따라서 원칙적으로 가능해야만 하는 최고선 실현을, 의무의 이행자가 가능하다고 판단하는 것[14]이 최고선 촉진을 위해 실제적으로 중요하게 된다.

---

14   칸트는 의무를 이행하는 주관이 "이론적으로"(KpV 5:145) 이 가능성을 긍정적으로 "판단"하는 것이라고 표현한다(KU 5:471 각주).

이제, 자연의 특수한 법칙들을 파악하기 위한 합목적성의 원리가 최고선 실현 문제와 어떤 연관이 있는지 칸트가 서술하고 있는, 『판단력비판』 서론의 마지막 절에 등장하는 구절을 살펴보자.

이 궁극 목적은 (또는 감성세계에서 그것의 현상은) 실존해야 하며, 이렇기 위해서는 이 궁극 목적을 가능하게 하는 조건이 (감성존재자 곧 인간으로서의 주관의) 자연본성Natur 안에 전제되는 것이다. (KU 5:196)

주목해야 할 것은, 여기서 칸트가 궁극 목적이 감성세계에서 실존해야 하기 위해, 이것을 가능하게 하는 조건이 감성세계로서의 자연이 아닌, 인간 주관의 자연본성[15] 안에 전제되어야 한다고 주장한다는 사실이다. 이는 바로 동기부여의 맥락에서 이해할 수 있다. 감성세계에서 최고선 실현을 해야 할 주체는 인간이고, 인간이 이것이 가능하다고 판단하는 것이, 즉 동기부여와 관련하여 문제가 없는 것이, 이 실현을 가능하게 하는 조건인 것이다. 인용된 문장에 바로 이어서 칸트는 이렇게 말한다.

이러한 조건을 선험적으로 그리고 실천적인 것을 고려함 없이 전제하는 것, 즉 판단력이 자연개념들과 자유개념 사이를 매개하는 개념을 자연의 합목적성 개념 안에서 제공하는바, 이 매개 개념이 순수 이론에서 순수 실천으로의 이행, 전자에 따른 합법칙성에서 후자에 따른 궁극 목적으로의 이행을 가능하게 한다. 왜냐하면 이 매

15 　감성세계를 가리키는 '자연'이나 인간의 '자연본성'이나 독일어는 "Natur"로 같다.

개 개념에 의해 자연 안에서만, 그리고 자연의 법칙들과 일치함으로써만 실현될 수 있는 **궁극 목적의 가능성이 인식**되기 때문이다.(KU 5:196, 필자 강조)

일단 본 구절의 마지막 부분에서 궁극 목적의 가능성이 "인식"된다고 한 점에서, 우리가 조금 전에 해석한 것과 같이 최고선 실현의 조건이 인간 주관의 판단 내용에 관한 것임을 확인할 수 있다. 최고선 실현가능성의 성공적인 '인식' 혹은 '판단'이 자연의 합목적성 개념에 근거한다는 본 구절의 내용은, 자연의 특수한 법칙들과 관련된 합목적성 개념이 그 자체로는 이론적 맥락만을 갖고 있으면서도 주관의 실천적 동기부여에 기여하도록 이용될 수 있다는 것을 말한다. 아니, 본 구절에 따르면, 오히려 자연의 합목적성이 "실천적인 것을 고려함 없이 전제"되기 때문에 이 개념을 통해 순수 이론에서 순수 실천으로의 이행, 자연으로부터 자유로의 이행을 가능하게 한다. 실천적인 의도와 무관하게 자연에게 전제되고 그 안에서 운 좋게도 관찰되기도 하는 합목적성이 있기에 비로소 "자연 안에서만, 그리고 자연의 법칙들과 일치함으로써만 실현될 수 있는 궁극 목적의 가능성이 인식"될 수 있다. 즉 합목적성의 개념에 의해 자연의 특수법칙들이 그리로 향하고 있는 것처럼 (주관적으로) 간주될 수 있는 '우리 인식능력'은 이론적 능력이지만, 이러한 기회에 자연의 인간에 대한 합치의 가능성을 확인한 인간 주관은 자신의 실천이성이 부과한 궁극 목적인 최고선이 자연 안에서 실현될 가능성까지 표상할 수 있게 되는 것이다.

4. 『판단력비판』 제1부에 나타난 자연의 합목적성 개념

방금 살펴본 구절의 핵심 개념인 자연의 합목적성은 실천적인 것이나 사물의 객관적 인식과 거리가 먼, 형식적이고 주관적인 합목적성이다. 칸트는 이와 같은 종류의 합목적성이 『판단력비판』 제1부에서 다루어지는 미감적 합목적성에서 관찰된다고 여기고, 그렇기 때문에 제1부와 제2부, 두 부분으로 되어 있는 『판단력비판』에서 보다 본질적인 부분이 제1부라고 언명한다.(KU 5:193) 이 글에서는 미감적 합목적성과 이것이 판단되는 맥락에서의 자연과 인간의 우연적 합치에 관해 논의함으로써 '인간과 무관하게 존재하는 자연'에 관한 표상이 미학적 측면에서 어떻게 드러나며, 이것이 칸트 철학에서 어떤 의미를 갖는지를 드러내고자 한다.

『판단력비판』의 제1부 '미감적 판단력 비판'은 'x는 아름답다'라는 형식의 판단, 즉 취미판단의 원리로서 미감적 합목적성을 논한다. 취미판단은 개념이 아니라 쾌의 감정을 근거로 하는 판단이라는 점에서 '미감적ästhetisch'인 판단인데, 이때 쾌의 감정은 (판단 원리로서의) 합목적성이 의식되는 방식이다.(KU 5:222) 이 쾌의 감정을 의식하는 일은 판단자의 '무관심적인' 마음상태를 전제하는데, 따라서 이는 욕구능력과 관련된 쾌가 아니다. 그런데 목적 개념은 항상 욕구능력 및 욕구의 달성을 위한 관심과 결부되어 있다. 그렇다면 여기에서도 실질적인 합목적성이 아닌 '형식적' 합목적성이 문제가 된다는 것을 예상할 수 있다. 이 합목적성이 형식적, 주관적 합목적성이라는 사실은 『판단력비판』 서론에서 칸트가 이 저서의 2부보다 1부가 더 중요하다고 언명한 이유이기도 하다.

그런데 취미판단의 원리가 되는 합목적성이, (앞서 언급한 『판단력비판』 10절에서 설명하는 "목적 없는 합목적성"처럼) 어떤 목적을 가정할 때 대상을 보다 잘 설명할 수 있는 경우의 합목적성의 형식을 보인다고 쉽게 말할 수는 없다. 왜냐하면 칸트가 『판단력비판』 제1부에서 취미판단의 합목적성에 관해 설명하는 내용은 일의적이지 않기 때문이다. 이는 합목적성 개념에 필요한 두 항에 무엇이 대입되는가, 즉 무엇과 무엇 사이에 합목적적인 관계가 성립되는가에 따라 두 가지[16]로 나뉜다.

첫째, '미감적 판단력 비판' 중 중심이 되는 '취미판단의 연역'에 속하는 34절에서는 이 합목적성을 상상력과 지성 사이의 "교호적이며 주관적인 합목적성"(KU 5:286)이라고 부른다. 합목적적 관계를 이루는 두 항이 상상력과 지성이라는 우리 인식능력으로 규정되고 있는 것이다. '서론'에서 집중적으로 다루어지는 자연의 특수한 법칙들에 관련하여 상정되는 자연의 합목적성이 자연과 인간, 객관과 주관 사이에서 성립하는 합목적성인 것과 다르다.

이러한 표현은 34절에서만 찾아볼 수 있긴 하지만, 이렇게 취미판단에서 '아름답다'라는 술어의 주어가 되는 대상을 철저하게 내면화하는 모습은 『판단력비판』에서 몇 차례 등장한다. 2절에서 칸트가 "대상이 아름답다고 말하고, 내가 취미를 가지고 있다는 것을 증명하기 위해 관건이 되는 것은, 내가 이 표상을 가지고 내 안에서 스스로 만드는 것이지, 그것에서 내가 대상의 실존에 의존해 있는 그 어떤

---

16 보다 상세한 논의는 필자의 다음 논문을 참고할 것. 이혜진, 「칸트의 순수한 취미판단 이론에 나타난 두 가지 합목적성 개념과 그 의미」, 『칸트연구』 제45집, 2020, pp. 29-33.

것이 아니다"(KU 5:205)라고 쓸 때도 그러하다. 물론 이 문장이 "취미판단의 주관은 대상의 실존에 관심을 갖지 않는다"는 맥락에서 나온 것이긴 하지만, 취미판단을 성립시키는 대상의 특성이 대상으로부터 온 것이 아니라 "내 안에서 스스로 만드는 것"이라는 말은 취미판단의 원리로서의 합목적성을 대상과 주관 사이에서 확립하는 것과 거리가 멀다.

이렇게 합목적성을 이루는 두 항을 모두 주관에 위치시키는 시각은 『판단력비판』의 기획의도를 대변하는 '자연으로부터 자유로의 이행'을 무색하게 만든다. 아마도 『판단력비판』 제1부에서 주로 다루는 '순수한 취미판단'(완전히 무관심적인 마음상태에서 이루어지는 취미판단)이 취미판단의 미감적 특성에 따라 개념을 매개로 하지 않는 직접적인 unmittelbar 만족(KU 5:353)에 의한 판단이기 때문에, 또한 아무리 그 만족(쾌의 감정)이 감각에 의한 쾌가 아니라 반성Reflexion의 쾌라고 할지라도 '대상의 우리 인식능력에 대한 적합성'과 같은 사변적이고 개념적인 해석을 요구하는 내용을 그 자체에 담을 수는 없기 때문에, 합목적성 개념을 그렇게 변칙적으로 규정한 것이라고 추측된다.

둘째, 취미판단의 원리로서의 합목적성은 '대상의 인식능력에 대한 합목적성'으로 규정되기도 한다. 우선 (제1부 '미감적 판단력 비판'은 아니지만) '서론'의 VII장을 들 수 있다. "자연의 합목적성에 대한 미감적 표상에 대하여"라는 제목의, 본론 1부에 나올 취미판단의 이론을 선취하는 절에서는 서론 전체의 핵심개념이 '자연의 합목적성'인 만큼 주관 외부의 "대상"이 "주관의 능력들" 혹은 "모든 경험적 인식에 요구되는 인식능력들 사이의 관계"(KU 5:191)에 대해 갖는 합목적성을 논구한다. 이 절에서 칸트는 객관–주관 합목적성 개념을 취미판단의 무관심적 특징과 이렇게 관련시킨다. "무의도적으로"(KU 5:190), 또한 무관심적으로, 즉 어떤 의도나 관심으로부터도 자유로운 마음상태에서 주관이 어떤 객관에 대해 쾌의 감정을 느낀다면 그때 그 대상은 주관의 인식능력에 대해서 합목적적이라는 것이다. 합목적적 관계의 한 항을 구성하는 '주관의 인식능력'이란, 제1부에서 등장하는 표현을 사용하면 "상상력과 지성의 자유로운 유희", 혹은 "인식 일반을 위한 주관적 인식 조건" 혹은 "판단력 일반을 위한 주관적 인식 조건" 등을 뜻한다. 순수한 취미판단에서 성립하는 인식능력들(상상력과 지성)의 특수한 관계에 '인식 일반', '판단력 일반' 등의 보편성을 부여하는 칸트의 관점 때문에, 취미판단의 규정근거로서의 '자연의 우리 인식능력에 대한 합목적성'은 (인간의 외부에 있으면서 인간과 이종적인 타자로서의) 자연이 인간의 고유하고 근본적인 인식능력에 합치하는 것으로 해석되는 것이다.

서론 VII장에서 칸트가 직접 밝히고 있듯이, 순수한 취미판단의 특성상 "대상의 표상이 직접적으로 쾌의 감정과 결합되어 있"기 때문에 (KU 5:189), 이 판단 자체적으로는 인간의 타자로서의 자연과 인간의 합치에 관한 숙고를 포함하고 있지 않다. 그러나 아무 대상이나, 혹은 경험될 수 있는 모든 대상이 이러한 쾌의 감정을 불러일으키는 것은 아니므로, 취미판단의 쾌는 이것의 발생 배경을 숙고해보면 대단히 "우연적인"(KU 5:190) 일이며, 최고선의 실현 가능성 문제 혹은 자연으로부터 자유로의 이행에 의미 있는 우연으로 생각될 수 있다.

취미판단과 관련하여 '우연'이라는 개념은 서론 VII절 외에는 나타나지 않는다. 그러나 『판단력비판』 제1부의 42절에는 직접적으로 '우연' 개념을 사용하지는 않지만, 자연미를 판단하는 주관이 순수한 취미판단의 단계를 넘어서 "자연이 저러한 미를 만들어냈다"(KU 5:299)라는 사변적 숙고를 하는 단계에 이를 수 있다는 것을 설명하면서 같은 맥락의 논의를 펼친다. 즉 자연은 인간과 이종적인 타자인데 그 자연이 "모든 관심으로부터 독립적인 우리의 만족"(KU 5:300)에, 즉 비의도적으로 합치한다는 사실이 의미 있는 우연으로 해석되기에 이 주관의 도덕적 관심을 끈다는 것이다. 여기에서 취미판단을 통한 '자연으로부터의 자유로의 이행'이 드러난다.

서론 외에도 제1부에서 이러한 객관–주관의 합목적성 규정이 뚜렷하게 나타나는 곳은 숭고와 미를 비교하는 부분이다. 바로 '숭고의 분석론' 첫머리와 '취미판단의 연역'을 여는 절인 30절이다. 앞에서 언급했듯이 포스트휴머니즘적인 관점에서 칸트 철학을 평가할 때 숭고론에 나오는, 인간이 파악할 수 없는 외부세계/타자로서의 숭고한 자연물에 대한 논의에 호의적인 경우가 있는데[17], 본 논문에서 '자연의 합목적성'과 관련하여 부각하고자 하는 것은 숭고한 자연이 아니라 아름다운 자연이다.

물론 이 글의 주제가 "칸트 철학은 외부세계를 삭제하는 철학이 아니라 오히려 그 외부세계의 타자성을 철저하게 인정하는 철학임이 『판단력비판』에 드러나 있다"이기에, 숭고론도 이 주장을 강화하는 데 도움이 될 수 있겠다. 그러나 본 논의의 핵심에는 '자연의 합목적성' 개념이 있고, '자연의 합목적성' 개념이 적용되는 것은 '숭고'가 아니라 '미'이다. 숭고에 대한 판단은 대상에 관한 것이 아니기 때문

---

17   랜드그라프는 칸트의 숭고가 포스트휴머니즘에 의해서 선호되는 것을, 숭고가 그 파악 불가능성으로 인해 계몽적 주체의 정합성을 위협할 뿐 아니라, 주관과 환경 사이의 지배관계를 전복하기 때문이라고 설명한다(Landgraf, p. 132).

이다. 숭고에서 표상되는 합목적성은 "(대상의) 형식 때문에 판정되는 것이 아니"(KU 5:279)고 주관의 도덕적 적합성을 표현할 뿐이기 때문에, 자연의 합목적성이 아니라 오히려 주관의 합목적성이다.

숭고와 미의 비교 논의에서 칸트는 이와 같은 숭고와 차별화되는 자연미의 경우를 "독립적 미"라고 표현한다.(KU 5:245) 자연미가 "독립적 미"인 까닭은 인간과 독립적으로 존재하는 "대상이 우리 판단력을 위해 마치 미리 규정되기라도 한 것처럼 보이는 형식에 있어서 합목적성을 가지"기 때문이다.(KU 5:245) 이 '독립적'이라는 개념을 통해 칸트가 자연을 '인간과 구별되는 외부세계'로 이해한다는 것이 드러난다. 이렇게 독립적으로 존재하는 자연이 보여주는 '미'는, 이 타자와의 합치가 당연하지 않기 때문에 인간에게 이 합치에 주목하고 자신이 처한 실존적 상황과 관련하여 숙고하는 기회를 제공한다. 그리고 이것이 바로 앞서 언급한 42절의 내용인 것이다.

지금까지 칸트가 취미판단의 근거가 되는 합목적적 관계가 두 가지로 서술되어 있다는 것을 살펴보았다. 취미판단을 통해서 '자연으로부터 자유로의 이행'이 가능하다는 것이 칸트의 입장인데, 이것이 가능하기 위해서는 두 번째로 살펴본 합목적성, 즉 자연의 우리 인식능력에 관한 합목적성에 주목해야 한다. 상술하였듯이 순수하게 미감적이기만 한 취미판단의 단계에서는 두 번째 합목적적인 관계가 숙고되기 어렵다. 그러나 칸트가 "상상력과 지성의 자유로운 유희" 혹은 "인식 일반을 위한 주관적 조건"으로 명명하는, 인식능력들 간의 특수한 관계는, "주어지는 객관들의 상이함에 따라서 서로 다른 비율을 갖는" 인식능력들 사이의 관계 중에서도 "인식 일반의 의도에서 보아 두 마음능력에 대해 가장 유익한 비율"이다.(KU 5:238) 따라서 주관에 대해 이종적인 어떤 객관이 이 특정 비율을 촉발하여야 취미판단이 내려질 수 있다면, 그것은 우연적 사건이다. 즉 자연과 인간의 우연한 합치가 취미판단의 모든 경우에 그 실질적 조건으로 전제된다. 이런 의미에서 취미판단은 '자연으로부터 자유로의 이행'에 기여할 수 있는 것이다.

이처럼 『판단력비판』의 서론 외에도 본론에서도 긍정적인 취미판단이 내려지는 상황의 우연성과 그때 인간이 숙고할 수 있는 자연과 인간의 관계에 대한 고찰들이 발견된다.

5. 맺는말

지금까지 『판단력비판』의 서론과 제1부 '미감적 판단력 비판'에 나다난 자연의 합목적성 개념과 우연성 개념을 살펴보면서, 『순수이성비판』과 『실천이성비판』에서는 볼 수 없었던, 자연을 대하는 특수한 태도를 발견할 수 있었다. 타자로서의 자연을 인정하는 것은 『실천이성비판』의 변증론부터 등장하지만, 그 자연 속에서 실천적인 목적으로부터 자유로운 상태로 자연과 자신의 합치를 발견하는 인간의 태도는 『판단력비판』에 고유하다. 그런데 이 합치는 전적으로 우연적이며, 그렇기 때문에 행운이고 자연이 인간에게 베푸는 "호의Gunst"(KU 5:380)로 해석된다. 그리하여 자연의 특수한 법칙들에서 체계성이 발견되거나, 자연의 사물을 경험하고 상상력과 지성의 유희에 근거한 쾌의 감정이 발생할 때, 이것을 경험하고 해석하는 인간은 자연과 상호작용을 한다고 볼 수 있다. 이는 『실천이성비판』 변증론이 인간의 필요를 자연에 일방적으로 투영하는 것에서 그치는 것과 대조되는 지점이다.

이러한 맥락에서 칸트 철학이 주관 외부의 세계를 삭제한다거나, 현재의 환경 문제, 기후 문제를 초래한 인간중심주의에 책임이 있다는 포스트휴머니즘의 주장은 재고再考되어야 한다. 그 책임은 칸트에게가 아니라 칸트의 철학을 일부만 수용하거나 지나치게 단순화한 칸트 이후 세대와 자신들에게 돌려야 할 것이다.

물론『판단력비판』을 근거로 한 이와 같은 포스트휴머니즘 비판은 『순수이성비판』을 근거로 하는 포스트휴머니즘의 칸트 반박을 직접적으로 무력화할 수는 없다는 의견도 가능할 것이다. 본 연구에서도 『판단력비판』이 앞선 두 비판서와 비교할 때 '타자로서의 자연'에 대한 인식의 측면에서 변화와 개혁을 이루어 냈다고 보기 때문이다. 그러나 이러한 관점은 포스트휴머니즘의 비판을 재비판하기 위한 목적에서 취해진 것이고, 칸트의 입장에서는 제1비판의 자연관과 제3비판의 자연관이 양립 가능한 것으로 생각했을 것이다. 왜냐하면 칸트가 결국 목표로 삼았던 것은 인식하고 실천하고 느끼고 반성하는 전인적全人的인 인간에 관한 탐구였을 것이기 때문이다. 각 인식능력의 권리와 한계를 규정하는 각각의 작업이 모여 하나의 완전한 인격으로서의 인간상을 표상하는 것이 목표였을 것이기 때문이다.[18]

따라서 본 연구는 칸트 철학의 특정 부분을 부정하거나 포기하는 것이 아니라, 칸트 철학이 우리에게 전해준 긍정적인 유산을, 즉 우리가 이 위기의 시대에 자연과 환경에 대해 어떤 자세를 취할 것인가

---

18   철학이 물어야 할 물음들을 나열하면서 최종적으로 이 모든 물음들을 "인간이란 무엇인가?(Was ist der Mensch?)"란 질문으로 수렴하는 칸트의 모습은 여러 곳에서 발견된다(9:25, 11:429, 28:533 이하).

하는 문제를 해결하기 위해 적극적으로 참고할 수 있는 텍스트로서
칸트 철학이 지닌 가치를 드러내고자 하였다.

참고문헌

메이야수, 퀑탱, 『유한성 이후. 우연성의 필연성에 관한 시론』, 정지은 역, 도서출판b, 2010.

베넷, 제인, 『생동하는 물질. 사물에 대한 정치생태학』, 문성재 역, 현실문화, 2020.

브라이도티, 로지, 『포스트휴먼』, 이경란 역, 아카넷, 2015.

샤비로, 스티븐, 『사물들의 우주』, 안호성 역, 갈무리, 2021.

이혜진, 「칸트의 순수한 취미판단 이론에 나타난 두 가지 합목적성 개념과 그 의미」, 『칸트연구』 제
    45집, 2020, pp. 25-56.

칸트, 임마누엘, 『실천이성비판』, 백종현 역, 아카넷, 2004.

_____, 『판단력비판』, 백종현 역, 아카넷, 2009.

Landgraf, E., "Posthumanism and the Enlightenment", *Palgrave Handbook of Critical
    Posthumanism*, Springer, 2022, pp. 123-144.

Strathausen, C., "Kant and Posthumanism", *Posthumanism in the Age of Humanism: Mind,
    Matter, and the Life Sciences after Kant*, 2018, Bloomsbury Academic, pp. 105-126.

백종현

서울대학교 명예교수. 한국포스트휴먼연구소 소장. 서울대학교 철학과에서 학사 · 석사 과정 후 독일 프라이부르크 대학에서 철학박사 학위를 받았다. 인하대 · 서울대 철학과 교수, 서울대 철학사상연구소 소장, 서울대 인문학연구원 원장, 한국칸트학회 회장, 한국철학회 『철학』편집인 · 철학용어정비위원장 · 회장 겸 이사장, 한국포스트휴면학회 회장을 역임하였다.

주요 논문으로는 "Universality and Relativity of Culture"(Humanitas Asiatica, 1, Seoul 2000), "Kant's Theory of Transcendental Truth as Ontology"(Kant-Studien, 96, Berlin & New York 2005), "Reality and Knowledge"(Philosophy and Culture, 3, Seoul 2008) 등이 있고, 주요 저서로는 *Phänomenologische Untersuchung zum Gegenstandsbegriff in Kants "Kritik der reinen Vernunft"*(Frankfurt/M. & New York 1985), 『독일철학과 20세기 한국의 철학』(1998/증보판2000), 『존재와 진리 ― 칸트 〈순수이성비판〉의 근본 문제』(2000/2003/전정판2008), 『서양근대철학』(2001/증보판2003), 『현대한국사회의 철학적 문제: 윤리 개념의 형성』(2003), 『현대한국사회의 철학적 문제: 사회 운영 원리』(2004), 『철학의 개념과 주요 문제』(2007), 『시대와의 대화: 칸트와 헤겔의 철학』(2010/개정판2017), 『칸트 이성철학 9서5제』(2012), 『동아시아의 칸트철학』(편저, 2014), 『한국 칸트 철학 소사전』(2015), 『이성의 역사』(2017), 『인간이란 무엇인가 - 칸트 3대 비판서 특강』(2018), 『한국 칸트사전』(2019), 『인간은 무엇이어야 하는가-포스트휴먼 시대, 인간을 다시

묻다』(2021), 『인간의 조건』(2024) 등이 있으며, 역서로는 『임마누엘 칸트 – 생애와 철학 체계』(F. 카울바흐, 2019), 『실천이성비판』(칸트, 2002/개정2판2019), 『윤리형이상학 정초』(칸트, 2005/개정2판2018), 『순수이성비판 1 · 2』(칸트, 2006), 『판단력비판』(칸트, 2009), 『이성의 한계 안에서의 종교』(칸트, 2011/개정판2015), 『윤리형이상학』(칸트, 2012), 『형이상학 서설』(칸트, 2012), 『영원한 평화』(칸트, 2013), 『실용적 관점에서의 인간학』(칸트, 2014), 『교육학』(칸트, 2018), 『유작 I.1 · I.2』(칸트, 2020), 『학부들의 다툼』(칸트, 2021), 『유작 II』(칸트, 2022) 등이 있다.

안윤기

장로회신학대학교 교양학/철학 교수. 서울대학교에서 철학을 공부하고(B.A., M.A.), 장로회신학대학교에서 신학을 공부했으며(M.div.), 독일 튀빙엔대학교에서 칸트의 이론철학에 관한 논문을 쓰고 철학박사(서양근대철학 전공) 학위를 취득했다(Ph.D.). 박사논문: Transzendentale und empirische Subjektivität im Verhältnis – Das reziproke Seinsverhältnis der beiden Subjektivitäten in Kants Transzendentalphilosophie (Würzburg: Königshausen & Neumann, 2012). 서양근대사상사에서 펼쳐진 이성과 반(反)이성의 대결, 특히 1800년 어간의 고전주의와 낭만주의 문제에 큰 관심을 갖고 있으며, 철학적 주제가 종교와 문학, 예술, 더 나아가 국가와 교육 시스템에 이르기까지 확산되는 모습을 예의주시하며 추적하기를 좋아한다. 또한 로이힐린, 바움가르텐, 멘델스존, 하만, 야코비 등 국내에 덜 알려진 인물을 발굴하고 소개하는 데 힘쓰고 있다. 주요 논문으로는 「근대미학과 경건주의」, 「자기의식 문제와 지성적 직관」, 「초월철학과 무신론 문제」, 「칸트의 Cogito, ergo sum」, 「칸트에게서 악의 문제와 기독교의 원죄론」, 「자연주의 문제: 플랜팅가의 비판과 이에 대한 데닛의 반박」, 「칸트 철학은 반(反)종교적인가?」, 「18세기 범신론 논쟁」, 「하만의 '이성 순수주의에 대한 메타비판'(1784)」, 「철학사 읽기」 등이 있다.

손성우

명지대학교 방목기초교육대학 부교수. 서울신학대학교 신학과를 졸업하고, 서울대학교 철학과에서 석사학위를, 독일 프라이부르크 대학교 철학과에서 박사학위를 받았다. 서울대학교, 성신여자대학교 등에서 강의했다. 칸트 철학에서 인식론과 형이상학을 주로 연구했으며, 독일 관념론 중 셸링의 동일철학에 대한 연구를 수행하였다. 과학에 대한 형이상학적 이해, 종교와 철학의 학제간 연구에 주로 관심을 두고 있다. 논문으로는 「셸링의 자유개념과 악의 가능성」, 「셸링의 『자유론』에서 나타난 악의 개념의 자연철학적 기원」, 「칸트 물질개념에서 나타난 밀도와 인력의 순환성 문제」, 「셸링 『인간 자유의 본질에 관한 철학적 탐구』에서 악의 현실성과 극복에 대한 철학적 해명과 종교적 성찰」 등이 있다.

백승환

강릉원주대학교 철학과 조교수. 서울대학교 철학과에서 학사와 석사를 마쳤고, 공군사관학교에서 철학교수요원으로 군복무를 마친 후에 유학하여 존스홉킨스대학교(Johns Hopkins Univ.) 철학과에서 철학박사학위를 받았다. 서양근대철학에서 논의되는 형이상학적, 인식론적, 과학철학적, 윤리학적, 심리철학적 문제들을 주로 연구하며 강의하고 있다. 최근에 출간된 주요 논문으로는 「계산주의, 연결주의, 그리고 칸트의 건축술」(『근대철학』 제23집, 2024.), 「칸트의 지각의 예취들」(『철학논집』 제74집, 2023.), 「흄의 외부 세계 현존 문제」(『근대철학』 제20집, 2022.) 등이 있다.

김양현

전남대학교 철학과 교수. 전남대학교 철학과에서 학사와 석사학위를 마치고, 독일 뮌스터대학교에서 철학박사학위를 받았다. 전남대학교 인문대학 학장과 문화전문대학원 원장, 범한철학회, 한국철학회 회장을 역임했다. 주요 관심 분야는 실천철학, 윤리학, 응용윤리학 등이다. 저역서로 『칸트 철학의 인간중심주의와 생태윤리학』, 『목적의 왕국』(공역), 『규범성의 원천』(공역), 『윤리학의 이해』(공저), 『윤리학 강의』(공저), 『병원인문학』(공저) 등이 있다.

윤영광

강원대학교 윤리교육과 조교수. 고려대학교 법학과를 졸업하고 서울대학교 철학과에서 석사와 박사학위를 취득했다. 경인교육대학교, 한국공학대학교에서 강의했으며 고려대학교 연구교수, 홍익대학교 초빙교수로 재직했다. 주요 논문으로 「칸트 비판철학에서 주체의 비동일성 문제」, 「칸트와 아렌트 교차해석을 통한 이성의 공적 사용의 의미 해명」, 「푸코적 칸트주의의 궤적: 비판적 존재론의 전화轉化」, 「네그리의 공통주의와 공통적인 것」 등이 있으며, 『공통체』(안토니오 네그리 · 마이클 하트), 『이제 모든 것을 다시 발명해야 한다』(닉 다이어-위데

포드 외) 등을 번역했다.

이혜진

서울대학교 인문학펠로우, 서울대학교 인문학연구원 객원연구원, 서울대학교 인문대학 미학과 강사. 서울대학교 인문대학 미학과를 졸업하고 독일 튀빙겐 대학교에서 칸트 철학을 주제로 철학박사학위를 취득했다. 칸트 철학 및 칸트 전후 독일어권의 사상과 문화를 중심으로 연구하고 있다. 저서로 『세계시민적 관점에서 본 칸트의 취미 이론*Kants Geschmackstheorie in weltbürgerlicher Absicht*』(Verlag Karl Alber, Baden-Baden 2022)이 있고 , 주요 논문으로 「계몽 정신에 부응하는 철학의 사명과 미에 대한 지성적 관심」, 「칸트의 순수한 취미판단 이론에 나타난 두 가지 합목적성 개념과 그 의미」, 「칸트의 "자연미에 대한 직접적 관심"에서 '직접적unmittelbar'의 의미」 등이 있다.

칸트와 포스트휴머니즘

포스트휴머니즘의 시대, 칸트를 다시 사유하기

발행일   2024년 10월 28일 1판 1쇄
지은이   백종현 · 안윤기 · 손성우 · 백승환 · 김양현 · 윤영광 · 이혜진
편 자   한국포스트휴먼연구소
펴낸이   김일수
펴낸곳   파이돈
출판등록   제349-99-01330호
주 소   03035 서울시 종로구 자하문로17길 12-10 2층
전자우편   phaidonbook@gmail.com
전 화   070-8983-7652
팩 스   0504-053-5433
ISBN   979-11-985619-6-1 (94300)
       979-11-981092-6-2 (세트)

책값은 뒤표지에 있습니다.

이 도서는 2024년 문화체육관광부의 '중소출판사 성장부문 제작 지원' 사업의 지원을 받아 제작되었습니다.